Ich

Buch

»Seit Jahren versuche ich nachzuvollziehen, wie es möglich sein kann, dass es zu Beginn des 21. Jahrhunderts immer noch Menschen, ja selbst Ärzte gibt, die einfach nicht akzeptieren wollen, dass Schizophrenie auch im Kindesalter auftreten kann. Es bestürzt mich, wie viele Menschen mir schreiben, Jani sei von Dämonen besessen und müsse exorziert werden. Letztlich läuft es auf ein und dasselbe hinaus: Verleugnung. Doch als Jani mir erklärte, sterben zu wollen, ging mir endlich auf, wo diese Verleugnung ihre Wurzeln hat. Man hält an den Missbrauchsvorwürfen oder der Dämonenthese fest, weil das Halt bietet. Die Vorstellung einer realen und ganz und gar unerklärlichen Krankheit ist zu beängstigend. Wenn Jani an Schizophrenie erkranken kann, dann kann es jeden von uns treffen. Und für viele ist die Vorstellung einfach nicht zu ertragen, dass dazu nicht mehr nötig ist als ein kleiner Kurzschluss im Gehirn. Dies ist kein Requiem für ein Kind. Es ist eine Reise aus der Finsternis ans Licht.«

Michael Schofield

Der Autor

Michael Schofield ist Dozent an der California State University, Northridge, und betreibt einen Blog über die Geschichte der Schizophrenie seiner Tochter. Zusammen mit seiner Frau Susan gründete er die Jani Foundation zur Unterstützung von psychisch kranken Kindern und deren Eltern (www.janifoundation.org). Er lebt mit seiner Familie im Großraum Los Angeles.

Michael Schofield

Ich will doch bloß sterben, Papa

Leben mit einer schizophrenen Tochter

Aus dem Amerikanischen
von Carsten Mayer

GOLDMANN

Die Originalausgabe erschien 2012 unter dem Titel
»January First. A Child's Descent into Madness
and Her Father's Struggle to Save Her« bei Crown Publishers, New York.

Yellow Submarine
Musik & Text: John Lennon, Paul McCartney © Sony / ATV Tunes Llc
Rechte für Deutschland, Österreich, Schweiz: Sony / ATV Tines Llc.
Mit freundlicher Genehmigung von Sony / ATV Music Publishing
(Germany) GmbH.

Sollte diese Publikation Links auf Webseiten Dritter enthalten,
so übernehmen wir für deren Inhalte keine Haftung, da wir uns diese
nicht zu eigen machen, sondern lediglich auf deren Stand
zum Zeitpunkt der Erstveröffentlichung verweisen.

Dieses Buch ist auch als E-Book erhältlich.

Verlagsgruppe Random House FSC® N001967

4. Auflage
Taschenbuchausgabe August 2015
Wilhelm Goldmann Verlag, München,
in der Verlagsgruppe Random House GmbH
Copyright © 2014 der deutschsprachigen Erstveröffentlichung
by Kösel Verlag, München, in der Verlagsgruppe Random House GmbH,
Neumarkter Str. 28, 81673 München
Copyright © 2012 by Michael Schofield
Umschlaggestaltung: UNO Werbeagentur, München,
in Anlehnung an die Gestaltung der HC-Ausgabe
(Weiss Werkstatt, München)
Umschlagmotive: plainpicture/Spitta + Hellwig
DF · Herstellung: Str.
Druck und Einband: GGP Media GmbH, Pößneck
Printed in Germany
ISBN: 978-3-442-15863-8
www.goldmann-verlag.de

Besuchen Sie den Goldmann Verlag im Netz

Für Jani, Bodhi, Susan und Honey …
Danke für eure Geduld und euer Vertrauen.
Ich liebe euch.

Anmerkung des Verfassers

Dies ist eine wahre Geschichte. Allerdings wurden Namen und Umstände verschiedentlich geändert, um die Identität der Betroffenen zu schützen.

VORWORT

Schizophrenie ist ein wenig wie Krebs. Man kann sich nie ganz sicher sein, dass er völlig verschwunden ist. Auch wenn man symptomfrei ist: Hatte man den Krebs einmal im Leib, so besteht bis zum letzten Atemzug die Gefahr, dass er zurückkehrt. Nach Jahren des unermüdlichen Herumprobierens bekommt meine Tochter heute einen Medikamentenmix, durch den sich die schlimmsten Symptome ihrer Schizophrenie bändigen lassen. Die Halluzinationen sind zwar nach wie vor präsent, aber sie sind jetzt mit einem Fernseher vergleichbar, der bei leise gestelltem Ton im Hintergrund läuft. Die meiste Zeit stellen sie für ihr Funktionieren in unserer Welt keine Beeinträchtigung dar. Doch es gibt Zeiten, da schwillt die Lautstärke an, bis ihre Aufmerksamkeit so in Anspruch genommen ist, dass sie sich in jener Welt verliert und nicht länger zwischen Realität und Fantasie zu unterscheiden vermag.

Vor vier Jahren war ich überzeugt, meine Tochter vollständig an die Schizophrenie zu verlieren. Doch durch die gemeinsamen Anstrengungen ihres gesamten Umfelds ist es gelungen, das Schicksal zu wenden. Wir konnten den Vormarsch der Krankheit in ihr Gehirn zum Stillstand bringen und die Lautstärke drosseln.

Niemand weiß, wodurch Schizophrenie ausgelöst wird. Es gibt kaum Studien. Nach der derzeit gängigsten Theorie (allgemein bekannt als das biopsychosoziale Modell der psychischen Störungen) handelt es sich um eine möglicherweise der Alzheimerkrankheit verwandte neurodegenerative, biochemische Hirnschädigung.

Im Umgang damit komme ich mir bisweilen vor, als stolpere ich mit einer Taschenlampe durch einen dunklen Tunnel und taste mich an den Wänden entlang, immer betend, die Batterien mögen nicht schlappmachen, ehe ich das Licht am Ende des Tunnels erblicke. Unnötig zu sagen, dass ich unterwegs gestrauchelt bin. Ja, da ist vieles, das ich bereue, Momente mit Jani, die ich anders anginge, bekäme ich eine zweite Gelegenheit. Leider Gottes lässt sich die Zeit nicht zurückdrehen. Ich kann nicht ändern, was war. Ich kann nur nach vorne schauen und mich nach Kräften bemühen, Jani der Vater zu sein, den sie braucht.

Dieses Buch ist keinesfalls als marktschreierische Empfehlung gedacht, die Ihnen vorschreibt, was zu tun ist, wenn Ihr Kind sich in Gefilde begibt, die Ihrem Verständnis entzogen sind. Vielmehr berichtet es vom Bemühen meiner Familie, den Weg aus der Dunkelheit zu finden.

Einmal, als meine Frau Susan und ich unsere Tochter im Krankenhaus besuchten, sah Jani aus ihrem Fenster im vierten Stock und sagte: »Ich will hinausspringen.«

Ich hielt gerade unseren Sohn Bodhi bei Laune, indem ich mit ihm ein Videospiel auf dem Krankenhauscomputer daddelte. Ich hörte Jani klar und deutlich und tat, was ich meistens tue, wenn ich etwas in dieser Art zu hören bekomme: Ich versuchte sie abzulenken.

»Das willst du doch nicht ernsthaft«, erwiderte ich so ruhig, wie ich konnte. »Komm und spiel mit mir und Bodhi.«

Aus den Augenwinkeln sah ich, dass sie immer noch hinabsah.

»Ich will sterben«, sagte sie leise.

Ich erstarrte. Es war lange her, seit ich sie zuletzt etwas Derartiges sagen hörte. »Ich dachte, du willst mindestens 100 werden«, sagte ich und lachte nervös.

»Ich will mit neun sterben.«

Ich streckte die Arme nach ihr aus. »Wieso? Wieso willst du denn sterben?«

Sie sah mich an. »Weil ich schizophren bin.«

Ihre Aussage hatte nichts Psychotisches. Sie war im Gegenteil völlig klar. Jani war einfach traurig. Susan und ich wussten nicht, was wir tun sollten.

Unverzüglich hinterließ ich dem Arzt eine Nachricht, der sie tags darauf untersuchte. Sie sagte ihm genau dasselbe. Er fragte sie, was es ihrer Ansicht nach bedeute, schizophren zu sein.

»Ich sehe und höre Zeug, das es nicht gibt«, erklärte sie ihm.

Angefangen, über Jani zu schreiben, habe ich auf meiner Facebook-Seite. Mit dem Schreiben wollte ich mich abreagieren, doch es stellte sich schnell heraus, dass ich damit ebenso versuchte, mir eine Erklärung für die Entwicklung meiner Tochter und die Vorgänge innerhalb meiner Familie zu erarbeiten. Aus den Facebook-Einträgen wurde ein Blog und die Texte wurden umfangreicher. Als unsere Geschichte bekannt wurde, bekam ich von Hunderten Familien E-Mails, in denen auf die eine oder andere Art immer dasselbe stand: »Wir dachten immer, wir wären allein.« Ermutigt durch die positiven Rückmeldungen gründete ich eine Internet-Selbsthilfegruppe, um Familien mit ähnlichen Problemen zu unterstützen. Hier sollten Eltern die Möglichkeit bekommen, sich untereinander auszutauschen, ohne Scheu vor Kritik, insbesondere vonseiten der Antipsychiatrie-Bewegung, die, obgleich sie viele Facetten hat, prinzipiell bestreitet, dass psychische Krankheiten überhaupt existieren. Davon, dass Kinder davon betroffen sind, wollen diese Menschen definitiv nichts hören. Trotzdem zogen sie ihre Schlüsse aus meinen Blog-Beiträgen. Da sie nur glauben, was sie glauben wollen, stand schnell fest, dass ich meine Tochter missbrauche und die Ursachen für Janis Zustand in ihren Eltern und deren Erziehungsmethoden zu suchen seien.

Seit Jahren versuche ich nachzuvollziehen, wie es möglich sein kann, dass es zu Beginn des 21. Jahrhunderts immer noch Menschen, ja selbst Ärzte gibt, die einfach nicht akzeptieren wollen, dass Schizophrenie auch im Kindesalter auftreten kann. Es bestürzt mich, wie viele Menschen mir schreiben, Jani sei von Dämonen besessen und müsse exorziert werden. Letztlich läuft es auf ein und dasselbe hinaus: Verleugnung.

Doch als Jani mir erklärte, sterben zu wollen, ging mir endlich auf, wo diese Verleugnung ihre Wurzeln hat. Man hält an den Missbrauchsvorwürfen oder der Dämonenthese fest, weil das Halt bietet. Die Vorstellung einer realen und ganz und gar unerklärlichen Krankheit ist zu beängstigend. Wenn Jani an Schizophrenie erkranken kann, dann kann es jeden von uns treffen. Und für viele ist die Vorstellung einfach nicht zu ertragen, dass dazu nicht mehr nötig ist als ein kleiner Kurzschluss im Hirn.

Ich verstehe das. Niemand will ein Kind leiden sehen und so verfallen wir zur Erklärung auf jede noch so abstruse Theorie.

Aber weder Jani noch den anderen psychisch erkrankten und schizophrenen Kindern, die ich kennenlernen durfte, ist mit dieser Art von Verleugnung irgendwie geholfen. Sie brauchen Akzeptanz. Sie brauchen unsere Versicherung: »Deine Krankheit bestimmt nicht, wer du bist.«

Wir können nicht in ihre Gehirne vordringen und sie »geradebiegen«. Aber wir können die Welt so zurechtbiegen, dass sie darin leben können.

Schizophrenie ist kein Todesurteil. Es ist eine Krankheit, mit der man umgehen kann und muss. Und sie ist Teil des unendlich vielfältigen Regenbogens des Menschseins.

Ich wünsche mir, dass Jani diesen Regenbogen sieht. Und ich wünsche mir, dass auch Sie diesen Regenbogen sehen. Darum habe ich dieses Buch geschrieben.

Dies ist kein Requiem für ein Kind. Es ist eine Reise aus der Finsternis ans Licht.

PROLOG

Juni 2006

Die meisten Dreijährigen liegen jetzt im Bett, aber die meisten Dreijährigen sind auch keine Genies wie meine Tochter. Sie kann lesen, im Kopf multiplizieren und dividieren und meine Frau Susan und mich über das Periodensystem ausfragen, das mit sämtlichen Elementen auf ihrem Platzdeckchen abgedruckt ist.

Es ist kurz vor neun Uhr abends und um sieben endet Susans Schicht als Nachrichten- und Verkehrsfunksprecherin bei einem Radiosender in Los Angeles. Selbst bei dichtem Verkehr müsste sie inzwischen zu Hause sein, trotzdem warte ich noch. Ich will mit Janni so lange herumziehen, bis uns definitiv nichts anderes übrig bleibt, als heimzugehen. Das machen wir so, seit Janni ganz klein war. Anfangs war ich mit ihr bei IKEA und warf mir im Bällebad unter ihrem hysterischen Lachen Plastikbälle an den Kopf. Wenn ich an der Cal State Northridge University unterrichte, geht Susan mit Janni auf Tour, aber heute bin ich an der Reihe.

Ich sehe sie ins Einkaufszentrum rennen – etwas anderes hat um diese Uhrzeit nicht mehr offen –, und frage mich, wie sie das durchhält. Wir waren schon im Zoo, bei IKEA und auf einem McDonald's-Spielplatz – mir ist alles recht, Hauptsache, es bringt Janni wenigstens für kurze Zeit auf andere Gedanken. Wir haben Jahreskarten für den Zoo und am liebsten mag sie den Tunnel, wo man den Kopf durch den Boden streckt wie ein Präriehund. Janni liebt Hunde. Gelegentlich nennt sie auch Menschen »Hunde«

und ich fürchte, irgendwann bekommt das jemand in den falschen Hals.

Inzwischen müsste sie körperlich längst fix und fertig sein, doch wenn dem so ist, lässt sie es sich nicht anmerken. Aber das spielt auch keine Rolle. Es geht nicht um ihren Körper. Es geht um ihren Geist. Ich muss ihr Gehirn auslaugen. Nur dann besteht die Chance, dass man sie zum Einschlafen bringt. So ist das bei ihr von Geburt an.

Die Mall ist praktisch menschenleer und das ist gut so. Je weniger Leute, desto besser.

Janni stürmt in ein Spielzeuggeschäft, eins von den teuren, die noch traditionelle Spielsachen führen. Die Verkäuferin kommt auf uns zu.

»Kann ich helfen?«, erkundigt sie sich.

»Nein, danke, wir schauen uns nur um«, sage ich, um sie schnellstmöglich wieder loszuwerden. Ich will unter allen Umständen vermeiden, dass Janni mit ihr spricht. Janni spricht nicht wie eine normale Dreijährige.

Die Verkäuferin nickt und will sich zurückziehen, aber zu meinem Entsetzen läuft Janni ihr nach.

»Daheim habe ich sieben Ratten«, erzählt Janni.

»Wow«, entgegnet sie verblüfft. »Sieben Ratten hast du?«

»Ja«, nickt Janni. »Sie heißen Montag, Dienstag, Mittwoch, Donnerstag, Freitag, Samstag und Sonntag.«

Was jetzt kommt, ist das Schlimmste. Die Verkäuferin sieht mich mit fragendem Blick an. Sie erwartet von mir, dem Vater, die Bestätigung für diese unglaubliche Information. Eine Ratte ließe sie sich ja eingehen, selbst zwei oder drei, aber sieben? Dabei haben wir gar keine Ratten. Sie existieren von der ersten bis zur letzten nur in Jannis Fantasie.

Jannis erster Fantasiefreund, Low, der Hund, war kurz vor ihrem dritten Geburtstag plötzlich da. Dann kam 400, die Katze. Inzwischen habe ich längst den Überblick verloren. Sie stammen allesamt aus Calilini, Janni zufolge eine wüste Insel vor der kalifornischen Küste.

Im Normalfall wäre das kaum der Rede wert. Jeder weiß, dass kleine Kinder eine blühende Fantasie haben. Aber Janni wird furchtbar wütend, wenn ich ihre Freunde einfach abtue. Dann sieht sie mich an, als hätte ich sie verraten.

Fast will ich schon sagen: *Das stimmt eigentlich gar nicht. Die Ratten gibt es nur in ihrer Fantasie,* doch dann sieht Janni in Erwartung meiner Reaktion zu mir auf. Noch scheint sie völlig im Reinen mit sich und der Welt. Aber ich weiß, was passiert, wenn ich der Verkäuferin die Wahrheit sage. Janni wird einen dieser ohrenbetäubenden Schreie ausstoßen. Dann wird sie Sachen aus dem Regal reißen und auf den Boden schmeißen. Ich werde ihr befehlen, damit aufzuhören und aufzuräumen, weil ich mich ernsthaft bemühe, ihr gutes Benehmen beizubringen. Aber Janni wird *Nein* sagen wie ein verstockter Teenager und aus dem Laden rennen. Ich werde ihr nachbrüllen: *Janni, komm sofort zurück und heb die Sachen auf!,* aber sie wird längst fort sein. Dann werde ich das von ihr angerichtete Durcheinander Durcheinander sein lassen und hinter ihr herlaufen, um sie nicht zu verlieren. Ich werde durch die Ladentür treten, und sie wird vielleicht 30 Meter vor mir im Flur des Einkaufszentrums stehen und mich ansehen.

Plötzlich kommt es mir: *Warum muss ich überhaupt die Wahrheit sagen? Diese Frau wird sowieso nie in unsere Wohnung kommen. Sie wird nie erfahren, dass wir in Wirklichkeit gar keine sieben Ratten haben. Warum Janni, die ohnehin schon so anders ist, weiter ausgrenzen?*

Ich nicke und breite die Hände aus, wie um zu sagen: *Klingt bescheuert, ich weiß.* »Allerdings. Sieben Ratten.«

Sie schüttelt den Kopf.

»Wow.« Sie macht große Augen und sieht mich an wie einen Verrückten, aber das ist mir egal. Hauptsache, es gibt keinen Aufstand.

Ich will Janni bei der Hand nehmen.

»Also dann, Janni, gehen wir«, dränge ich, um mich nicht noch tiefer hineinzureiten.

»Magst du Freitag mal sehen?«, fragt Janni die Verkäuferin plötzlich.

Mist!, schießt es mir durch den Kopf.

»Na komm, Janni. Wir müssen los. Wir müssen jetzt heim, die Ratten füttern.«

Die Verkäuferin schaut Janni verdattert an.

»Ob ich Freitag mal sehen möchte?«, wiederholt sie.

»Das ist eine von meinen Ratten«, erklärt Janni ernst und ohne das Gesicht zu verziehen. »Sie sitzt hier in der Tasche.«

Entsetzt sieht die Verkäuferin mich an.

»Du hast eine Ratte dabei?! Im Laden sind Tiere verboten!« Sie läuft zum Telefon auf dem Tresen und will den Sicherheitsdienst rufen. *Verdammt!*

»Keine Angst«, sagt Janni und läuft ihr nach. »Sie beißt nicht.« Sie steht jetzt hinter der Verkäuferin und streckt ihr die leere Handfläche hin. »Siehst du? Sie ist eine liebe Ratte.«

Die Verkäuferin starrt auf Jannis leere Hand und hat den Hörer schon fast am Ohr, als ihr klar wird, was hier tatsächlich geschieht.

Am Ende kichert sie ein wenig nervös. »Du liebe Güte«, sagt sie und schaut mich an. »Für einen Moment hat sie mich wirklich drangekriegt. Ich dachte schon, Sie hätten wirklich eine Ratte dabei.«

»Haben wir auch«, sagt Janni mit todernstem Gesicht. »Wir haben Freitag dabei. Da ist sie.« Sie hält der Verkäuferin die Hand unter die Nase, als sei sie kurzsichtig.

»Janni, komm jetzt«, rufe ich und will nur raus hier.

Die Verkäuferin lächelt und tut so, als streichle sie die Ratte.

»Da hast du aber einen lieben, kleinen Burschen«, lobt sie Janni.

Ich zucke zusammen. Ich höre ihren herablassenden Ton. Sie behandelt Janni wie ein x-beliebiges Kind und meint, Janni wäre so dumm und merkte nicht, dass man ihr etwas vormacht.

»Es ist ein Mädchen«, verbessert Janni.

»Ein Mädchen«, nickt die Verkäuferin und schaut mich mit diesem Gesicht an, das ich bis zum Überdruss kenne: *Nein, was für eine wundervolle Fantasie Ihre Tochter hat!* Dann lächelt sie Janni an.

»Denkst du dir gerne Sachen aus?«

Janni sagt nichts. Auf ihrem Gesicht macht sich der Ausdruck der Frustration breit. Auf einmal reißt sie etliche klassische Holzspielsachen aus dem Regal und schleudert sie zu Boden.

»Janni, lass das!« Ich eile zu ihr und packe sie an den Händen, um sie zu stoppen. Sie reißt sich los, rennt tiefer in den Laden hinein und wirft immer neue Sachen aus den Regalen.

Ich laufe ihr nach. »Janni!« Aber ich weiß, ich kann jetzt sagen, was ich will. Janni wird nicht aufhören. Ich werde sie aus dem Laden schleifen müssen. Ich bin böse auf Janni, aber noch böser bin ich auf die blöde Verkäuferin. *Wieso kann sie sich nicht einfach drauf einlassen?* Ich weiß, dass es nicht fair ist, von der Welt zu erwarten, dass sie sich auf Jannis Fantasie einlässt. Aber das hält mich nicht davon ab, mir zu wünschen, dass sie es täte.

8. *August* 2006

Heute ist Jannis vierter Geburtstag und ich bereite gerade die Party am Swimmingpool beim Klubhaus unserer Wohnanlage vor.

Ich setze Badespielzeug ins Wasser. Janni planscht inzwischen schon im Becken.

»Komm auch rein, Papa!«

»Ich komme schon noch, Janni. Ich muss nur erst alles herrichten.«

»Schau mal, Janni!«, ruft Susan. »Lynn und die Zwillinge sind da. Komm und sag Guten Tag.«

Susan steht am Tor und lässt sie herein. Die Zwillinge sind im selben Alter wie Janni. Wir kennen sie, seit sie Babys waren.

»Janni?«, ruft Susan noch einmal. »Komm und sag Lynn und den Zwillingen Hallo.«

»Nein«, ruft Janni zurück, ohne sich auch nur umzudrehen.

»Janni, du musst deine Gäste begrüßen«, sagt Susan schon etwas strenger.

»Nein!«, schreit Janni jetzt deutlich lauter.

»Hallo, January!«, ruft Lynn. »Alles Gute zum Geburtstag!«

»Ich bin nicht January!«, kreischt Janni, die sich noch immer nicht umdreht. Ruhiger dann: »Ich bin Blauaugenbaumfrosch.«

Lynn ist sichtlich irritiert, fasst sich aber rasch wieder. Sie kennt unseren Kampf mit Jannis ständigen Namenswechseln schon seit geraumer Zeit.

Vor einem Jahr wollte Janni plötzlich nicht mehr auf ihren Namen hören. Und diese Phase dauert nun schon sehr viel länger an, als wir erwartet hatten. Sobald jemand sie bei ihrem echten Namen ruft, schreit sie auf, als würde man ihr die Hand auf die heiße Herdplatte drücken.

Wir versuchen gar nicht erst, sie dazu zu zwingen, ihren Geburtsnamen zu benutzen. Mittlerweile sind wir schon froh, wenn sie sich für einen Namen entscheidet und dabei bleibt. Das Problem ist, dass sie die Namen andauernd wechselt, mitunter mehrmals täglich. Sie war schon »Hotdog«, »Regenbogen«, »Leuchtkäfer« und nun also »Blauaugenbaumfrosch«; das heißt, ursprünglich »Rotaugenbaumfrosch« aus der Fernsehserie *Diego!*, bis die Dame vom Sav-On-Drogeriemarkt sie darauf aufmerksam machte: »Du hast aber doch blaue Augen, mein Schatz.«

»Lynn und die Mädchen sind extra zu deiner Geburtstagsparty gekommen«, ermahnt Susan. »Du kommst jetzt her und sagst Guten Tag.«

Janni steigt aus dem Pool und geht zu den Zwillingen. Sie zieht keine Schnute. Sie lächelt und reibt sich flott die Hände, als freue sie sich auf einmal, die beiden zu sehen. Es ist, als habe der Ausbruch von gerade eben nie stattgefunden.

Susan nimmt für die Zwillinge zwei Safttüten aus der Kühlbox.

»Hallo, Janni. Wie geht's?«, fragt Lynn freundlich.

Das Händereiben bricht ab und das Lächeln ist verschwunden.

»Ich bin nicht Janni! Ich bin Blauaugenbaumfrosch.«

»Oh, verzeih. Ich vergaß.« Als hätte ihr jemand einen leichten elektrischen Schlag versetzt, verbessert sich Lynn eilends.

»Kinder, wünscht Blauaugenbaumfrosch alles Gute zum Geburtstag«, weist Lynn ihre Töchter an.

»Alles Gute zum Geburtstag, Janni«, flöten sie pflichtschuldig. Die Zwillinge kannten meine Tochter schon als Janni, da konnten sie noch nicht einmal sprechen. Etwas anderes haben sie nie gelernt.

»Ich bin nicht Janni!«, schreit sie die Zwillinge an. »Ich bin Blauaugenbaumfrosch.«

Verwirrt schauen die Zwillinge nach ihrer Mutter.

»Janni!«, mahnt Susan. »Sei höflich.«

Ich sage nichts. Natürlich hätte auch ich gerne eine höfliche Tochter, aber es ist nun einmal so, dass Genie in aller Regel mit auffälligem Verhalten einhergeht. Janni war von Anfang an Frühentwicklerin und konnte schon mit acht Monaten sprechen. Mit 13 Monaten kannte sie sämtliche Buchstaben, die großen wie die kleinen, selbst wenn sie auf der Seite lagen oder auf dem Kopf standen. Mit 18 Monaten sprach sie in grammatikalisch korrekten Sätzen und stellte sich anderen mit den Worten vor: »Ich heiße Janni Paige und bin 18 Monate alt.«

Doch wozu sie wirklich fähig war, begriff ich erst, als ich eines Abends, da war Janni gerade zwei, vom Seminar heimkam und Susan mir von ihrem Tag erzählte.

»Addieren habe ich ihr schon beigebracht«, berichtete Susan, was ich aber längst wusste, »also haben wir heute mit Subtrahieren angefangen. Ich wollte wissen, was sieben minus vier ist.«

»Hat sie es herausgebracht?«, fragte ich.

»Ja, das hat sie, und wir machten weiter mit sieben minus drei ist vier. Und dann fragt sie mich: ›Mama, was ist vier minus sieben?‹ Also fing ich an, ihr negative Zahlen zu erklären.«

Ich starrte Susan an. »Sie wollte von dir wissen, wie viel vier minus sieben ist?«

Susan, die gerade den Abwasch machte, drehte sich zu mir um. »Ja.« Sie sah den entsetzten Ausdruck in meinem Gesicht. »Was hast du denn?«

»Das hat sie dich einfach so gefragt?«

»Ja. Aber was ist denn?«

Negative Zahlen, schoss es mir durch den Kopf. Negative Zahlen existieren in der Dingwelt nicht und sind ein rein abstraktes Konzept. Minus vier Äpfel kann man nicht sehen. Im Alter von zwei Jahren vollzog Jannis Hirn den Sprung vom »konkreten Denken«, wie Piaget es nennt, zum »abstrakten Denken«, etwas, das typischerweise erst sehr viel später geschieht. Janni war fähig, sich einen Begriff von Konstrukten zu machen, die es materiell gar nicht gibt.

Ich träume davon, dass Janni noch vor ihrem zehnten Geburtstag nach Harvard oder Yale oder aufs Massachusetts Institute of Technology (MIT) geht. Mein größter Traum, wenn ich nachts die Augen schließe, ist, dass Janni den Nobelpreis gewinnt. Wofür, weiß ich nicht und es ist mir auch egal. Aber wenn sie mit zwei Jahren zu solchen Leistungen fähig ist, dann muss sie sich ganz einfach als Segen für die Menschheit erweisen. Und dafür kann man ihr schon mal die eine oder andere Unhöflichkeit durchgehen lassen.

»Mögt ihr Saft?« Susan reicht den Zwillingen die Safttüten, die sie gerne nehmen.

Janni bricht in Gelächter aus und macht eine schnelle, ausholende Armbewegung zu den Zwillingen hin. »400 bespritzt euch mit Mangosaft«, prustet sie, ohne die beiden zu berühren.

Instinktiv zucken die Mädchen zusammen und blicken sich Rat suchend nach der Mutter um.

»400 bespritzt euch mit Mangosaft.« Ohne dass sie irgendetwas in der Hand hielte, wiederholt Janni die Bewegung und tut, als schütte sie Saft über die Zwillinge.

Die Mädchen flüchten zur Mutter.

»Janni, das tut man nicht«, schimpft Susan.

»Aber das bin nicht ich. Das ist nur 400. Sie bespritzt sie mit Mangosaft. Es macht ihr Spaß, Leute mit Mangosaft zu bekleckern.« Wieder holt der Arm mit dem imaginären Saft aus. Dabei haben wir nicht einmal Mangosaft.

Die Zwillinge schauen zu Lynn. »Ihr braucht beide Sonnenschutz.« Sie sieht die beiden an, nimmt eine Tochter an jede Hand und führt sie zu den Liegestühlen und Tischchen.

»Dann sag 400 gefälligst, dass sie damit aufhören soll«, befiehlt Susan. »400 ist auch wieder eine von diesen eingebildeten Freundinnen«, erklärt sie Lynn.

Ins Nichts sagt Janni: »400, hör jetzt auf.« Sie wartet offenbar eine Reaktion ab und wendet sich dann wieder den Zwillingen zu.

»Sie will einfach nicht damit aufhören.« Janni bricht erneut in Lachen aus. »Das ist so komisch. 400 schüttet Mangosaft über euch.«

Lynn cremt die sichtlich verschreckten Zwillinge mit Sonnenschutz ein. »Es ist schon gut, wir wissen, dass Janni ›eigen‹ ist.«

Es ist frustrierend. Janni lässt ihre Fantasie spielen, aber die Zwillinge sind einer Vorstellungskraft wie dieser nie begegnet. Viele Genies sind exzentrisch, sage ich mir.

»Janni!« Susans Stimme wird schrill. »Hör sofort auf!«

»Das bin nicht ich! Das ist 400!«

»Dann kümmere dich um 400. Sag ihr, sie soll aufhören.«

Entgeistert streckt Janni die Arme von sich. »Das kann ich nicht!«

»Janni ...«, setzt Susan an, doch ich falle ihr ins Wort.

»Lass gut sein.«

Janni kommt zu mir und wir machen uns fertig für den Swimmingpool. Das ist meine Aufgabe. Ich bin es, der sie vor dem Rest der Welt beschützt.

Ich sehe die Frustration in Susans Gesicht, aber ihr fehlt einfach das tiefe Verständnis für Janni, wie ich es habe.

»Sie muss ihre Freundinnen begrüßen«, ermahnt sie mich flehentlich. »Du trägst nicht dazu bei, ihr Manieren beizubringen.«

»Es ist ihr Geburtstag. Lass gut sein«, entgegne ich.

Susan setzt zum Widerspruch an.

»Lass gut sein«, wiederhole ich ein wenig strenger. Susan schließt den Mund und sieht mich böse an.

Ich springe ins Becken, komme an den Rand und recke die Arme hoch. »Komm, Janni. Spring rein.«

»400 will auch reinspringen«, sagt Janni sehr ernst.

»Katzen sind aber eher wasserscheu.«

»Okay, du bleibst hier, 400.«

Janni springt zu mir und ich führe sie in die Mitte des Pools. Plötzlich schaut Janni sich nach dem Beckenrand um.

»Oh, nein! 400 ist ins Wasser gefallen!«, ruft sie aus. »400, nicht ertrinken!«

»Ich rette 400«, verspreche ich. Ich setze Janni im Flachen ab und wate dorthin, wo 400 mutmaßlich sein könnte. Und genau das ist es, was mich von jedem anderen in Jannis Leben unterscheidet. Ich lasse mich auf ihre imaginären Freunde ein, als seien sie real. Lieber fahre ich zur Hölle, als dass sie mich mit den »Dreizehnern« auf eine Stufe stellt. »Dreizehner«, das sind nach Janni Kinder und Erwachsene, die nicht über ihre Fantasie verfügen. Sich selbst sieht sie als »Zwanzigerin«, mich ebenso; Susan ist eine »Siebzehn«, und die meisten ihrer Spielgefährten sind »Fünfzehner«. »Dreizehner« sind die, die über keinen Funken Fantasie verfügen.

»Hab sie!« Ich angle Nichts aus dem Wasser. »Ah! Jetzt sitzt sie auf meinem Kopf! 400!« Ich tue so, als ginge ich unter dem Gewicht der eingebildeten Katze unter. Ich werde Janni in nichts einschränken. Ich werde ihr nichts verbieten, da ich fürchte, wenn sie erst einmal anfängt, sich Schranken aufzuerlegen, um nicht mehr aufzufallen, könnte ihr volles Potenzial verloren sein.

Janni grinst und lacht.

»400! Geh runter von Papas Kopf.«

Glücklich lächle ich zurück.

»Weißt du, Janni, wenn es einen Ozean gäbe, der so groß ist, dass der Saturn hineinpasst, dann würde er darin schwimmen.« So lässt sie sich etwas beibringen. Ich muss nur ihre Fantasiefreunde einbinden und schon passt sie auf.

»Weißt du noch, wie hoch der Luftdruck auf der Venus ist?«

»90«, antwortet Janni.

»Richtig. Dort würdest du 90-mal so viel wiegen, wie du auf der Erde wiegst. Wobei wir natürlich in Schwefelsäure schwimmen würden, wenn wir jetzt auf der Venus wären. Und wir dürfen die Hitze nicht vergessen. Auf der Venus ist es noch heißer als auf dem Merkur, ungefähr 465 Grad herrschen da, und das, obwohl der Merkur näher an der Sonne ist.«

»In Calilini kann es auch über 90 Grad heiß werden«, behauptet Janni.

Das ist meine Chance, ein wenig Realität in ihre Welt zu schleusen.

»Janni, so heiß wird es auf der ganzen Erde nicht. Das ist knapp unter dem Siedepunkt von Wasser. Bei einer solchen Temperatur könnte nichts überleben.«

»Meine Freunde schon.«

»Das ist unmöglich. Unsere Körper bestehen zum größten Teil aus Wasser und bei einer derartigen Temperatur würden wir im wahrsten Sinne des Wortes zu kochen anfangen. Wie wollen sie da überleben?«

Janni zuckt mit den Achseln. »Sie tun's halt.«

Ich setze zu einer Erwiderung an, um ihr die Abwegigkeit dieser Behauptung zu beweisen, aber Janni paddelt von mir weg und ich lasse es gut sein.

»Janni«, rufe ich.

Sie dreht sich um.

»Ich habe immer noch eine Katze auf dem Kopf.«

Sie grinst.

Ich betrachte die Pizzaschachteln auf dem Tisch.

Letztes Jahr bestellte ich sechs mittelgroße Käsepizzen, die ratzeputz gegessen waren, ehe noch alle Gäste da waren, daher bat Susan, ich solle diesmal gleich neun bestellen. Das tat ich auch. Allerdings sind nun sechs davon völlig unangetastet.

Susan sagt, es sei Zeit, den Kuchen anzuschneiden.

»Hast du auch allen eingeschärft, dass sie ›Happy Birthday, lieber Blauaugenbaumfrosch‹ singen müssen?«, frage ich.

»Ja, habe ich«, erwidert Susan, die meine Ängste teilt. Das Letzte, was wir beide wollen, wäre, dass Janni an ihrem Geburtstag ausflippt. »Ich hoffe nur, dass auch alle dran denken.« Sie dreht sich um und ruft in die Runde, dass jetzt die Kerzen angezündet werden.

Alle versammeln sich um die Torte mit der Aufschrift HAPPY BIRTHDAY, BLAUAUGENBAUMFROSCH.

»Fein, bist du so weit?«, fragt mich Susan.

Ich zünde die Kerzen an. Janni steht zwischen uns und reibt sich die Hände in einem Tempo, dass ihr die Handgelenke wehtun müssten, doch sie zeigt keine Anzeichen von Schmerz.

»Okay ...«, setzt Susan ein. »Happy Birthday to you ...«

Alle stimmen mit ein: »Happy Birthday to you. Happy Birthday, liebe ...«

Ängstlich sieht Susan mich an.

Ich singe »... Blauaugenbaumfrosch« so laut ich nur kann, um die Gäste auf den korrekten Namen einzuschwören und jedweden »Irrtum« zu übertönen, ehe Janni ihn bemerken kann.

»Happy Birthday to you.«

Alle applaudieren, auch Janni. Ich blicke zu Susan, die ebenso erleichtert aufatmet wie ich selbst.

Als Susan die Kuchenstücke austeilt, fällt mir auf, dass die Gästeschar dieses Jahr kleiner ist. Ich hatte mich auf Janni konzentriert und mit ihr gespielt, weil sie sich weigert, mit irgendjemand sonst zu spielen, daher hatte ich es vorher nicht bemerkt. Das erklärt die Pizzalage. Letztes Jahr blieben die Gäste für Stunden, lange nachdem die Torte angeschnitten und die Geschenke überreicht waren. Heuer sind etliche schon wieder weg. Ich sehe mich um und stelle fest, dass auch Lynn und die Zwillinge gegangen sind.

Oktober 2006

Jannis IQ ist 146.

Das kann nicht stimmen. Ich hatte mehr erwartet, viel mehr. Was ich erwartet hatte, war ein Albert-Einstein-IQ, ein Stephen-Hawking-IQ (auch wenn keiner der beiden je einen IQ-Test gemacht hat).

Ich sitze im Sprechzimmer von Heidi Yellen, einer auf Autismus spezialisierten Therapeutin. Je deutlicher sich Jannis Verhalten ändert, desto häufiger sprechen uns unsere Freunde auf Autismus an. Nicht nur, dass Janni sich neuerdings antisozial verhält, sie kann auch nicht aufhören, ihre Hände aneinander zu reiben, was allgemein als Stereotypie gedeutet wird, eines der deutlichsten Anzeichen für Autismus. Jannis Kinderarzt verwies uns an Heidi, »einfach, damit wir es ausschließen können«. Ich wollte Janni nicht herbringen. Autismus ist die aktuelle Modediagnose, genau wie Hyperaktivität zu meiner Kindheit. Es regt mich einfach auf, dass der Rest der Menschheit in erster Linie ihr Betragen und nicht ihre Intelligenz für bemerkenswert hält, aber allmählich bin ich es leid, immer wieder darauf angesprochen zu werden. Also mache ich einen Termin aus, voller Angst, dass Janni am Ende als autistisch dasteht und ihr die Zukunft damit verbaut ist.

Doch zu meiner großen Freude und Überraschung will Heidi Janni zuallererst einem IQ-Test unterziehen. Genau das brauche ich, den handfesten Beweis für Jannis Genialität, um damit all jene in die Schranken zu weisen, die unterstellen, dass irgendetwas mit ihr nicht stimmen könnte.

Nur dass mir 146 nicht wirklich weiterhilft. Ich brauche einen Wert, der so hoch ist, dass er mir erlaubt, Jannis zunehmende Entfremdung von Kindern ihres Alters und die Bevorzugung ihrer eingebildeten Freunde zu erklären und letztlich zu rechtfertigen. Wann immer Janni sich unmöglich benimmt, möchte ich sagen können: »Wissen Sie, sie hat einen IQ von 280.«

»146 also«, sage ich zu Heidi und bemerke, wie Janni sich von hinten an deren Computer heranschleicht. »Janni! Lass die Finger von Heidis Computer!«

»Mir ist langweilig«, mault Janni und drischt auf Heidis Tastatur ein.

Susan sitzt die ganze Zeit reglos auf der Couch. Wahrscheinlich steht auch sie unter Schockstarre. Die Folge ist, dass niemand Janni bei Laune hält, so lange ich an diesem Ergebnis zu kauen habe. Andererseits gelingt es Susan ohnehin nicht, Janni längere Zeit bei Laune zu halten.

»Gib mir nur ein bisschen Zeit, Janni. Das ist wichtig.«

Ich kann nicht sagen, ob Janni Ruhe geben oder aus dem Sprechzimmer rasen wird, und lasse sie nicht aus den Augen. Sie hat dieses Grinsen im Gesicht, das mich ängstigt, weil es ihr etwas Berechnendes, Hinterhältiges verleiht. Was mir aber die größte Angst macht, ist, dass sie damit so gar nicht mehr wie Janni aussieht. Wenn ich an böse Geister glaubte, ich würde schwören, in diesen Momenten ist sie besessen.

Janni schleicht sich wieder an den Computer heran.

»Janni.« Heidi dreht sich zu ihr um. »Ich habe dich schon einmal gebeten, nicht mit meinem Computer zu spielen. Da sind wichtige Daten gespeichert.«

»Aber ich muss arbeiten«, erwidert Janni, die, immer noch mit diesem verzerrten Lächeln im Gesicht, völlig willkürlich auf den Tasten herumdrückt.

»Janni, sie hat dich gebeten, die Finger von ihrem Computer zu lassen! Das Eigentum anderer muss man respektieren.«

»Da, damit kannst du spielen.« Heidi gibt ihr ein Spielzeug.

Heidi richtet den Blick wieder auf mich. »Sie müssen sich die Einzelwerte ansehen. Auf der nächsten Seite.«

Nervös wende ich den Blick von Janni, denn ich weiß, dass sie das Interesse an dem Spielzeug in wenigen Sekunden verloren haben wird. Ich blättere in der Dokumentation, die Heidi mir gegeben hat, eine Seite weiter. Dort stehen Sachen wie: »*Sprachvermögen 99,9 %.*«

»Deshalb habe ich Sie hergebeten, anstatt Ihnen das Ergebnis einfach zuzuschicken«, fährt Heidi fort. »Es gibt einiges, was ich erläutern muss.«

»Ich will weg«, jammert Janni.

»Wir gehen ja gleich. Es dauert nur noch einen Moment.«

»Wenn Sie sich die Einzelwerte ansehen«, erklärt Heidi, »dann stellen Sie fest, dass etliche davon, wie etwa das Sprachvermögen, bei über 99 Prozent liegen.« Sie deutet auf eine der Zeilen mit 99,9 %. »Das heißt, sie erreicht das Maximum dessen, was dieser Test zu messen imstande ist.«

»Was?«, frage ich unkonzentriert, da Janni auf die Sprechzimmertür zuläuft. »Janni! Komm zurück. Wir sind gleich fertig.« Ich stehe auf, befürchte, Janni könnte wegrennen, was sie prompt tut. »Nein« und »Hiergeblieben« haben keinerlei Bedeutung. Wenn wir nicht mit ihr gehen, wohin sie will, lässt Janni uns einfach stehen. Mir bleiben nur wenige Augenblicke, um so viel als möglich zu erfahren. »Was genau bedeutet das?«

»Es bedeutet, dass der Test für sie nicht reicht. Der Stanford-Binet-Test geht nur bis 150. Sie kommt auf 146, und das ohne schriftlichen Teil. Es ist mir nicht gelungen, sie zum Schreiben zu bewegen.«

»Ja, das geht uns genauso«, sage ich und halte Janni am Arm fest, damit sie nicht wegrennt.

»Sie kann schreiben, aber weil es bei ihr nicht aussieht wie am Computer, wird sie zornig. Dann schreit sie und reißt das Papier in Fetzen«, ergänzt Susan.

»Das könnte auf eine Zwangsstörung hindeuten«, sagt Heidi mitleidig. »Aber was der eigentliche Knackpunkt ist: Geistig ist sie zwischen zehn und elf. Und das wird der Auslöser aller künftigen Probleme sein.«

Ich lasse das auf mich wirken: *Sie hat das geistige Vermögen einer Zehn- bis Elfjährigen.* Janni ist vier. Ihr Verstand ist älter als ihr Körper. Sie wird wütend, weil sie für jeden außer Susan und mir nur ein kleines Kind darstellt, obwohl sie mental doch so viel älter ist, als sie aussieht.

»Was fangen wir mit diesem Wissen jetzt an?«, frage ich.

»Sie muss auf eine Hochbegabtenschule.«

Ja! Genau das will ich, denn da hat Janni die Chance, ihresgleichen zu finden.

»Können Sie eine empfehlen?«

»Mirman.«

Ich seufze. Mirman ist eine Schule für höchstbegabte Kinder. Wir haben bereits Kontakt aufgenommen. Doch es gibt zwei Hürden. Die erste: Alle Kinder müssen sauber sein, aber Janni braucht immer noch Windeln. Sie kann durchaus aufs Töpfchen gehen, weigert sich aber, ihr Geschäft auf der Toilette zu verrichten. Dabei trägt sie die Windel nicht durchgehend. Nur wenn sie einmal muss, schnappt sie sich eine, zieht sie an, macht ihr Geschäft, zieht sie aus und wirft die Windel in den Müll. Durch keine Belohnung der Welt lässt sie sich dazu bewegen, dieses Verhalten zu ändern. Und zwar aus genau demselben Grund, weshalb Strafen nicht funktionieren. Einmal war ich so weit, dass ich ihr, damit sie endlich folgt, sämtliches Spielzeug wegnahm, bis auf Hero, ihren Lieblingsteddy, den sie mit ins Bett nimmt. Den würde ich ihr niemals wegnehmen. Über Wochen lagen die Spielsachen oben auf den Küchenschränken, aber Janni war das völlig gleich. Das Einzige, was ihr wirklich wichtig ist, sind ihre Fantasiefreunde, und die kann ich ihr nicht wegnehmen.

Außerdem besteht Mirman auf einem »Vorstellungsgespräch«. Ich kann mir deutlich ausmalen, wie das ablaufen würde. Der Rektor kommt hereinspaziert und sagt: »Guten Tag, January«, und Janni kreischt: »Ich bin nicht January!« Und damit hätte es sich.

»Wir waren schon in Mirman«, berichte ich Heidi. »Die nehmen sie erst, wenn sie aus den Windeln ist.«

»Ich kann mir gut vorstellen, dass sie ihre Meinung ändern, wenn sie diese Werte sehen.«

Da habe ich so meine Zweifel. Ich hatte den Eindruck, dass man es mit den Regeln in Mirman ausgesprochen ernst nimmt. Ich bin mir sicher, alles, was Janni braucht, sind Kinder wie sie, Kinder mit ihrer überragenden Intelligenz, und alles wird gut. Aber nein, diese bescheuerten Regeln stehen im Weg und verhindern, dass sie ihr volles Potenzial ausschöpft.

»Sie dürfen nicht aufhören, es zu versuchen«, sagt Heidi. »Eine andere Möglichkeit gibt es nicht. Sie muss nach Mirman. Auf einer Regelschule hat sie keine Chance.«

Ich verliere den Halt und Janni zischt durch die Tür.

Februar 2007

»Wo gehen wir hin?«, fragt Janni. »Ich will Pizza.«

»Wir gehen auf die Geburtstagsparty von Violet.« Ich beiße die Zähne zusammen, denn was jetzt kommt, kenne ich nur zu gut.

»Ich kann Violet nicht leiden!«

Ich seufze.

»Janni, das ist eine ganz Liebe.«

»Ich hasse sie«, sagt sie, als weise sie darauf hin, dass draußen die Sonne scheint. Es liegt keinerlei Feindseligkeit in ihrem Ton, weshalb ich ihr auch kein Wort glaube.

»Wieso willst du sie hassen? Hass ist ein sehr, sehr starkes Gefühl, Janni. Hassen tun wir Leute, die uns tief verletzt haben. Violet hat dir nie etwas getan.«

»Trotzdem kann ich sie nicht ausstehen.«

Janni sind nicht mehr viele Freunde geblieben, aber bei Violet habe ich die Hoffnung noch nicht aufgegeben. Violet ist ein kluges Mädchen. Ich kann darüber hinwegsehen, wie Janni mit Kindern umspringt, die nicht auf ihrem »Level« sind, aber bei Violet ist das etwas anderes.

»Aber warum denn nicht?«, beharre ich, damit sie es sich mit Violet nicht auch noch verdirbt.

»Sie mag keine Hunde.«

»Hast du sie gefragt?«

»Nein.«

»Woher willst du dann wissen, dass sie keine Hunde mag?«
»So halt.«
»Wie, so halt?« Ich lasse nicht locker.
»Ich weiß es von 400.«
Kurzzeitig will ich ihr einschärfen, dass 400 nicht real ist, aber das ist noch jedes Mal schiefgegangen, daher frage ich: »Und woher weiß 400 das?«
Janni zuckt die Achseln. »Keine Ahnung. Sie weiß es halt.«
»Violet ist keine Dreizehnerin, Janni. Sie ist gescheit. Sie kommt bestimmt knapp an die Zwanzig.«
Einen Moment bleibt Janni stumm. »Ich bin jetzt eine Fünfundzwanzig.«
Ganz tief in mir rührt sich die Furcht, die ich mir nicht eingestehen will. Janni erhöht ihre »Zahl«. »Wann bist du denn auf einmal zur Fünfundzwanzigerin geworden?«
»Bin ich halt.«
Das macht mir Angst. Immer, wenn ich glaube, wir haben eine Freundin gefunden, die näher an Jannis Zahl ist, erhöht sie sie, als wolle sie vorsätzlich Distanz zwischen sich und den anderen schaffen.
»Versprich mir, Violet nicht zu sagen, dass du sie nicht leiden kannst.«
»Das werde ich ihr aber sagen.«
Damit hatte ich nicht gerechnet. Es muss ihr versehentlich herausgerutscht sein. Selbst wenn es ihr fester Vorsatz sein sollte, müsste sie mich nicht einfach anlügen? Das wäre das einzig Logische.
»Du weißt doch, dass Mama immer sagt, wenn man nichts Nettes zu sagen hat, soll man lieber gar nichts sagen?«, halte ich ihr entgegen.
»Violet kann mit meiner Fantasie nicht mithalten.«
Ich seufze. *Ich weiß, Janni.* Die Fantasie ihrer Altersgenossinnen erschöpft sich darin, Prinzessin zu spielen und ähnlichen Schwach-

sinn. Keine ist in der Lage, eine komplette Welt wie Jannis Calilini zu entwerfen. Es tut mir in der Seele weh, mit anzusehen, wie Janni versucht, anderen Kindern ihre Welt zu vermitteln. Jedes Mal, wenn das geschieht, wächst meine innere Furcht, eines Tages wird sie es einfach bleiben lassen.

Violets Mutter Sara macht uns die Haustür auf und ich gebe ihr das Geschenk für Violet.

Violet läuft auf Janni zu und breitet die Arme aus, um sie herzlich an sich zu drücken. Janni aber senkt den Kopf, um ihr nicht in die Augen schauen zu müssen und schüttelt sie ab wie eine nasse Jacke.

Und schon geht es wieder los.

»Janni, wünsch Violet alles Gute zum Geburtstag«, befehle ich.

»Ich hasse dich«, sagt Janni zu Violet.

»Janni! Was hab ich vorhin gesagt?« Aus Angst vor dem Ausdruck, der mich in Saras Gesicht erwartet, unterlasse ich es, den Blick zu heben. Stattdessen wende ich mich an Violet.

»Bitte entschuldige, Violet. Du darfst das nicht persönlich nehmen. Janni sagt das zu jedem.« Ich merke, wie blödsinnig sich das anhört. Ich habe gerade eine Fünfjährige aufgefordert, eine Äußerung nicht persönlich zu nehmen. Ich bin es schon so gewöhnt, mit Janni wie mit einer Erwachsenen zu reden, dass mir gar nicht in den Sinn kommt, dass andere Kinder in ihrem Alter das noch nicht verstehen können.

Violet steht da und weiß nicht recht, was sie tun soll.

»Jedenfalls sind wir froh, dass du kommen konntest, Janni«, sagt Sara höflich, aber ich spüre, dass es sie Mühe kostet, den Anschein zu erwecken, Jannis Grobheit sei keine große Sache. Und das gibt wiederum mir zu denken. Wenn ich es merke, dann fürchte ich, merkt Janni es auch. Ich möchte sie vor der Kritik von anderen schützen, statt sie ihr permanent auszusetzen. Ich werde wütend auf Susan, weil sie uns dazu gedrängt hat, auf dieses Fest zu gehen.

Janni sagt nur: »Gibt es Pizza?«

»Nein, tut mir leid. Es gibt keine Pizza«, sagt Sara entschuldigend.

Und damit ist meine einzige Chance, sie wenigstens für eine gewisse Zeit bei Laune zu halten, beim Teufel. Schließlich konnte ich sie überhaupt nur mit dem Versprechen, es werde Pizza geben, zum Herkommen überreden.

»Aber wir haben jede Menge anderer leckerer Sachen«, versucht Sara Janni zu bezirzen wie ein x-beliebiges Mädchen.

Ich schaue zum Buffet. Das Essen ist eher für Erwachsene als für Kinder: Bagels mit Frischkäse, Gemüseteller. Nichts, was Janni isst.

Janni sitzt auf der Schaukel in Violets Garten und ich schubse sie an, während die anderen Mädchen drinnen spielen.

Andere Eltern stehen auf der Terrasse, unterhalten sich, die Pappteller mit Gemüse und Dip, Käse und Chips in der Hand. Bitternis durchzuckt mich. Sie können ihre Kinder herumtoben lassen, ohne Angst, der Sohn oder die Tochter könne einem anderen Kind mit Worten oder Taten Schmerz zufügen.

In der Hoffnung auf herunterfallende Brosamen streicht ein kleines, weißes Hündchen zwischen den Füßen der anderen Eltern herum. So viel zu Jannis Gewissheit, Violet könne Hunde nicht leiden.

»Janni, magst du nicht vielleicht doch drinnen mit den anderen spielen?« Ich bin überzeugt, dass sie Nein sagen wird, frage aber trotzdem, weil ich es leid bin, immer abseits zu stehen. »Das sieht lustig aus.«

»Nein.«

»Und wenn ich auch mitspiele?«

»Nein.«

Ich finde mich mit meiner fortgesetzten Isolation ab und gebe der Schaukel einen Stoß.

»Ich will jetzt runter«, sagt Janni und ich bremse die Schaukel mit einem Griff ans Seil ab.

Sie springt herunter und läuft ins Haus.

Ich folge ihr und schlängle mich, möglichst ohne jemanden anzurempeln, zwischen den dicht gedrängten Erwachsenen durch. Ich muss Janni einholen, um jeden Konflikt, der zwischen ihr und dem Rest der Welt entstehen könnte, von vornherein abzuwenden.

Zum Glück und durchaus zu meinem Erstaunen steht Janni im Wohnzimmer und sieht Sara zu, die mit Violet und den anderen Mädchen das Fangspiel »Red Rover« spielt.

»Hallo, Janni!« Sara hat uns entdeckt. »Machst du mit?«

»Das ist ein lustiges Spiel«, ergänze ich in der Hoffnung, das Gemeinschaftsspiel könne Janni verlocken, sich anzuschließen.

»Nein, ich schau lieber zu.«

Ich weiß nicht, weshalb sie lieber zuschaut als mitspielt. Mit 18 Monaten ging sie auf andere kleine Kinder zu und fragte sie nach dem Namen, auch wenn die meisten noch gar nicht sprechen konnten. Sie hat sich stets für andere Kinder interessiert. Jetzt können sie reden, aber Janni hat das Interesse verloren.

Plötzlich fällt mir auf, dass Janni nicht mehr bei mir ist. Sie hat sich aus dem Staub gemacht, und ich habe es nicht einmal bemerkt. In der Hoffnung, Janni könne sich doch noch dem Spiel angeschlossen haben, lasse ich den Blick über die Gruppe der Kinder schweifen, aber nein, sie ist nicht unter den fröhlichen, lachenden Mädchen. Reines Wunschdenken. Vielleicht ist sie wieder im Garten? Ich gehe zur Schaukel, aber auch dort ist sie nicht.

Panik steigt auf. So macht sie das immer. Wenn es ihr nicht mehr gefällt, geht sie. Ich habe Angst, sie könnte zur Haustür hinaus sein. Es wäre nicht das erste Mal.

Zimmer für Zimmer durchsuche ich das Haus. Zum Schluss komme ich in Violets Zimmer. Die Jalousie ist heruntergelassen und die Winkel des Raums liegen im Dunklen. Es dauert einen Moment, bis meine Augen sich daran gewöhnt haben. Dann entdecke ich Janni auf dem Fußboden. Sie zerrt Violets Stofftiere vom Bett und stellt sie in einer Reihe auf.

Hinter mir kommt Violet ins Zimmer. Zunächst meine ich, sie will nur kurz etwas holen, da ihre Freundinnen nicht bei ihr sind. Viele Mädchen sind gern mit ihr befreundet. Wieso sollte sie sich da mit einer Göre abgeben, die ihr auf den Kopf zusagt, dass sie sie hasst?

Aber zu meiner Überraschung setzt sie sich zu Janni.

»Hi«, sagt sie zu Janni.

Janni würdigt Violet keines Blickes, so als wäre sie gar nicht da.

Violet nimmt einen Stofflöwen aus der Reihe, in die Janni ihn gestellt hat. Der Löwe. Jannis Sternzeichen.

»Das ist Herr Löwe«, erklärt Violet Janni.

Janni reißt ihr den Löwen aus der Hand. »Das ist 60.«

»Nennt ihn doch ›Herr 60, der Löwe‹«, schlage ich Janni vor.

»Nein. Er heißt 60.«

»Kann er nicht beide Namen haben?«, frage ich hoffnungsvoll. Das ist neu. Violet ist anders. Sie gibt sich echte Mühe. *Bitte, Janni,* denke ich im Stillen, *gib nur ein klein wenig nach.*

»Nein«, entgegnet Janni.

Violet greift nach einer Puppe. »Die mag ich am liebsten. Sie heißt Elle.«

Janni schaut die Puppe schief an. »Das ist 11.« Sie nimmt Violet die Puppe weg.

Aber Violet wird nicht böse. Sie neigt sich Janni zu, so dicht, dass beider Haare sich berühren. Wie ordentlich gekämmt Violets kurze, braune Haare aussehen, im Vergleich zu Jannis struppiger Lockenmähne, an die sie uns mit keiner Bürste mehr heranlässt.

Janni beugt sich über die Stofftiere und führt Selbstgespräche.

Irgendwie kommt mir diese Szene vertraut vor, ich komme nur nicht drauf. Und dann kommt es mir mit einer solchen Wucht, dass ich erschaudere. Janni wirkt völlig abgekapselt, wie sie da mit gekrümmtem Rücken im dämmrigen Zimmer sitzt; neben ihr

Violet, die sich bemüht, zu ihr durchzudringen, ihre Freundin zu sein. Janni ist die Laura aus der *Glasmenagerie*, gefangen in ihrer eigenen Welt. Ein Schluchzen steigt mir die Kehle hoch, doch ich kämpfe es zurück. Nein, ich steigere mich hier in etwas hinein. Das ist nur eine vorübergehende Phase. Janni wird das überwinden.

Susan, die direkt von der Arbeit kommt, steigt gerade aus dem Auto, als Sara die Haustür öffnet und uns verabschiedet.
Susan lächelt und winkt Violet, die an der Tür steht, um Auf Wiedersehen zu sagen, wie sie es als artige Gastgeberin gelernt hat. Janni und ich poltern dicht hintereinander ins Freie.
»Wo wollt ihr denn hin?«, fragt Susan, als wir an ihr vorbeistürmen.
»Janni braucht was zu essen«, fauche ich. »Sie hat Hunger und es gab keine Pizza.«
»Ja, das tut mir leid«, sagt Sara, als wäre das alles ganz normal. »Ich wusste nicht, was Janni gerne isst.«
»Sie ist ein bisschen sehr heikel, was das Essen angeht.« Typisch Susan, immer will sie alles erklären. Dann, an mich gewandt: »Und der Kuchen? Ist die Torte schon angeschnitten?«
»Bis zur Torte ist es noch eine Stunde. Ich kann Janni nicht so lange warten lassen. Ich muss zusehen, dass sie was zu essen bekommt.«
Ich bin wütend auf Susan. Ich weigere mich, böse auf Janni zu werden. Es ist nicht ihre Schuld. Schließlich wollte sie von Anfang an nicht auf diese Party.
»Auf ein Stück Torte sollte sie wenigstens dableiben«, protestiert Susan.
»Ich bringe sie hier weg«, sage ich und gehe über die Straße zu meinem Auto, wo Janni schon wartet. »Ich hätte sie gar nicht erst herbringen sollen.«
»Ich will Pizza«, ergänzt Janni.

Susan läuft uns nach, als ich gerade die Wagentür öffne und einsteige.

»Was ist denn passiert? Wieso bist du so wütend?«

Ich falle über sie her.

»Du folterst sie.«

Susan macht ein verwirrtes Gesicht.

»Was redest du da?«

»Dauernd zwingst du sie, auf Geburtstagspartys und zu Spielenachmittagen zu gehen, dabei ist das Folter für sie.«

»Ich will doch nur, dass sie Freunde findet«, erwidert Susan.

»Ich habe die Schnauze voll davon«, brülle ich. »Ich habe die Schnauze voll von deinem dauernden Insistieren, mit diesem oder jenem Kind wird sie auskommen, und jedes Mal bin ich so blöd und falle wieder drauf rein und hoffe, diesmal hast du recht, dabei ist es jedes Mal dasselbe. Gerade eben habe ich mit angesehen, wie Violet sich solche Mühe gegeben hat, nett zu Janni zu sein, und Janni hat sie einfach links liegen gelassen. Hast du überhaupt eine Ahnung, wie sich das anfühlt? Ich mache das nicht mehr mit.«

»Schön«, entgegnet Susan. »Allerdings habe ich schwer den Eindruck, dass du überfordert bist. Ich werde mich um sie kümmern.«

»Nein«, zische ich sie an. »Ich lasse nicht länger zu, dass du sie dauernd Leuten aussetzt, die ihr das Gefühl geben, eine Missgeburt zu sein! Sie ist hochintelligent!«

»Ich weiß, dass sie hochintelligent ist!«, schnauzt Susan zurück.

»Aber darum geht es nicht! Janni hat einen höheren IQ als 99,9 Prozent der Weltbevölkerung. Bei sechs Milliarden Menschen insgesamt bedeutet das, gerade einmal sechs Millionen können mit Jannis Intelligenz mithalten!«

»Das sind immer noch ziemlich viele.«

»Aber die können sonst wo auf der Welt stecken! Weißt du, wie hoch die Chancen stehen, auch nur einen von ihnen zu finden?«

»Wir dürfen einfach nicht aufhören, es zu versuchen«, sagt Susan.

»Nein, eben nicht. Wir können Janni ihren Frieden lassen.«

»Und was genau erwartest du von mir? Soll ich aufhören, Freunde für sie zu suchen?«

»Ganz genau.« Ich knalle Susan die Tür vor der Nase zu und fahre mit Janni davon.

16. Dezember 2007

Die Jalousien sind geöffnet und es wird rasch dunkel; nur die grünen LED-Leuchten des Fötus-Herz-Monitors blinken mir entgegen. Der Herzschlag unseres Sohnes wandert als gestaffelte, gelbe Linie über den Bildschirm. Bodhi wird er heißen, nach dem Baum, unter dem Siddhartha Gautama saß, als ihm die Erleuchtung zuteil und er zum Buddha wurde. Wir sind keine Buddhisten, nicht einmal religiös, aber wir hoffen, unser Sohn wird Janni Frieden bringen, gerade so wie der Schatten des Baumes Bodhi dem Buddha Trost spendete.

Im Schein des Monitors kann ich Susans Kopf kaum erkennen. Ich kann nicht sagen, ob sie schläft. Ich weiß, ich sollte bei ihr sein, um Bodhi bei seinem Eintritt in die Welt willkommen zu heißen, aber ich kann nicht aufhören, mir wegen Janni Sorgen zu machen. Sie braucht mich. Ich spüre es.

Ich taste nach dem Handy in meiner Tasche und widerstehe dem Drang nach einem Kontrollanruf. Es muss auch ohne mich gehen. Ich muss darauf vertrauen, dass mein Vater mit ihr allein fertig wird.

»Ich frage mich, wie dein Vater mit Janni zurechtkommt«, schreckt Susan mich aus dem Dunkel auf. Selbst sie denkt jetzt an Janni, wo sie doch auf den Anästhesisten wartet, der ihr die Epiduralnadel in die Wirbelsäule setzen soll.

»Die kommen bestimmt prima zurecht«, sage ich zu meiner

und Susans Beruhigung. Bis heute Abend war Janni noch nie von uns beiden zugleich getrennt.

Wir verstummen und lauschen den Tönen von Bodhis Herzschlag. Ich kann mir kaum noch vorstellen, dass ich bis vor zehn Monaten nicht im Traum daran dachte, jemals ein weiteres Kind zu bekommen. Susan hatte schon länger mit dem Hinweis, dass ihre »Uhr allmählich abläuft«, davon gesprochen.

Doch das war nicht der Grund, weshalb ich einem zweiten Kind schließlich zustimmte. Ich wollte Bodhi aus einem und nur einem Grund: weil Janni sich ein Geschwisterchen wünschte. Bodhi ist das größte Wagnis, das ich in meinem Leben je einging. Seit fünf Jahren fahnden wir nach einem Kind, das Jannis Fantasie zu teilen vermag. Vergeblich. Dies ist mein letzter, verzweifelter Versuch. Wenn ich schon kein Kind finden kann, mit dem Janni etwas anzufangen weiß, vielleicht kann ich ja eines erschaffen?

»Ich finde es unfassbar, was ich jetzt sage«, flüstere ich im Dunkeln, »aber ich hoffe wirklich, dass Bodhi genau so wird wie Janni.«

»Ich weiß.«

»Das ist mein voller Ernst. Ich würde all das noch einmal durchmachen. Den völligen Schlafentzug und den Zwang, ihn dauernd zu beschäftigen.«

»Das wird nicht nötig sein. Bodhi hat, was Janni nicht hatte, eine ältere Schwester.«

Ich muss leise lachen.

»Bei unserem Glück wird er wahrscheinlich dauernd schlafen.« Das Lächeln erstirbt mir auf den Lippen. »Aber selbst wenn ich alles noch einmal durchmachen muss, ich werde es gerne tun, wenn das bedeutet, dass Janni jemanden hat, der ist wie sie.«

»Genauso geht es mir auch.« Susan streckt den Arm nach mir aus.

Ich stehe auf und greife danach.

»Ich glaube, du solltest deinen Vater anrufen und fragen, wie es um Janni steht«, sagt Susan.

»Gut.« Ich gehe hinaus auf den Flur und rufe meinen Vater an.

»Ist alles in Ordnung?«, frage ich, sobald er abhebt.

»Wie man's nimmt. Wir waren auf dem Spielplatz im Einkaufszentrum, aber da wollte sie nicht lange bleiben. Sie hat versucht auszubüxen.«

Ich schließe die Augen. Genau das hatte ich befürchtet.

»Und wohin geht ihr jetzt?«, frage ich.

»Wir fahren zum Abendessen.«

Ich schaue zu Susan. Im Zwielicht sehe ich ihre Augen, den nervösen Blick. Ich fälle eine Entscheidung.

»Komm zum Krankenhaus und hol mich ab.«

»Michael, es ist alles in Ordnung. Du musst jetzt bei Susan sein«, ermahnt mich mein Vater.

»Susan geht es gut. Bodhi kommt sicher noch nicht heute Nacht. Ich kann ein paar Stunden weg.«

»Ganz bestimmt?«

»Ja.«

»Gut«, stimmt er etwas zu bereitwillig zu. »Wir treffen dich in zehn Minuten am Krankenhauseingang.«

Ich lege auf und drehe mich zu Susan um.

»Alles in Ordnung? Was macht Janni?«, fragt sie besorgt.

»Vater war mit ihr im Einkaufszentrum, aber ihr wurde schnell langweilig und sie wollte weg. Jetzt fahren sie zum Abendessen.«

»Was meinst du, wie sie sich bei ihm benimmt?«

Ich seufze. »Er wird mit ihr nicht fertig.«

»Ist etwas passiert?«, fragt sie mit brechender Stimme.

»Nein, ich glaube nicht. Aber es ist das Beste, wenn ich beim Essen dabei bin.«

Susan verstummt kurz. Sie weiß Bescheid. Wir hatten beide befürchtet, dass es dazu kommen könnte. Natürlich wollten wir glauben, dass Janni auch ohne uns zurechtkäme, aber im Grunde unseres Herzens wussten wir es. Wir konnten von niemandem erwarten, Janni in demselben Maße zu motivieren, wie wir es tun.

»Kommst du alleine klar?«, frage ich. »Ich werde nicht lange fort sein.«

»Ich mache das ja nicht zum ersten Mal durch«, sagt sie und bemüht sich, großmütig zu klingen, doch ich höre ihr die Enttäuschung an.

Das ist nicht richtig. Ich lasse meine Frau im Stich, wenn sie mich am nötigsten braucht. Aber Janni braucht mich dringender. Susan kann auf das Krankenhauspersonal zurückgreifen. Janni hat niemanden.

Ich fasse Susans mit Injektionsnadeln gespickte Hand.

»Ich bin nur schnell mit ihr beim Essen, bis sie erschöpft ist, dann komme ich sofort zurück. Versprochen.«

»Ich weiß. Ich habe sowieso ein besseres Gefühl, wenn du bei ihr bist.« Susan streckt den Hals, damit ich sie küsse, und ich beuge mich zu ihr herab.

Mein Vater, der eigens aus Arizona eingeflogen ist, hat sich ein wahres Schlachtschiff von Mietauto zugelegt. Ich setze mich zu Janni auf die Rückbank. Trotz der Dunkelheit sehe ich ihre Augen. Sie hat sich tief in ihr Inneres zurückgezogen, wo nichts von dem, was hier draußen vor sich geht, noch von Bedeutung ist. Ich müsste jetzt etwas Albernes sagen, um sie zurückzuholen, aber ich kann es nicht. Es ist nicht richtig, dass ich hier sein muss. Ich sollte bei Susan sein. Ich bin wütend auf meinen Vater. Warum lässt er sich nicht wie ich auf sie ein? Warum tut sich alle Welt so furchtbar schwer damit? Ich mache das jetzt seit fünf Jahren und mein Vater schafft es nicht einmal eine Stunde.

Mein Vater will wissen, wie es Susan geht.

»Es geht ihr gut«, erwidere ich barsch. »Wie lief's im Einkaufszentrum?«

»Nun ja«, setzt er an. Ich sehe im Rückspiegel sein Gesicht. »Wir hatten unsere Probleme. Janni hat mich getreten.«

Ich atme scharf aus und schaue zum Seitenfenster hinaus. Gewöhnlich weise ich Janni nach derartigen Vorfällen zwar mit großem Getöse zurecht, entschuldige ihr Verhalten aber insgeheim als Teil ihres Kampfes mit einer Welt, die in ihr nichts als ein gewöhnliches Kind sehen will. Aber hier geht es um meinen Vater. Ich darf ihr das nicht durchgehen lassen.

»Janni! Was hast du dir dabei gedacht?«, wende ich mich an sie. Ich habe Angst. Ich fürchte, mein Vater wird sich das nicht bieten lassen, auch wenn sie sein einziges Enkelkind ist. Ich möchte glauben, dass er es wegstecken wird, weil sie immerhin zur Familie gehört, doch ich spüre, dass er nach nur einer Stunde am Ende seiner Geduld angelangt ist.

Ich höre einen Fuß auf etwas Hartes treffen.

»Janni, lass das«, sagt Vater. »Ich kann mich so nicht konzentrieren.«

Janni trampelt gegen die Lehne von Vaters Sitz. Ich kann keinerlei Zorn erkennen. Es ist, als lasse sie die Beinchen im lauen Wind baumeln.

»Janni, Opa muss fahren«, ermahne ich sie. Mein eigener Tonfall schrillt mir in den Ohren. Ich flehe sie an. Ich weiß, wo das enden wird.

Janni kickt ungerührt weiter in die Sitzrückseite meines Vaters.

»Janni, Schluss jetzt!«, befiehlt er ihr, genau wie mir früher. Wann immer ich als Kind diesen Tonfall von ihm hörte, war augenblicklich Schluss. Dieser Ton machte mir Angst. Er tut es noch heute, als Erwachsener. Aber Janni ist nicht wie ich. Die strenge Stimme der Autorität hat keine Bedeutung für sie. Ich kann ihre Augen sehen. In die ist der Ausdruck zurückgekehrt, der besagt: »Das ist ein lustiges Spiel.«

Sie kickt immer weiter. Ich bin wie paralysiert, weiß nicht, was ich tun soll. Ich könnte sie natürlich ebenfalls anschreien, aber damit würde ich sie nur weiter anstacheln.

Unverdrossen kickt sie meinem Vater in die Rückenlehne.

»Janni! Zum letzten Mal jetzt: Ich habe ›Schluss‹ gesagt!«

Aber Janni wird nicht aufhören. »Zum letzten Mal« hat keine Bedeutung für sie, weil sie nichts zu verlieren hat. Ich muss sie ablenken, sie auf einen anderen Gedanken bringen als den, meinem Vater in die Lehne zu treten. Aber mir fällt einfach nichts ein.

Janni tritt weiter zu.

»Janni!«, brüllt mein Vater. Er nimmt die rechte Hand vom Steuer und greift nach hinten. Ich habe das Gefühl, einen Flugzeugabsturz in Zeitlupe zu beobachten. Er gibt ihr einen leichten Klaps aufs Knie.

Mein Vater macht es sich in dem Gefühl, das Problem gelöst zu haben, wieder bequem. Was er nicht weiß und im Dunkel der Rückbank nicht sehen kann, ist, dass ich mich abgeschnallt habe und mit meinem ganzen Körpergewicht quer über Jannis Beine liege, weil sie mit unverminderter Heftigkeit nach der Rückenlehne zu treten versucht.

22. Dezember 2007

Wir müssen jeden Laut unterbinden, den Bodhi von sich geben könnte. Er ist jetzt seit drei Tagen zu Hause und wir fürchten den kleinsten Mucks von ihm. Sobald er anfängt sich zu regen, noch bevor er die Äuglein aufschlägt, drücken wir ihm Schnuller oder Fläschchen in den Mund.

Alle paar Augenblicke gehe ich an Bodhis Bettchen. Er schläft noch. Ich spähe nach einem Vorzeichen seines baldigen Erwachens.

Ich schaue zu Janni, die, nur ein ganz klein wenig entfernt, so dicht vor dem Fernseher steht, dass sie unmöglich das ganze Bild sehen kann; trotzdem starrt sie gebannt auf den Bildschirm.

Ich gehe in die Küche, wo ich seit Tagen nichts anderes tue, als Bodhis Fläschchen zu spülen. Im Kühlschrank stehen fünf gefüllte Fläschchen bereit, trotzdem will ich für weiteren Nachschub sorgen.

Der Fernseher wird lauter. Ich renne hinaus, wo die Lautstärkeanzeige bis hinauf zur 59 über den Bildschirm wandert: volle Lautstärke. Durch die Wohnung dröhnt Steve aus *Blau und schlau*.

»Janni, nicht so laut!«, zische ich, stelle den Ton leiser und sehe nervös nach Bodhi, ob der ohrenbetäubende Lärm ihn aufschreckt. Er schläft jetzt seit vier Stunden und wird bald aufwachen. Ich will das nicht auch noch beschleunigen.

Janni dreht die Lautstärke wieder bis zum Anschlag hoch.

»Janni, das ist zu laut.« Hektisch schalte ich leiser.

»Aber ich kann so nichts hören!«, bricht es unvermittelt aus Janni hervor, als sie wieder aufdreht.

»Was soll das heißen, du kannst nichts hören? Du stehst direkt davor.«

»Ich kann aber nichts hören«, jammert sie.

Von der Couch ertönt mattes Weinen. Rüde wurde Bodhi in die Welt zurückgeholt.

»Susan!«, brülle ich und renne zur Küche. Der Countdown zur Detonation hat begonnen.

»Ich komme!« Susan springt aus dem Bett, wo sie sich ein wenig ausgeruht hat, und stürmt ins Wohnzimmer, als hätte ich ›Feuer!‹ geschrien.

Sie nimmt Bodhi in beide Arme, während ich die Kühlschranktür aufreiße und nach einem der vorbereiteten Gläschen mit Fertignahrung greife.

»Ich kann nichts hören, wenn Bodhi so schreit!«, kreischt Janni, ohne die Augen auch nur für eine Sekunde vom Fernseher und der Folge zu wenden, die sie schon tausende Male gesehen hat.

Uns läuft die Zeit davon, um die sprichwörtliche Bombe zu entschärfen. Mit dem Gläschen renne ich zu Susan. Erschöpft schiebt sie es Bodhi in den Mund. Er verzieht das Gesicht, das Weinen wird lauter und der Brei rinnt ihm übers Kinn. Mist! Vor lauter Panik habe ich vergessen, das Gläschen auf Zimmertemperatur anzuwärmen. Janni war das immer egal, aber Bodhi ist extrem wärmeempfindlich.

»Bodhi!« Jannis Schrei gellt durch das Zimmer, ohne dass sie sich vom Fernseher abwendet. »Hör mit dem Gebrüll auf!«

Ihr Schrei lässt ihn nur umso lauter weinen. Ich höre seinem Weinen die Angst an. Er weiß nicht, was los ist. Das war so nicht vorgesehen. Er sollte in einer geschützten Umgebung sein. Ich stürze in die Küche zurück und stelle das Fläschchen in die Mikrowelle.

»Hör zu weinen auf!« Janni hält sich mit beiden Händen die Ohren zu, obwohl das Lauteste in der Wohnung der Fernseher ist.

»Janni, wenn es dir zu viel ist, geh ins Schlafzimmer«, sagt Susan besänftigend.

»Ich schau mir das aber an!«

»Im Schlafzimmer ist auch ein Fernseher«, erinnert Susan sie.

»Ich schau mir das aber an!«, wiederholt sie, als handle es sich um ein vollkommen absurdes Ansinnen.

Ich nehme das Fläschchen aus der Mikrowelle und stürze zu Bodhi. »Niemand findet Babygeschrei schön, Janni. Wir sind darauf programmiert, es zu hassen.« Ich versuche sie von Bodhis Weinen abzulenken, indem ich ihr etwas beibringe. »So sorgt die Evolution dafür, dass wir uns um unseren Nachwuchs kümmern.«

Gierig öffnet Bodhi den Mund nach dem Sauger, fängt aber sofort wieder zu brüllen an. Jetzt ist es zu heiß. Ich habe es übertrieben. Ich hätte es ein paar Sekunden anwärmen müssen, prüfen und noch einmal wärmen, aber dazu war keine Zeit.

»Hör auf zu weinen!«, herrscht Janni ihn noch lauter an und lässt dann einen ihrer ohrenbetäubenden Schreie los. Bodhis Weinen wird lauter.

»Janni!«, schreie ich, renne zurück in die Küche, zerre eins der halb gespülten Gläschen aus dem Becken und wasche es aus. Ich muss ein neues Gläschen Fertignahrung ansetzen, diesmal auf Zimmertemperatur. Das geht schneller, als eins der vorbereiteten Fläschchen aus dem Kühlschrank warm zu machen. »Wenn du ihn anschreist, weint er nur noch mehr.«

»Aber er weint!«, schreit Janni und hält sich mit beiden Händen die Ohren zu.

Ich bemühe mich, das Zittern meiner Hände zu unterdrücken, während ich das Essenspulver abmesse. Die Zeit ist fast abgelaufen. Uns bleiben nur wenige Sekunden. Ich habe solche Angst, dass es mir nur mit Mühe gelingt, den Sauger auf das Fläschchen zu schrauben.

»Janni, nein!«, schreit Susan in Panik auf. Schützend reißt sie den Arm hoch. Sie zieht Bodhi an sich und die Fernbedienung fliegt nur knapp an ihnen vorbei. Die abrupte Bewegung steigert Bodhis Angst zusätzlich.

Janni hat die Fernbedienung nach Bodhi geworfen.

»Janni, geworfen wird nicht!«, rufe ich. Die Zeit ist um. Der Zündmechanismus ist ausgelöst. Es ist zu spät, um Janni am Detonieren zu hindern. »Du gehst sofort ins andere Zimmer!«, befehle ich.

Ganz ruhig umrundet Janni den Couchtisch, der sie von Susan und Bodhi trennt. Susan will aufstehen, schreckt zurück, dreht sich weg, um Bodhi zu schützen. Janni holt aus und rammt Susan die Faust in die Magengrube, dicht unter Bodhis baumelnden Beinchen.

So geht das jeden Tag, seit wir Bodhi nach Hause geholt haben, und dennoch sehe ich wie gelähmt mit an, wie meine eigene Tochter auf Mutter und Bruder einprügelt.

Susan kehrt Janni den Rücken zu, um Bodhi zu schützen. Jannis Faust fährt ihr mit solcher Wucht in den Rücken, dass der dumpfe Aufprall noch am anderen Ende des Zimmers zu hören ist. Susan taumelt vornüber. Im Fallen dreht sie sich, um Bodhi vor der ihm entgegenkommenden Couch zu schützen. Mit einem Schrei prallt Susan auf die Couch. Janni räumt ihre Beine aus dem Weg und geht auf sie los, stumm, bar jeder Gefühlsregung, ausschließlich auf ihre Fausthiebe fokussiert. Susan wälzt sich weg.

»Hilf mir!«, ruft sie verzweifelt.

Endlich reiße ich mich aus der zeitweisen Erstarrung und bekomme Jannis ausgestreckten Arm zu fassen.

»Janni, hör auf! Geschlagen wird nicht!«

Janni reagiert nicht. Ihr Arm drückt gegen meine Hand. Sie drückt etliche Sekunden dagegen, bis sie bemerkt, dass etwas ihren Arm festhält. Sie dreht sich zu mir. Sie holt mit der anderen Faust aus und rammt sie mir in den Bauch.

Der Schlag in den Solarplexus hat eine so gänzlich unerwartete Wucht, dass mir die Luft aus den Lungen entweicht.

»Janni, du musst damit aufhören ...«, sage ich so gelassen, wie es mir nur möglich ist. Ich muss unbedingt die Ruhe bewahren, vielleicht färbt das ja auf sie ab. Ich ergreife ihren anderen Arm und halte jetzt also beide fest, aber ohne ihr dabei wehzutun. Meine Absicht ist, sie so lange ruhigzustellen, bis es vorüber ist.

Sie tritt mir gegen das Schienbein. Fest. Sie hat keine Schuhe an. Es kann doch nicht sein, dass ihr das nicht selbst wehtut, überlege ich.

Ich muss sie hier fortschaffen, weg von Bodhi, der immer noch in Todesangst brüllt. Ich hebe sie hoch, packe sie mit beiden Armen und will sie ins Schlafzimmer tragen. Sie rammt mir die Faust seitlich in die Schläfe und ein schneidender Schmerz fährt mir durch den Schädel. Unablässig schlägt sie mit aller Kraft auf meinen Kopf ein.

Ich greife sie sicher, damit ich sie nicht fallen lasse, wenn sie das nächste Mal zuschlägt. Sie ist schließlich meine Tochter und ich will auf keinen Fall, dass sie sich wehtut. Ich beiße die Zähne zusammen und ertrage den Schmerz. Um ihre Hände zu fassen zu bekommen, müsste ich sie absetzen, aber wenn ich das tue, wird sie sich losreißen und auf Bodhi stürzen.

Ich sage ihr nicht, dass sie aufhören soll. Das hätte keinen Zweck. Seit Bodhi zu Hause ist, geht das etliche Male am Tag so. Ich schaffe Janni auf das Bett im Schlafzimmer und halte sie dort fest, bis der Anfall vorüber ist. Und er geht verlässlich vorüber. Diese Gewaltausbrüche sind ebenso unvermittelt vorbei, wie sie begonnen haben. Mir bleibt nicht die Zeit, darüber nachzudenken, was der Auslöser war. Wichtig ist jetzt nur, die nächsten Minuten zu überstehen, ohne dass jemand verletzt wird.

»Lass mich los!«, kreischt sie und prügelt auf mich ein. Ich liege neben ihr und drücke ihre Arme nieder.

»Wirst du Bodhi wehtun?«, frage ich.

Sie hört auf, um sich zu schlagen, und schaut mich an. In mir keimt Hoffnung auf. »Wenn du mir versprichst, dass du Bodhi nichts tust, lasse ich dich los«, versichere ich ihr.

»Ich muss Bodhi wehtun«, sagt sie, als werde sie gezwungen, ihm etwas anzutun.

»Nein, das musst du nicht. Es mag sein, dass es dir so *vorkommt*, als müsstest du, aber du musst nicht.«

Sie nickt. »Ich muss ... und ich will.«

Ich bin verwirrt. Will sie ihm nun wehtun, weil sie es muss oder weil sie es will? Ersteres wäre mir lieber. Ich will nicht glauben, dass sie ihrem neugeborenen Bruder etwas antun will.

»Janni, versprich mir einfach, dass du ihm nichts tust, dann lass ich dich los«, sage ich aus purer Verzweiflung.

»Ich werde ihm wehtun«, erwidert sie vollkommen sachlich.

Das ist nicht nachvollziehbar. Das Nachvollziehbare, das »Vernünftige« wäre es, mich anzulügen und mir vorzugaukeln, sie werde Bodhi nichts antun, nur damit ich loslasse. Es ist mir völlig unverständlich, weshalb sie darauf beharrt, mir die Wahrheit zu sagen. Das ist nicht die Wahrheit, die ich hören möchte.

Sie gibt mir einen Tritt in die Seite. Ich halte ihre Arme unvermindert fest, also greift sie auf die nächstbeste Waffe zurück. Ich schlinge den Schenkel über ihre Beine, um sie unschädlich zu machen, ohne mich mit dem ganzen Gewicht auf Janni legen zu müssen. Ich wiege über 70 Kilo mehr als sie und will ihr nicht wehtun. Das ist keine Bestrafung. Es geht allein darum, nicht loszulassen, bis sie sich beruhigt hat.

Mit geschlossenen Augen wirft sie den Kopf hin und her. »Du tust mir weh!«

»Nein, das stimmt nicht, Janni«, erwidere ich gefasst, vergewissere mich aber, dass ich sie nicht fester halte als zwingend nötig, damit sie nicht mit Armen und Beinen um sich schlägt. »Ich halte dich nur fest. Also, hörst du jetzt auf, Bodhi zu schlagen?«

»Nein!«

Die Antwort macht mich rasend.

»Janni, versprich mir, dass du Bodhi nichts tust, dann lass ich dich los.«

»Ich will ihm aber wehtun!«

»Er hat dir nichts getan!«

»Doch, das tut er!«, sagt sie, als füge er ihr in exakt diesem Moment einen Schmerz zu.

»Er tut dir nichts und hat dir nie etwas getan.« Wenn ich doch nur einen Grund für diese plötzlichen Gewaltausbrüche erkennen könnte. »Sag mir doch bitte, was dich so wütend macht, Janni.«

»Er weint«, entgegnet sie.

»Babys weinen nun mal«, erwidere ich. »Niemand hat Babygeschrei gern, aber er wird nicht ewig weinen.«

»Wird er wohl.«

Ihre Antwort ergibt keinen Sinn. *Du bist so verständig, Janni. Warum willst du nicht auch das verstehen?*

»Nein, das stimmt nicht.«

»Ich halte sein Geweine nicht aus!«

»Dann geh von ihm weg! Geh ins andere Zimmer.«

»Ich kann ihn immer noch hören!«, weint sie. Ich halte inne und lausche. Ich höre ihn nicht. Offenbar konnte Susan ihn beruhigen, oder er isst.

Zähne bohren sich in mein Kinn.

»*Ahhhhh!*« Ich jaule auf. Auf einen Biss war ich nicht gefasst, dabei ist es nur logisch, dass sie die letzte ihr verbliebene Waffe einsetzt, da ich Arme und Beine umklammert halte. Ich schaue auf Janni. Sie sieht aus wie ein wildes Tier, dass sich in mein Kinn verbissen hat. Ihre Zähne graben sich in mein Fleisch. »Janni, Janni, Janni … Hör auf damit, Süße.«

Sie beißt fester zu. Es ist der größte körperliche Schmerz meines Lebens. Unwillkürlich lasse ich Janni los und greife mir ans Gesicht. Obwohl sie nun frei wäre, verbeißt sie sich weiter in mein Kinn. Ich will den Kopf wegziehen, aber das macht den Schmerz nur schlimmer. In meinen Augenwinkeln bilden sich Tränen. Ich wehre mich gegen das Verlangen, sie abzuschütteln.

Das ist nicht meine Tochter. Das kann nicht meine Tochter sein. Meine wirkliche Tochter bittet mich, ertrinkende Bienen aus dem Schwimmbecken zu retten. Die Person, die mich jetzt verletzt, benützt nur ihren Körper. Ich muss das nur aushalten, bis das von ihr ablässt. Ich wappne mich, um jeden Schmerz zu ertragen, der mir abverlangt wird.

Irgendwann lässt sie schließlich los. Ich ziehe den Kopf aus der Reichweite ihres Mundes. Mit weit geöffnetem Maul reckt sie den Kopf, wie ein Krokodil in einem Tierfilm. Sie sieht mir nicht in die Augen. Sie starrt auf mein Kinn, als wolle sie es verschlingen.

»Janni, das tut weh«, sage ich, als wären wir gerade versehentlich zusammengerumpelt. Ich will sie sachte daran erinnern, dass sie anderen Schmerz zufügt. Vielleicht hört sie auf damit, wenn ihr das bewusst wird.

»Du tust mir weh!«, schreit sie und wirft den Kopf vor und zurück. Ich verstehe überhaupt nichts mehr. Ich berühre sie ja nicht einmal. Völlig unvermittelt graben sich Fingernägel in meine Stirn.

»Janni ...«

Ich mache die Augen zu und sie zieht mir die Nägel über das ganze Gesicht. Unter brennendem Schmerz platzt die Haut auf.

Ihre Hände lassen von mir ab.

Ich schnaufe schwer, das ganze Gesicht brennt.

Ich rolle mich von ihr weg und taste vorsichtig nach den Kratzspuren im Gesicht. Hoffentlich hat sie ihren Gewaltdrang endlich abreagiert. Ich sitze auf der Bettkante und beobachte sie, bereit, sofort zuzupacken, sollte sie sich auf Bodhi stürzen wollen. Den Schmerz betäubt das Adrenalin.

Sie schaut zu mir her. »Ich hab Hunger.«

»Fein«, sage ich. Ich merke, es ist vorbei. So ist das immer. Die Gewalt geht so schnell, wie sie kommt. »Worauf hast du Appetit?«

Janni lässt den Blick schweifen und sieht mir schließlich in die Augen. Sie zeigt keinerlei Reaktion auf ihr Tun. Es ist, als sei nichts passiert.

»Haben wir Nudeln mit Käse?«, fragt sie und reibt sich freudig die Hände.

Weihnachtswoche 2007

Ich steige vor der Praxis meines Psychotherapeuten aus dem Wagen. Meine Sitzung sollte jetzt beginnen, aber ich brauche eine Zigarette.

Ich bin seit vergangenem Frühjahr wegen der nicht aufgearbeiteten Aggressionen gegenüber meiner Mutter bei Tom, meinem Psychotherapeuten, in Behandlung. Ich habe ihr verziehen, dass sie den Kühlschrank mit einem Vorhängeschloss sicherte, damit wir uns »nicht überessen«, selbst wenn ich vor lauter Hunger oft ganze Hände voll Trockenfutter aus dem Futtersack unseres Hundes stahl. Paradoxerweise hat meine Mutter zugegeben, es ebenso gemacht zu haben. Wozu also das Vorhängeschloss am Kühlschrank?

Selbst dass sie mich mit einem Schlachtermesser aus dem Haus jagte, konnte ich ihr verzeihen, da sie mir im Nachhinein anvertraute, sie habe mich für ihren Vater gehalten, der sie vergewaltigen wolle.

Was ich ihr aber nicht verzeihen konnte, war, dass sie nach der Scheidung, als ich mit 15 zu meinem Vater zog, nicht ein einziges Mal mehr den Kontakt zu mir suchte. Und so suche ich mit Tom nach einem Weg, die Tatsache, dass meine Mutter mich im Stich ließ, zu verarbeiten.

Aber heute bin ich nicht hier, um über meine Mutter zu sprechen. Meine Vergangenheit hat keine Bedeutung mehr. Heute fürchte ich die Zukunft. Ich habe schreckliche Angst, dass Janni Bodhi umbringt, wenn sie ihn während eines Anfalls in die Hände bekommt. Ich hätte nie geglaubt, dass eine Fünfjährige so gewalttätig sein kann, hätte ich es nicht am eigenen Leib erlebt. Ich bin übersät mit Kratzwunden und blauen Flecken. Ich habe Schmerzen am ganzen Körper. Und ich bin 31. Bodhi ist ein neugeborener Säugling. Für ihn kann ein einziger Faustschlag in die Körpermitte den Tod bedeuten.

Mit zitternden Händen stecke ich mir die nächste Zigarette an. Meine Nerven liegen blank. In meinem ganzen Leben habe ich keine solchen Ängste durchlebt. Durch die getönte Heckscheibe schaue ich zu Bodhi. Er schläft. Ich habe ihn dabei, weil Susan und ich uns kaum eine Woche nach Bodhis Geburt auf einen Grundsatz geeinigt haben: Keiner von uns wird je allein bei Bodhi und Janni bleiben. Sobald unsere Kinder beieinander sind, muss zwingend einer von uns sich um Bodhi kümmern und ihn beschützen, während der andere bereit ist, sich Janni entgegenzustellen.

Mit knapp 15 Minuten Verspätung und dem im Kindersitz schlafenden Bodhi komme ich in Toms Sprechzimmer an. Tom sitzt bei geöffneter Tür in seinem Sessel, trotzdem kündige ich mich mit einem Klopfen an.

»Hallo, Tom. Entschuldigen Sie die Verspätung.«

Er schaut auf. »Ich habe Sie auf dem Parkplatz stehen sehen. Ich hatte mich schon gefragt, wann Sie hochkommen.« Es liegt keine Verstimmung in seinem Ton, nur Besorgnis. »Ist alles in Ordnung?«

Ich halte Bodhis Kindersitz hoch.

»Ist es in Ordnung, wenn mein Sohn dabei ist?«, frage ich. Sagt er Nein, bleibt mir nichts anderes übrig, als zu gehen.

Verblüfft schaut er auf Bodhi. Ich kann nicht sagen, ob es ihn erstaunt, dass ich meinen neugeborenen Sohn so früh schon mit mir herumtrage, oder ob er schockiert ist, dass ich eins meiner Kinder mit zur Therapiesitzung bringe.

»Wahrscheinlich schläft er durch«, beruhige ich. »Er ist nicht wie Janni. Er schläft.«

Tom steckt sich einen Finger ins Ohr. Das tut er immer, wenn ich etwas sage, was ihn aus dem Konzept bringt.

»Äh, ja, sicher, wieso nicht, so lange das nicht zu einer Dauereinrichtung wird. Mir macht es nichts aus, aber ich würde nicht wollen, dass Kate sich gestört fühlt.« Kate ist die Therapeutin im Praxisraum nebenan.

Ich setze mich und stelle Bodhis Kindersitz neben mir auf den Boden.

»Dann werde ich künftig wohl nicht mehr kommen können.«

Tom legt die Stirn in Falten. »Was ist los?«

Ich schütte vor Tom alles aus, was sich seit Bodhis Geburt zugetragen hat. Was ich mich da sagen höre, klingt völlig verrückt.

»Ich habe keine Ahnung, was in Janni vorgeht«, schließe ich endlich. »Sie sind der Psychologe. Was meinen Sie?«

Tom pustet aus. »Ich arbeite nicht mit Kindern, daher bin ich nicht der Geeignetste, um das zu beurteilen, aber nach Ihren Schilderungen habe ich den Eindruck, dass sie ganz schön gestört ist.«

Ganz schön gestört. Das ist nicht das, was ich hören wollte. Ich brauche die Gewissheit, dass es eine vernünftige Erklärung für all das gibt. Ich hatte erwartet, er werde mir sagen, er habe von so etwas schon gehört und es sei nur eine Phase, die sich therapeutisch in den Griff bekommen lässt. Aber gesagt hat er etwas anderes. Gesagt hat er: *Ganz schön gestört*, so wie man gemeinhin das Wort »Krebs« sagt.

Tom verschafft uns in weniger als drei Tagen einen Termin bei Kate, der Kindertherapeutin, mit der er sich die Praxis teilt.

Als Kate, eine Mittsechzigerin mit schwarzer Lockenmähne, aus dem Sprechzimmer kommt, ist sie sichtlich überrascht, uns vollzählig versammelt zu sehen. Sie hatte zu unserer ersten Sitzung nur Susan und mich erwartet. Aber wer sollte sich dann um Janni und Bodhi kümmern und Bodhi vor Janni beschützen? Uns blieb keine Wahl, wir mussten beide Kinder mitbringen.

Janni will ins Sprechzimmer laufen.

»January, nein«, mahnt Kate. »Erst muss ich mich mit deinen Eltern unterhalten.«

Instinktiv zucke ich zusammen, denn mir ist klar, was jetzt kommt.

»Ich bin nicht January!«, kreischt Janni, dreht sich um und schlägt auf die entsetzt zurückweichende Kate ein.

Ich packe Janni und zerre sie zurück. »Verzeihen Sie, aber sie kann ihren Namen in jedweder Form nicht leiden.«

Kate macht ein schockiertes Gesicht, was mir gar nicht gefällt. Sie ist Kinderpsychologin, Spezialistin für kindliches Verhalten. Wie kann sie so etwas schockieren?

»Ich bin 76«, sagt Janni.

»Wird sie sich eine Weile hier beschäftigen«, fragt Kate, die ihre Fassung langsam wiedergewinnt, »wenn ich ihr Buntstifte und Papier bringe?«

Ich starre sie an wie eine Geisteskranke.

»Das wird nicht funktionieren«, sage ich und versuche mir die Frustration nicht anmerken zu lassen. Kate soll nicht glauben, ich sei das Problem, weil sie miterlebt, wie ich wütend werde. »Wir müssen abwechselnd hineingehen, damit immer jemand bei Janni ist«, erkläre ich. »Du zuerst«, sage ich zu Susan. »Ich bleibe bei ihr.«

Wir spielen mit Bauklötzchen. Erst bauen wir ein Haus, dann ...

»Schau, Janni. Ich habe eine Rutsche gebaut.«

»Das ist eine Rattenrutsche.« Janni stellt Mittwoch, die Fantasieratte, auf die Bauklötzchenrutsche. »Und ab mit dir, Mittwoch.« Janni wartet kurz ab. »Es gefällt ihr.« Sie sieht mich aufrichtig glücklich an, als hätte tatsächlich die Gefahr bestanden, es könne ihrer eingebildeten Freundin nicht behagen.

Sie sieht zur geschlossenen Sprechzimmertür und mir ist klar, dass sie das Interesse schon wieder verloren hat. Ob es mir gefällt oder nicht, die Bauklötzchen haben ausgedient.

»Ich will da rein.«

»Bald, Janni.«

»Hier kann man überhaupt nichts machen!«

»Sollen wir noch ein Haus bauen?«, frage ich, auch wenn ich weiß, dass das sinnlos ist. Ich schaue auf die Uhr auf meinem Handy. Susan ist noch keine zehn Minuten im Sprechzimmer. Ich schaue mich im Vorraum um, ob sich hier nicht doch etwas finden lässt, was zumindest für ein paar kurze Minuten Ablenkung bietet.

Auf dem Tischchen neben der Couch liegt eine *National Geographic* mit einer Titelgeschichte über Pandas in China. Janni mag Tiere.

»Janni, magst du Pandas anschauen?«

Aber Janni ist schon an Kates Tür und macht sie auf. Also werfe ich die Zeitschrift beiseite und laufe ihr nach.

»Tut mir leid«, entschuldige ich mich bei Kate, als ich mit Janni ins Zimmer komme, »aber ich konnte sie draußen nicht mehr beschäftigen.«

Kate ist überrascht, uns ins Zimmer platzen zu sehen. Auch das will mir ganz und gar nicht gefallen. Sind wir doch schließlich wegen Jannis Verhalten hier.

»Schon gut«, sagt Kate und fasst sich rasch. »Wir waren ohnehin kurz davor, sie dazuzuholen.«

Auf der Suche nach etwas, das sie interessieren könnte, streicht Janni durch das Sprechzimmer. Ich bin ihr Schatten, ihr immer auf den Fersen, gefasst auf alles, was da kommen mag. Ich entdecke diverse Brettspiele, aber kein Kinderspielzeug. Und das soll das Sprechzimmer einer Kinderpsychologin sein?

Janni fragt Kate: »Wo ist dein Spielzeug?«

»Ich habe nur wenige Spielsachen. Vielleicht sollte ich mir mehr zulegen, aber die meisten Kinder, die zu mir kommen, sind schon etwas älter als du«, erklärt sie. »Ich habe Papier und Buntstifte. Magst du malen?«

Ich verberge meine Frustration, weil ich weiß, dass daraus nichts wird. Aber zu meiner Verblüffung willigt Janni ein.

»Was willst du denn malen?«, fragt Kate und lässt Janni neben sich am Schreibtisch Platz nehmen.

»Mittwoch, meine zahme Ratte.«

»Du hast eine zahme Ratte, die Mittwoch heißt?«

»Ich habe sieben Ratten«, erwidert Janni und zeichnet wild drauflos. Ich sehe ihr über die Schulter. Sie kritzelt lauter ineinandergeschobene Kreise, es sieht aus wie ein Wirbelsturm auf einer Wetterkarte.

Unbekümmert erzählt Susan: »Es sind keine echten Ratten. Sie hat viele eingebildete Freunde.«

»Die sind nicht eingebildet«, entgegnet Janni leicht gereizt.

»Du hast einen echten Hund: Honey«, gibt Susan zu bedenken.

»Ich kann Honey nicht ausstehen«, antwortet Janni ohne besondere Gefühlsregung. Das ist neu. Davon höre ich zum ersten Mal. Sie liebt unseren Hund.

Janni beendet das Bild und gibt Kate das Blatt.

»Schon fertig?«, fragt Kate, sichtlich überrascht.

Janni nickt und deutet auf das wüste Gekritzel. »Das ist Mittwoch.«

»Magst du mir noch ein Bild malen?«, fragt Kate, aber Janni ist längst woanders.

Susan gibt Kate die Auswertung von Jannis IQ-Test. »Das ist ihr IQ-Ergebnis«, sagt sie. »Mit vier Jahren hat sie den Wert 146 erreicht. Wir wissen nicht, ob ihr Genie etwas mit den jetzigen Vorfällen zu tun hat.«

»Janni?«, fragt Kate. »Wie findest du Bodhi?«

»Ich hasse ihn«, antwortet Janni, die weiter das Sprechzimmer durchstreift und nicht zu uns herschaut.

»Weshalb hasst du ihn?«, fragt Kate.

»Weil er weint«, sagt Janni schulterzuckend.

Kate wendet sich an mich. »Älteren Kindern fällt es oft schwer, sich auf ein neues Geschwisterchen einzustellen.«

Allmählich werde ich richtig böse.

»Sie wollen nicht verstehen. Wir reden hier nicht über einen normalen Wutanfall. Man kann es allenfalls mit Regan aus dem *Exorzisten* vergleichen. Von der einen Minute auf die andere verwandelt sie sich von einem liebenswürdigen, freundlichen Mädchen in ein Biest, das mir im wahrsten Sinne die Augen auskratzen will. Dann ist sie wieder völlig normal, als wäre überhaupt nichts gewesen. Sie schmollt und mault nicht wie Kinder, die nicht bekommen, was sie wollen. Sie ist zufrieden, dann brutal und dann wieder zufrieden.«

Ich fahnde in Kates Miene nach einer Reaktion, aber ich sehe schon, sie versteht mich nicht. Allem Anschein nach glaubt sie uns nicht. Ich weiß nicht, was ich tun muss, um sie davon zu überzeugen, wie schlimm Jannis Gewaltausbrüche wirklich sind.

Janni nähert sich Susan und Bodhi.

»Janni.« Ich bin bei ihr, die Hände auf ihren Schultern, um sie gegebenenfalls sofort aus dem Zimmer zu schaffen.

Instinktiv hebt Susan die Hand, um Bodhi zu schützen.

Aber Janni schmiegt sich an Susan an. »Ich will gehen«, quengelt sie, ganz wie ein normales Kind.

»Nur ganz kurz noch, dann gehen wir«, verspricht Susan.

Janni boxt Susan in den Arm, so fest, dass es klingt wie ein Tennisball, der von einer Mauer abprallt. Aber auch jetzt fehlt jedes Anzeichen von Wut. Es ist, als täte sie das aus Langeweile.

»Janni, hör auf!«, befiehlt Susan.

Jannis Gesichtsausdruck bleibt völlig gleich, nur ihr Körper scheint aus eigenem Antrieb zu reagieren und sie hebt beide Fäuste und prügelt damit abwechselnd auf Susan ein.

Ich springe dazwischen und zerre Janni weg. Augenblicklich erschlafft Janni in meinen Händen und gibt nach, als wäre das Einprügeln auf Susan so toll nun auch wieder nicht gewesen. Ich wende mich zu Kate.

»Sehen Sie? Damit haben wir es zu tun, dabei ist es zu Hause erheblich schlimmer.«

Wieder macht Kate ein schockiertes Gesicht.

»Janni, was meinst du, wie es deiner Mama dabei geht? Meinst du, es gefällt ihr, wenn du sie haust?«

»Ja«, antwortet Janni, als ginge es um die Frage, ob sie Vanilleeis mag.

»Hat dich schon einmal jemand geschlagen?«

»Papa.«

»Wann habe ich dich denn geschlagen, Janni?«, frage ich streng.

»Wie ich böse war. Wie ich Bodhi hauen wollte.«

»Da habe ich dich nicht geschlagen, Janni. Ich habe dich festgehalten. Ich hatte Angst, dass du Bodhi ernstlich verletzt. Ich wusste nicht, was ich sonst hätte tun sollen. Ich lasse nicht zu, dass irgendjemand dir etwas antut und ich lasse nicht zu, dass irgendjemand ihm etwas antut. Ihr seid beide meine Kinder.«

»Nun, Janni, hat dir gefallen, was dein Papa mit dir gemacht hat?«

»Nicht Janni!«, brüllt Janni, als hätte sie dieser Frau schon tausendmal gesagt, wie sie heißt. »Ich bin 76!«

Wieder zuckt Kate zusammen, dann streicht sie sich den Pulli glatt und wiederholt die Frage.

»Nein«, erwidert Janni.

»Und wieso?«

»Weil es wehgetan hat.«

Kate beugt sich ein Stück vor. »Was du gerade mit deiner Mama gemacht hast, tut ihr auch weh. Weißt du das?«

»Ja. Ich will ihr wehtun«, antwortet Janni.

Kate bleibt der Mund offen stehen. Mit dieser Antwort hat sie ganz offensichtlich überhaupt nicht gerechnet. Sie gewinnt mühsam die Fassung zurück und fragt: »Weshalb denn?«

»Ich will gehen«, quengelt Janni.

»Gibt es sonst noch einen Grund?«, fragt die Therapeutin.

»Nein.«

Janni boxt Susan noch einmal.

Bodhi wacht auf und weint.

»Bodhi! Sei still!«, schreit Janni ihn an.

Wie nicht anders zu erwarten, verstärkt das Bodhis Weinen.

Janni kreischt und Bodhi bricht in lautestes Geheul aus.

Janni will auf seinen Kindersitz eintreten. Ich packe sie mir und zerre sie zurück.

»Ich muss sie hier rausbringen«, sage ich.

Während ich mit Janni kämpfe, dreht Kate den Bürostuhl zum Schreibtisch und greift zu Stift und Post-it-Block. »Ich glaube, es könnte Janni guttun …«

»Ich bin nicht Janni!« Janni versucht, nach Kate zu treten.

»… wenn sie zum Psychiater geht. Ich kenne eine Ärztin in Glendale, die hervorragend mit Kindern umzugehen weiß.«

Ich sehe Kate böse an. »Meinen Sie nicht, dass sie nur ein paar Therapiesitzungen bräuchte, um ihre Emotionen aufzuarbeiten?«, frage ich.

Kate schreibt weiter. »Eine Therapie kann mittelfristig durchaus hilfreich sein, aber zuallererst muss sie stabil werden. Der Name ist Dr. Howe«, fährt Kate fort. »Ich habe schon mehrfach Kinder an sie überwiesen. Normalerweise dauert es seine Zeit, bis man einen Termin bekommt, aber ich werde sie anrufen und ihr sagen, dass sich ein Neugeborenes im Haushalt befindet und ein Notfall vorliegt.«

Ein Notfall? Das ist ein Schlag vor den Kopf. Sicher, ich glaube ja auch, dass gegen Jannis Verhalten schnellstens etwas unternommen werden muss, aber diese Worte aus dem Mund einer Kinderpsychologin mit 30 Jahren Berufserfahrung zu hören, entsetzt mich.

Silvester 2007

Dr. Howe hat wenigstens Spielzeug in der Praxis. Es gibt ein Puppenhaus und Janni spielt damit.

»Magst du Puppen?«, fragt Dr. Howe.

Janni hält ein 15 Zentimeter großes Männchen hoch. »Das ist 47.«

»Er ist 47?«

»Nein, er heißt 47.« Janni greift nach der Mama-Puppe. »Das ist 48.«

»Und das Baby?«, fragt Howe.

»50.«

»Hast du Zahlen gerne?«

Susan mischt sich ein. »Sie hat einen IQ von 146. Ich habe das Testergebnis dabei.« Sie zieht einen Ausdruck heraus und hält ihn Dr. Howe vor die Nase.

»Das brauche ich gar nicht«, entgegnet Dr. Howe, ohne die Augen von Janni zu nehmen. »Ich kann auch so sehen, dass sie ausnehmend intelligent ist.«

Ich bin erleichtert, klammere ich mich doch nach wie vor an die Überzeugung, die Ursache von Jannis Gewaltausbrüchen liege in der Diskrepanz zwischen ihrem körperlichen und geistigen Alter.

Janni steht auf und hält Dr. Howe die offene Handfläche hin. »Das ist Mittwoch, meine Ratte.«

»Aha. Und wie ist Mittwoch so?«

»Schwarz-weiß gefleckt.«

»Aha. Und ist Mittwoch wirklich hier?«

»Ja«, erwidert Janni und wendet sich wieder ganz den Puppen zu. Sie spielt nicht mit ihnen, sondern gibt ihnen nur Namen.

»Janni, weißt du, weshalb du hier bist?«, fragt Dr. Howe.

»Ich habe Bodhi gehauen«, nuschelt sie zurück.

Schnell gehe ich dazwischen. »Sie hat ihn nie wirklich geschlagen. Wir sind immer da und beschützen ihn.«

»Gut.« Dr. Howe nickt und wendet sich wieder an Janni. »Kannst du dich beherrschen?«

»Manchmal schon, manchmal nicht«, antwortet Janni.

Dr. Howe dreht den Bürostuhl zu uns. »Ich glaube ihr.«

Sie dreht den Stuhl zu Janni. »Janni, magst du ein bisschen spielen, während ich mich mit Mama und Papa unterhalte?«

»Ja«, stimmt Janni zu und konzentriert sich ganz auf die Puppen.

Dr. Howe wendet sich an uns. »Was hat sich zugetragen?«

Susan berichtet von den nicht enden wollenden, explosionsartigen Gewaltausbrüchen. Dr. Howe hört zu und fragt unsere familiären Hintergründe ab.

»Zwischen fünf und 13 habe ich Ritalin genommen«, antworte ich.

Susan ergänzt: »Und dann war da der Bruder meiner Großmutter, der war sein ganzes Leben in der Staatspsychiatrie Napa. Er war schizophren. Mein Vater hat erzählt, er hätte immer nur geschrien.« Sie hält einen Augenblick inne und die schiere Furcht schleicht sich in ihre Miene. »Wäre es möglich, dass sie schizophren ist?«

Schizophren?, denke ich und schaue Susan an wie eine Verrückte. Ich weiß nicht, womit wir es zu tun haben, aber Schizophrenie ist es ganz sicher nicht. Schizophrenie ist die schlimmste aller Geisteskrankheiten. Schizophrene, das sind diese Leute, die an den Straßenecken stehen und unablässig vor sich hin toben.

»Mit so etwas sollten wir uns gar nicht belasten«, erklärt Dr. Howe nachdrücklich.

»Sie begegnen einem derartigen Verhalten also nicht zum ersten Mal?«, hakt Susan nach.

Dr. Howe spitzt in ihre Notizen und wiegt den Kopf, als wolle sie ihre Antwort austarieren. »Mir ist Ähnliches zum Teil schon begegnet«, sie sieht uns an, »aber noch nie in so jungen Jahren wie bei Janni.«

»Ich bin nicht Janni!«, kreischt Janni.

»Oh, entschuldige bitte«, sagt Dr. Howe respektvoll. »Ich hatte nicht mehr daran gedacht.«

»Als sie mit vier den IQ-Test machte, meinte die Therapeutin, sie sei geistig zwischen zehn und elf. Und das ist jetzt schon über ein Jahr her. Vielleicht ist sie mittlerweile geistig ein Teenager und wir haben es mit einer Art pubertärer Aufmüpfigkeit zu tun«, vermute ich.

Dr. Howe schüttelt erneut den Kopf. »Ich glaube nicht, dass es das ist.«

»Also was ist es dann?«, bohre ich nach, denn ich will, verdammt noch mal, endlich eine Diagnose, eine Erklärung für das, was da mit Janni und unserer Familie geschieht.

»Ich kann nach nur einem Termin keine Diagnose abgeben«, entgegnet Dr. Howe. »Um ehrlich zu sein, es könnte noch geraume Zeit dauern, bis wir in der Lage sind, eine echte Diagnose zu stellen.«

»Aber wir können so nicht weitermachen«, weint Susan.

Dr. Howe nickt. »Das verstehe ich. Und daher werde ich ihr Risperdal verschreiben. Wir müssen nicht wissen, was es ist, um die Symptome behandeln zu können.«

»Was ist Risperdal?«, frage ich.

»Ein Antipsychotikum.«

»Ein Antipsychotikum?«, wiederholt Susan beunruhigt.

»Risperdal wird gewöhnlich zur Behandlung von Ängsten und

Beklemmungen eingesetzt. Die geringste verfügbare Dosis ist ein halbes Milligramm. Ich möchte, dass Sie die halbieren.«

»Sie meinen also, es ist nur eine Beklemmung?«, fragt Susan voller Hoffnung.

Dr. Howe schreibt das Rezept aus und schüttelt den Kopf.

»Wie ich schon sagte, es ist noch zu früh, um etwas Genaueres zu sagen.«

Sie gibt mir das Risperdal-Rezept. »Jetzt schauen wir einmal, wie das bei ihr wirkt, und dann möchte ich sie in zwei Wochen wieder hier sehen.«

Ich starre auf das Rezept in meiner Hand. Risperdal. Ein Antipsychotikum. Aber ich bin so aufgerieben vom Leben in permanenter Angst, dass ich zu allem bereit bin.

Neujahr 2008

Wir fahren zu einem nahe gelegenen Park. Es ist kalt und nieselt. Der Spielplatz hinter dem matschigen, mit Pfützen durchsetzten Fußballfeld, das an den Parkplatz anschließt, ist menschenleer. Kein Wunder. Nur ein Verrückter geht an einem solchen Tag vor die Tür. Ich habe Janni hergebracht, damit Bodhi wenigstens ein paar Stunden Frieden hat. Solange Janni weg ist, kann er weinen, ohne um sein Leben fürchten zu müssen. Es ist praktisch unumgänglich geworden, Janni weitestgehend auf Distanz zu Bodhi zu halten. Hier kann ich wie früher mit ihr spielen.

Als Janni aussteigt, werfe ich einen Blick auf die Uhr auf dem Armaturenbrett.

»Halt, Janni«, sage ich und greife nach dem Pillenfläschchen. »Zeit für deine Tablette.«

Sie bleibt stehen und schaut mich durch die offene Tür an.

»Risperdal?«, fragt sie.

Ich nicke. Sie ist erst fünf, weiß aber schon exakt, was und wie viel sie einnehmen soll.

Ich schraube die Flasche auf und sehe nur unzerteilte Tabletten. Verdammt. Letzte Nacht habe ich eine Tablette mit dem Buttermesser entlang der Einkerbung in der Mitte halbiert. Da beide Hälften aufgebraucht sind, stecke ich mir eine ganze Tablette zwischen die Zähne und beiße zu, doch die hintere Hälfte zerbröselt und das Pulver breitet sich in meinem Mund aus. Mist. Ich wollte zwei komplette Hälften, damit ich die zweite für nachher ins Fläschchen spucken kann.

Die intakte Hälfte reiche ich Janni, zusammen mit einer Wasserflasche. Sie nimmt und schluckt sie.

Ich drehe mich weg und will die Risperdalbrösel ausspucken, aber sie sind zu klein. Das kreidige Gefühl auf der Zunge macht mich so verrückt, dass ich zur Wasserflasche greife und den Pillenrest mit einem kräftigen Schluck hinunterspüle.

Janni wartet an der offenen Beifahrertür im Regen.

»Komm endlich«, mault sie.

»Geh schon mal vor. Ich komme gleich nach.«

Janni flitzt über den morastigen Fußballplatz. Ich sehe ihr nach. Es ist niemand in der Nähe, ich brauche also keine Angst zu haben, dass jemand über sie herfällt. Nicht, dass ich davor jemals Angst hätte. Nachdem ich etliche von Jannis Gewaltausbrüchen über mich ergehen lassen musste, steht für mich außer Zweifel, dass Janni sich gegen jeden Angreifer zur Wehr setzen kann.

Ich rufe meinen Vater auf dem Handy an.

»Hallooo«, bellt er. »Gutes neues Jahr!«

Ich hatte tatsächlich vergessen, dass Neujahr ist. Normalerweise würde Susan heute für einen der Vollzeit-Verkehrsreporter den Dienst übernehmen und dafür 100 Prozent Feiertagszulage einstreichen, aber nicht in diesem Jahr. Es ist schlicht und ergreifend zu gefährlich, wenn einer von uns beide Kinder hat.

»Danke, dir ebenso.«

»Habt ihr was Besonderes vor?«, fragt er.

Mir fällt auf, dass wir uns nicht mehr gesprochen haben, seit er am Tag nach Bodhis Geburt abreiste. Es kommt mir wie eine Ewigkeit vor, ist aber erst zwei Wochen her. Ich bringe ihn auf den neuesten Stand.

Schweigen. »Vater, bist du noch dran?«

»Ja, Mike. Mir hat es nur kurz die Sprache verschlagen, das ist alles. Jesus Christus.«

»Sie hat Janni Tabletten verschrieben. Risperdal, ein Antipsychotikum.«

»Jesus Christus«, wiederholt er entsetzt. »Zeigt dieses ... wie auch immer dieses Mittel heißt, denn Wirkung?«

Ich schaue durch die regennasse Windschutzscheibe zu Janni, die allein auf der Schaukel sitzt.

»Ich weiß es nicht. Ich glaube nicht. Sie geht immer noch auf Bodhi los.«

»Mike, tu, was immer nötig ist, um sie von ihm fernzuhalten, so lange nicht klar ist, was da los ist.«

Etwas an seinem Ton macht mich wütend. Es klingt, als würde er Janni verloren geben.

»Vater, sie ist ein gutes Mädchen. Sie braucht nur Hilfe.«

»Das ist mir schon klar, aber deine vorrangige Pflicht muss es sein, für Bodhis Sicherheit zu sorgen. Er kann sich nicht wehren.«

»Das weiß ich. Aber warum ich eigentlich anrufe: Dr. Howe hat mich gebeten zu fragen, ob es in unserer Familie irgendwelche Fälle von psychischen Erkrankungen gab.«

»Nicht, dass ich wüsste.«

Ich hole scharf Luft. »Und meine Mutter?«

Schweigen am anderen Apparat. Vater kann es nicht ausstehen, wenn ich die Rede auf Mutter bringe. Er würde die Vergangenheit am liebsten begraben und vergessen.

»Was soll mit ihr sein?«, meint er schließlich. »Soweit ich informiert bin, wurde bei deiner Mutter nie irgendetwas diagnostiziert.«

»Das weiß ich auch, aber irgendetwas hat mit ihr ganz eindeutig nicht gestimmt.«

»Da kann ich dir kaum widersprechen.«

»Glaubst du, dass sie eine Psychose hatte?«

»Verdammt, Mike, ich weiß es nicht.«

»Sie war überzeugt, dass du ein bezahlter Mafiakiller bist, Vater, und eine Million Dollar auf einer Bank in Singapur versteckst.«

»Sie hatte ein paar wirre Ideen, keine Frage, aber ob sie eine psychische Krankheit hatte und wenn ja, welche, das weiß ich nicht.«

»Fällt dir sonst noch jemand in unserer Verwandtschaft ein?«

»Nicht aus dem Stegreif. Jedenfalls nichts wie das, was du da erzählst.«

»Haben wir nicht jemanden in der Verwandtschaft, der sich das Leben genommen hat?«, frage ich ärgerlich. Mit meinem Vater über die Vergangenheit zu reden ist wie Zähne ziehen.

»Mein Vetter«, antwortet Vater. »Pegs Sohn.« Peg ist meine Großtante, die letzte noch lebende Verwandte in Australien, wo ich zur Welt kam. »Er hat sich aufgehängt.«

»Wie alt war er da?«

»Etwas über 50.«

»Hat man bei ihm irgendwann mal etwas diagnostiziert?«

»Schizophrenie«, sagt Vater.

Ich lasse das Wort für einen Moment im Raum stehen. Das ist nicht das, was ich hören wollte.

»Wir haben also einen Fall von Schizophrenie in der Familie«, stelle ich fest.

»Wobei natürlich offen ist, ob er das wirklich hatte.«

»Wie meinst du das?«

»Die Diagnose bekam er, nachdem er wegen Autodiebstahls verhaftet wurde. Ich kann mir gut vorstellen, dass er ihnen weisgemacht hat, er wäre schizophren, damit er nicht ins Gefängnis muss.«

»Das bedeutet allerdings nicht, dass er es nicht hatte.«

»Ich war in der Jugend viel mit ihm zusammen. In den 60ern ging er nach Sydney, vorgeblich, um einen Job zu finden, aber dazu ist es nie gekommen. Ich hab viel mit ihm geredet und er hat seine Schizophrenie immer nur dann aufs Tapet gebracht, wenn er wieder mal Ärger mit der Polizei hatte. Er wollte einfach nicht arbeiten. Im Grunde, Michael, war er ein Penner. Ganz ehrlich, letztlich glaube ich, er hat sich das Leben genommen, weil ihm das Leben zu schwer war.«

Genau das ist meine Befürchtung. Auch für Janni ist das Leben zu schwer.

Ich lege auf und steige aus, weil Janni inzwischen gelangweilt durch den Park stromert. Ich muss zu ihr und sie für irgendetwas begeistern. Es gibt nichts, wo ich heute mit ihr hinfahren könnte, und ich werde sie ganz sicher nicht jetzt schon wieder nach Hause bringen.

Ich betrete den Fußballplatz und meine Füße versinken im Morast. Mir war nicht klar, dass er so tief ist. Das Wasser läuft mir über den Spann und in die Schuhe. Ich will den zweiten Fuß heben und einen Schritt nach vorn machen, aber der Morast hält meine Füße umklammert.

Janni sieht mich kommen. »Papa, komm und spiel mit mir!«

Das Gehen im Schlamm fällt mir extrem schwer. Für jeden Schritt brauche ich mehr Energie.

»Papa, komm jetzt!« Janni verliert die Geduld.

»Ich komme ja!«, rufe ich und pflüge mich weiter voran. Das ist wirkliche, strapaziöse Knochenarbeit. Mir fällt auf, dass ich vor Anstrengung schnaufe. Ich bleibe kurz stehen, um Atem zu schöpfen.

»Papa, kommst du jetzt endlich?«

Natürlich komme ich. Ich schaue zum Auto zurück und bekomme einen Schock. Ich habe gerade einmal 15 Meter geschafft. Janni ist immer noch mehr als 30 Meter von mir weg.

Ich mache einen Schritt, dann den nächsten. Es kostet mich all meine Kraft, die Füße aus dem Schlamm zu ziehen und nach vorn zu setzen.

Ich bleibe neuerlich stehen, brauche dringend eine Pause. Ich schaue zu Janni und es ist, als sei ich kein Stück vorangekommen. Jeden zweiten Schritt brauche ich eine Atempause. Allmählich dämmert mir, dass etwas nicht stimmt.

Du hast vorhin eine halbe Risperdal geschluckt, fällt mir ein.

Nein, denke ich und verscheuche den Gedanken. Das kann nie und nimmer die Wirkung des Risperdals sein. Ich habe nur ganz wenig geschluckt und das ist kaum ein paar Minuten her. Das kann unmöglich so schnell wirken.

»Papa!«, ruft Janni. »Komm jetzt her und spiel mit mir!«

Ich hebe das Bein und merke, ich bin zu müde, um auch nur einen einzigen Schritt zu tun. Ich habe das dringende Bedürfnis, mich hinzulegen und zu schlafen.

Janni schaut mich an. Selbst auf die Entfernung erkenne ich ihre besorgte Miene. »Papa? Stimmt was nicht?«

Ich raffe mich zu einem weiteren Schritt auf und die Anstrengung haut mich um. *Das kann nicht das Risperdal sein. Das war eine Kinderdosis und ich wiege fünfmal so viel wie sie, aber Janni hat dasselbe geschluckt und ihr geht es blendend.*

»Ich bin gleich bei dir, Liebes«, rufe ich. »Spiel noch einmal kurz alleine, ich komme gleich nach.«

»Aber du sollst jetzt kommen«, mault sie.

»Gleich bin ich bei dir«, rufe ich. Ich brauche all meine Kraft, um nicht umzusinken.

Schmollend wendet Janni sich ab.

»Fein, dann spiel ich eben mit 24 Stunden.« 24 Stunden ist ein Mädchen, der erste menschliche Fantasiefreund, der bei Janni auftauchte. Janni hat sonst keine weiteren menschlichen Freunde. Sie rennt über den Kinderspielplatz, klettert auf das Gerüst und ruft 24 Stunden etwas zu. Ich schaue an meinem eigenen Leib hinab, der mir plötzlich etliche hundert Pfund schwerer erscheint, und dann wieder zu Janni. Das kann nicht sein. Ich weiß, dass Risperdal sedierende Wirkung hat, nur auf Janni zeigt es nicht den geringsten beruhigenden Effekt. Sie rennt ungezügelt herum. Niemand würde ihr auch nur im Geringsten anmerken, dass sie ein Medikament bekommen hat.

Januar 2008

Mein Seminar beginnt um acht, also drücke ich aufs Gas und schlängle mich zwischen den langsameren Autos durch, woraufhin Bodhi auf der Rückbank prompt zu weinen anfängt. Ich weiß, dass meine Raserei ihm Angst macht, aber mir bleibt nichts anderes übrig. Ich komme auch so schon zu spät und das Seminar dauert nur 50 Minuten.

Ich bringe Bodhi wie jeden Werktagmorgen zu Jeanne, Susans ehemaliger Mitbewohnerin.

Das Angebot, dieses Seminar zu unterrichten, bekam ich vergangenen September, drei Monate vor Bodhis Geburt, und ich nahm ohne zu zögern an. Ich habe meinen Master vor gerade einmal neun Monaten gemacht und kann schon jetzt so viele Kurse an der California State University Northridge (CSUN) anbieten, dass mir das Schicksal der »Freeway-Flitzer« erspart bleibt, die als Teilzeit-Collegedozenten von Universität zu Universität pendeln, um ausreichend Lehraufträge zu sammeln, um ihre Rechnungen zu bezahlen. Möglich wurde dies, indem ich auch die Lehrveranstaltungen am frühen Morgen übernehme, die von den etablierten Dozenten keiner will. Aber das war noch vor Jannis Gewaltausbrüchen.

Susan und ich stehen vor Tagesanbruch auf. Während ich mich dusche und rasiere, zieht sie Bodhi an und packt sein Wickeltäschchen. So ist Bodhi aus dem Haus, wenn Janni schließlich aufwacht, und Susan muss sich nicht mit Bodhi im Bad verbarrikadieren, wenn sie duschen geht.

Ich biege in die Auffahrt vor Jeannes Haus ein. Bei laufendem Motor löse ich Bodhis Kindersitz aus der Halterung und trage ihn zur Haustür. Ich setze ihn auf der Türschwelle ab, klingle und sprinte zum Wagen zurück, um den Kinderwagen zu holen.

Jeanne öffnet im Morgenmantel die Tür. »Hallo, kleiner Mann«, säuselt sie und bückt sich, um Bodhi aus dem Sitz zu holen. Ich stehe mit dem Kinderwagen auf der Auffahrt und sehe zu. Bodhi schmiegt sich an Jeanne wie an seine Mutter, und ich bin froh, dass Susan das nicht mit ansehen muss.

Sie sieht mich an: »Hallo, Michael.«

»Mach deinen Kofferraum auf, dann leg ich den Kinderwagen rein«, lautet meine Erwiderung. Unterbewusst ist mir klar, wie unhöflich und rüde ich bin, aber ich habe einfach keine Lust zu reden. Ich habe keine Lust zu denken. Wenn ich denke, muss ich mich Gefühlen stellen, für die ich jetzt keine Zeit habe.

Jeanne verschwindet im Haus und holt den Autoschlüssel. »Wie läuft's denn so? Wie geht's Janni?«

»Unverändert«, antworte ich schnell, während ich ihren Kofferraum öffne und Bodhis Kinderwagen hineinlege.

»Hat die Ärztin denn gar keine Idee?«, fragt sie und wiegt Bodhi in den Armen.

»Sie will Janni zum Neurologen schicken«, erwidere ich, »um zu sehen, ob eine Hirnschädigung vorliegt. Bislang zeigen die Neuroleptika nämlich keinerlei Wirkung.«

»Ich fasse es nicht, dass die Psychopharmaka bekommt«, erwidert Jeanne und schüttelt tieftraurig den Kopf.

Ich knalle den Kofferraumdeckel zu. »Hast du genug Windeln?«

»Äh, ich denke schon.«

»Okay, ich bin um halb eins wieder da und hole ihn ab.« Ich steige ein und rolle rückwärts die Auffahrt hinunter.

Ich trete das Gaspedal bis zum Anschlag durch und rase die Straße entlang, nur fort von meinem sechs Wochen alten Sohn. Ich habe mich von Bodhi weder verabschiedet, noch ihm ein Küsschen gegeben. Das tue ich nie. Ich bringe es nicht einmal über mich, ihn beim Abschied anzusehen, weil ich Angst habe, zu einem schluchzenden Häuflein Elend zusammenzusinken, sobald ich seinen Blick auffange. Jeanne hat auch eine Tochter, Lauren, die ein Jahr jünger als Janni ist. Immer wenn ich Bodhi abhole, sitzt Lauren bei ihm und redet mit ihm, spielt mit ihm und bringt ihn zum Lachen. Ich habe ihn nie lachen gehört, ehe ich ihn hierherbrachte. Es tut weh, wenn ich sie miteinander sehe. Lauren ist wie die große Schwester, die Janni hätte sein sollen.

Die Assistentin bringt die erste EEG-Elektrode an Jannis Stirn an und die reißt sie sich prompt wieder herunter.

»Janni, du musst das dranlassen«, befehle ich ihr.

»Das ist kalt«, mault sie.

»Das kommt nur von dem Gel, das man draufmachen muss, damit die Leitfähigkeit der elektrischen Ströme in deinem Gehirn erhöht wird. Ich weiß, dass es jetzt kalt ist, aber es gleicht sich ganz schnell an deine Körpertemperatur an.«

»Ich will das nicht«, erwidert Janni.

»Janni, willst du denn nicht sehen, wie deine Gehirnwellen aussehen? Du kannst praktisch deine eigenen Gedanken sehen!«

»Nein.« Janni steht vom Stuhl auf und geht zur Tür.

Ich packe sie.

»Wenn sie es heute nicht durchsteht«, sagt die Assistentin mit Dutzenden Elektrokabeln in der Hand, »können wir es auch ein andermal machen, wenn sie in besserer Stimmung ist.«

»Anders wird ihre Stimmung nicht«, sage ich ärgerlich und denke dabei: *Was meinst du eigentlich, wieso wir hier sind, verdammt noch mal?* »Einen besseren Tag wird es nicht geben.«

»Um ein akkurates Messergebnis zu gewährleisten«, erwidert

die Assistentin, »muss sie völlig ruhig dasitzen. Schon die kleinste Bewegung kann das Ergebnis beeinflussen.«

»Wie lange?«, frage ich.

»Idealerweise etwa 30 Minuten.«

Frustriert stöhne ich auf.

»Völlig ausgeschlossen, dass sie 30 Minuten still sitzt.« Wenn diese dumme Gans mir helfen würde, Jannis Aufmerksamkeit zu erregen, indem sie ihr ihre Aufgaben und den Elektroenzephalographen erklären würde, dann vielleicht, aber dazu macht sie ja nicht die geringsten Anstalten. Ich bringe für Menschen, die mir mit Janni nicht helfen können, keinerlei Geduld mehr auf.

»Wenn Sie meinen, dass es im Wachzustand nicht geht, könnten wir sie auch anästhesieren.«

»Können wir das jetzt gleich machen?«, frage ich hoffnungsvoll.

Die Assistentin schüttelt den Kopf. »Nein. Das geht nur im Krankenhaus.«

»Janni, sollen wir ins Krankenhaus fahren?«, fragt Susan, und ich zucke zusammen. Ich hatte völlig vergessen, dass sie dabei ist. Nicht, dass das irgendetwas ausmachen würde. Ich könnte genauso gut allein sein. Nur ich kann Janni dazu bringen, das durchzustehen. Ich werde ihr alles erklären, mich zum Kasper machen, tun, was auch immer ich tun muss.

»Nein«, sagt Janni.

»Dann reiß dich zusammen«, dränge ich. »Bringen wir's hinter uns.«

Es dauert 20 Minuten, nur um die Elektroden an Jannis Kopf anzubringen. Dauernd jammert sie, wie kalt sie seien, und sie will sie sich herunterreißen, aber ich halte Janni an beiden Händen fest, rede auf sie ein und erzähle ihr vom Elektroenzephalographen und den Potenzialschwankungen des Gehirns.

Endlich ist auch die letzte Elektrode angeschlossen.

»Siehst du, Janni? Ich habe dir doch versprochen, dass es nicht wehtut.«

»Das soll weg!«

»Konzentrier dich nur auf mich«, rede ich ihr zu. »Konzentrier dich auf meine Augen.«

»Gut«, meint die Assistentin. »Jetzt halt ganz still.«

Janni rutscht auf dem Stuhl herum, befreit eine Hand aus meiner Umklammerung und greift nach den Drähten an ihrem Kopf.

Schnell bekomme ich ihre Hände wieder zu fassen, damit sie sich die Elektroden nicht herunterreißt.

»Klappt's jetzt?«, frage ich die Assistentin, ohne den Blick von Janni zu wenden.

»Sie darf sich nicht bewegen«, erwidert die Assistentin.

»Janni, bleib einfach ruhig sitzen, okay?«

»Ich will raus!«, schreit sie und versucht sich aus meinem Griff zu winden.

Sie tut mir leid. Selbst für ein normales Kind wäre es eine Tortur, ein EEG über sich ergehen zu lassen. Von Janni ganz zu schweigen. Aber wir brauchen Antworten, eine Erklärung für ihre Gewaltausbrüche.

»Nur noch ein bisschen, Janni«, erwidere ich ganz ruhig. »Du willst doch sicher wissen, wie deine Gehirnwellen aussehen, oder nicht?«

Janni nickt.

»Nicht den Kopf bewegen«, ermahnt die Assistentin barsch.

»Wenn sie es sehen kann, hält sie vielleicht still«, antworte ich und habe die Schnauze allmählich gestrichen voll von dieser Assistentin.

Janni dreht den Kopf so zur Seite, dass wir gemeinsam auf die Ablesung schauen können. Es sind acht Linien, die sich jeweils in unterschiedlichem Tempo bewegen.

»Das sind deine Gehirnwellen«, erkläre ich Janni.

Janni dreht den Kopf weg, und ich bin frustriert. Ich hatte gedacht, das würde sie faszinieren. Bei jeder Bewegung vollführen mehrere Linien auf dem Monitor wilde Sprünge.

»Ich will weg«, sagt Janni noch einmal. »Bitte hol mich hier raus.«

Ich seufze, lasse die Hoffnung fahren. »Hat das so irgendeinen Sinn?«, frage ich die Assistentin.

»Ich werde den Doktor fragen, wie wir weiter vorgehen sollen.« Die Assistentin geht.

Sofern ich nicht gerade damit beschäftigt bin, Janni daran zu hindern, sich die Elektroden vom Kopf zu reißen, betrachte ich während der Abwesenheit der Assistentin den Monitor, ob dort etwas Ungewöhnliches zu erkennen ist, eine wild ausschlagende Linie etwa. Aber die sind alle ziemlich einheitlich.

Die Assistentin kommt zurück. »Der Doktor sagt, es wäre gut, wenn wir 30 Minuten zusammenbekämen, aber das muss nicht unbedingt sein. Wenn sie zwei Minuten still sitzen kann, reicht das aus, um ihre Grundlinie zu erfassen.«

Die Hoffnung kehrt zurück. »Hast du das gehört, Janni? Nur zwei Minuten. Zwei Minuten schaffst du doch!«

Ich zähle von 120 herunter. Als Janni sich nach 90 Sekunden bewegt, möchte ich am liebsten schreien. Wir waren so dicht dran!

»Janni! Es wären nur noch 30 Sekunden gewesen!«

»Ich will hier raus!«, schreit sie.

Die Assistentin nimmt ihr die Elektroden ab. »Fertig«, sagt sie.

Entmutigt sacke ich in mich zusammen. »Also müssen wir es im Krankenhaus machen.«

Die Assistentin schüttelt den Kopf. »Nein, ich denke, wir haben genug, um zumindest grob abschätzen zu können, ob eine Anomalie vorliegt.«

»Und, gibt es eine?«, fragt Susan und bringt mir so noch einmal zu Bewusstsein, dass sie ebenfalls anwesend ist.

»Dazu muss der Doktor die Ablesung analysieren.«

»Wird er das heute noch tun?«, frage ich.

»Heute nicht.«

Ich bin entsetzlich frustriert. Ich will es erfahren. Nein, ich muss es erfahren. Ich weiß nicht, wie oft ich es noch ertragen kann, Janni für die Dauer eines Gewaltausbruchs festzuhalten, ihr in die Augen zu sehen und dort etwas zu erkennen, was nicht meine Tochter ist. Ich muss wissen, was dieses »andere« ist. Und ich muss wissen, wie man ihm ein Ende macht.

Zwei Wochen später sind wir erneut beim Neurologen, um das Ergebnis des EEGs zu erfahren.
Alles ist normal.
Ich kann es nicht glauben. Ich verlange so verzweifelt nach einer Erklärung, dass ich einen Tumor tatsächlich als Erleichterung empfunden hätte. Ich bin willens, jede Erklärung für ihre Gewaltausbrüche zu akzeptieren. Aber noch immer kann mir niemand eine bieten.
»Janni konnte nicht lange stillhalten. Sind Sie sicher, dass das Material ausreicht?«, frage ich und bin bereit, das Ganze noch einmal durchzumachen, diesmal mit einer Janni unter Vollnarkose.
Der Neurologe schüttelt den Kopf. »Wir haben, was wir brauchen. Sinn der Sache war es, eine mögliche Anomalie aufzudecken, und die gibt es nicht.«
Ich bin am Boden zerstört. Wir stehen wieder ganz am Anfang.
»Haben Sie denn irgendeine Vorstellung, was die Ursache ihres Verhaltens sein könnte?«, frage ich matt.
»Da müssen Sie sich an Dr. Howe wenden«, antwortet er. »Wir konnten physiologische Ursachen ausschließen. Mehr kann ich dazu nicht sagen.«
Ich lasse nicht locker. »Nehmen wir an, Sie steuern eine zweite Meinung bei.«
Der Neurologe betrachtet Janni, die durch sein Sprechzimmer tobt und, unfähig still zu sitzen, dies und jenes in die Hand nimmt und wegwirft. »Offen gestanden, ich glaube, sie hat ADHS.«
ADHS? Das ist genau das, was ich angeblich hatte. Weshalb ich Ritalin bekam.

Ich war immer überzeugt gewesen, dass ich es nicht brauchte, dass ich es nur bekam, weil meine Mutter nicht mit mir zurande kam. Aber inzwischen bin ich mir nicht mehr so sicher. Heute nehme ich Cipralex, ein Antidepressivum. Über Jahre habe ich die verschiedensten Antidepressiva ausprobiert, aber bis auf Cipralex hat keines je geholfen. Vielleicht liegt das daran, dass meine Depression sich nicht in Form von Schwermut äußert.

Ich werde wütend ... genau wie Janni.

Anfang Februar 2008

Wir sind auf dem Weg ins Pump It Up, einem Hallenspielplatz in Woodland Hills, eine halbe Autostunde entfernt und eine gute Möglichkeit zu testen, ob Janni und Bodhi es gemeinsam in einem Wagen aushalten, wenn sie das frisch verschriebene Ritalin genommen hat.

Wie gewohnt fängt Bodhi zu weinen an, sobald wir losfahren, diesmal aber reagiert Janni nicht. Es ist, als höre sie sein Weinen gar nicht. Nach wie vor sitzt sie bei mir vorn, auf dem Beifahrersitz, und Susan hinten bei Bodhi.

Als wir in die Halle kommen, stelle ich entsetzt fest, dass nur Babys und Kleinkinder da sind.

»Wo sind die Kinder in Jannis Alter?«, frage ich Susan.

Susan sucht sich einen Platz, um Bodhi zu füttern.

»Es ist ein Schultag«, sagt sie.

Es versetzt mir einen Stich ins Herz. Ich hatte ganz vergessen, dass Janni inzwischen zur Schule gehen müsste. Jannis Altersgenossen entwickeln sich weiter, sie dagegen scheint festzustecken. Die Welt dreht sich ohne sie weiter, überlege ich traurig, und sehe sie neuerlich isoliert und abgekapselt vor mir.

Ich kann mir nicht vorstellen, dass Janni es im Spielbereich lange aushält. Wenn sie eine Stunde durchhält, können wir uns glücklich schätzen.

Doch dann stelle ich fassungslos fest, dass Janni den Kleineren hilft, in die Tunnels und ins Bällebad zu klettern. *Sie spielt mit anderen Kindern!*

Das Ritalin ist die Antwort auf unsere Gebete, ein Wundermedikament. Nicht nur, dass die Gewalt verschwunden ist, nein, hier ist sie und hilft bereitwillig den jüngeren Kindern. Als sie das letzte Mal nett zu einem anderen Kind war, konnte sie selbst noch kaum laufen, und nun nimmt sie die anderen bei der Hand, tröstet sie und bringt sie zur Mama, wenn sie sich fürchten. Plötzlich ist sie die große Schwester, auf die ich immer gehofft hatte.

Alle Augenblicke kommt sie zu uns gerannt, aber anstatt über ihre eingebildeten Freunde zu reden, erzählt sie von den anderen Kindern, wie sie heißen und wie alt sie sind.

Sie redet wie ein Wasserfall. Sie hat schon immer schnell gesprochen, aber jetzt legt sie noch einen Zahn zu.

Ich habe mich über Ritalin informiert wie zuvor über Risperdal. Wie alle ADHS-Medikamente soll es die Kinder zur Ruhe bringen. Dass es auf Janni die exakt entgegengesetzte Wirkung hat, kann nur eines bedeuten: Janni hat kein ADHS.

»Sie ist völlig aufgedreht«, sage ich zu Susan, als Janni wieder zu den Kleinkindern zurückrennt. »Man könnte meinen, sie ist high.«

»Aber wenigstens ist sie nicht gewalttätig«, entgegnet Susan. »Es ist mir tausendmal lieber, sie ist high und glücklich als unglücklich und gewalttätig.«

Ich pflichte ihr bei. Unsere Tochter schwebt mit Ritalin also in anderen Sphären. Zumindest ist sie glücklich und die Gewaltausbrüche sind weg.

Nachdem Janni einen vollen Tag im Pump It Up gespielt hat, steigen wir ins Auto und fahren heim. Ich freunde mich mit dem Gedanken an, dass meine ursprüngliche Annahme zutraf: Ursprung von Jannis Aggression ist die Diskrepanz zwischen ihrem überragenden Verstand und dem kindlichen Körper. Daher die Niedergeschlagenheit, die wiederum die Gewaltausbrüche verursachte. Das Ritalin macht sie high und damit verschwindet die Gewalt.

Es ist früher Abend und die Straßen sind verstopft. Bodhi weint. Da Janni sein Weinen auf der Hinfahrt klaglos ertrug, bin ich vollkommen perplex, als sie ihn nun anschreit, er soll endlich still sein.

Gut, denke ich. *Nur keine Panik. Die Wirkung des Ritalin lässt eben nach.* Ich bitte Susan, ihr noch eine Tablette zu geben.

»Aber wenn ich ihr jetzt eine gebe, wird sie nicht schlafen«, wendet Susan ein. »Sie soll nur am Morgen eine nehmen.«

Janni zieht die Schuhe aus, schnallt sich ab und dreht sich nach hinten, um die Schuhe auf Bodhi zu werfen. Ich packe sie am Arm und mein Blick pendelt hektisch zwischen der Straße und Janni hin und her.

»Wenn du ihr jetzt keine Tablette gibst«, brülle ich, »schaffen wir es nie nach Hause.«

Janni schreit weiter auf Bodhi ein und will ihn schlagen, während Susan in ihrer Handtasche nach dem Ritalinfläschchen kramt.

»Janni, setz den Ohrenschützer auf.« Ich bücke mich zur Beifahrerseite und taste auf dem Boden nach dem Ohrenschützer, den ich Janni gekauft habe. Es ist ein Modell für Sportschützen und absorbiert bis zu 35 Dezibel. Ich habe ihn selbst ausprobiert und weiß, dass er Bodhis Weinen zwar nicht vollständig unterdrückt, das Geräusch aber so weit dämpft, als käme es aus einigen Metern Entfernung.

Ich stülpe ihn Janni über den Kopf, aber sie reißt ihn sofort herunter und schlägt sich die Hände vor die Ohren.

»Janni, ich hab gesagt: Setz den Ohrenschützer auf!«
»Da hör ich ihn aber trotzdem durch!«, greint sie.
»Aber das Weinen wird gedämpft«, beharre ich.
»Gar nicht! Ich kann ihn immer noch hören!«
»Aber nicht so laut.«

Janni schüttelt vehement den Kopf. »Es ändert sich überhaupt nichts!«

Ich verstehe das nicht. Weshalb ändert sich nichts? Man könnte fast meinen, sie höre Bodhis Weinen im Inneren ihres Kopfes.

Zwei Stunden später ist Schlafenszeit.

»Sie hat riesige Pupillen und ihr Herz rast wie nie«, ruft mir Susan aus dem Kinderzimmer zu. Ich döse mit Bodhi vor dem Fernseher auf der Couch.

»Geh du ins Bett«, sage ich zu Susan. »Ich bleibe mit ihr wach, bis sie eingeschlafen ist. Magst du *Survivorman* anschauen?«

»Ja«, antwortet Janni und kuschelt sich zu mir auf die Couch. Es ist eine unserer Lieblingssendungen.

Susan und ich sehen uns in die Augen. »Kein Ritalin mehr«, entscheidet sie.

Ich nicke. Wieder ein Medikament, dem wir nicht trauen können. Die zweite Tablette zeigte keinerlei Wirkung. Während der ganzen Heimfahrt musste ich Janni mit dem Arm in Schach halten, während Susan den weinenden Bodhi mit ihrem Körper abschirmte. Wegen des dichten Verkehrs brauchten wir zwei Stunden, bis wir zu Hause waren. Und jetzt kann sie nicht schlafen. Ihr Herz rast.

Ich lege Janni die Hand auf den Brustkorb. Immer noch schnell. Vom allerersten Schlag an richtet sich das Herz nach einer inneren Uhr. Genetisch ist eine fixe Anzahl von Schlägen festgelegt und sobald die erreicht ist, bleibt das Herz stehen. Je schneller es schlägt, desto näher ist das Ende.

Ich habe Angst.

Valentinstag 2008

Es ist ein seltsames Gefühl, vor einer staatlichen Schule zu stehen und darauf zu warten, dass Janni aus dem Nachmittags-Vorschulunterricht kommt. Immer hatten wir uns darauf eingerichtet, Janni selbst zu Hause zu unterrichten. Uns war klar, dass sie sich wegen ihres hohen IQs in einer normalen Schule zu Tode langweilen würde. Gleichzeitig ist völlig ausgeschlossen, dass sie das Vorstellungsgespräch für Mirman besteht, außerdem muss ich arbeiten gehen. Janni stellt nach wie vor eine Gefahr für Bodhi dar, daher bleibt uns nichts übrig, als sie irgendwo hinzugeben, und dies ist unsere einzige Alternative.

»Wie war's in der Schule?«, fragt Susan nervös, als Janni kommt und uns begrüßt. Uns zittern beiden die Knie, weil wir hoffen, dass es heute besser lief als gestern oder jeden Tag, seit sie hier ist.

»Fein«, erwidert Janni.

»Janni«, ruft die Vorschullehrerin. »Vergiss deinen Rucksack nicht.«

Janni holt den Rucksack und kommt zu uns. Sie schlägt ihre rote Mappe auf und nimmt ein Herz aus rotem Bastelpapier heraus. »Das hab ich für dich gemacht.« Aufgeregt gibt sie es mir. Ich lese: »Alles Gute zum Valentinstag, von 76.«

»Danke, Janni, das ist toll.«

Janni lächelt und läuft auf den Spielplatz. Susan ruft ihr nach, dass ein Mädchen aus ihrer Klasse auch auf dem Spielplatz ist. Ich schaue Janni nach, unermüdlich hoffend, sie mit einem anderen Kind spielen zu sehen. Aber sie würdigt ihre Klassenkameradin keines Blickes.

»Hätten Sie einen Moment Zeit?«, ruft die Lehrerin uns zu.

»Heute bist du dran«, flüstert Susan mir kaum hörbar zu. »Ich bin es leid, mit denen zu reden. Sie wollen es einfach nicht kapieren und ich habe die dauernde Erklärerei satt.«

Susan macht sich mit Bodhis Kinderwagen zu Janni auf und ich stapfe ins Klassenzimmer. Ich weiß natürlich, dass es wieder mal um Jannis Betragen geht. Es geht immer um Jannis Betragen.

Auf dem Weg blättere ich die rote Mappe durch. Ganz zuoberst liegt ein kleiner, weißer Zettel, Jannis tägliches Betragenszeugnis: *Wollte sich nicht an den Aktivitäten beteiligen. Schreien. Mitschüler geschlagen.*

Dann folgen die heutigen Aufgaben. Alle Blätter sind entweder vollgekritzelt oder zerrissen: Jannis normale Reaktion, wenn sie einen Fehler macht. Anstatt einfach zum Radiergummi zu greifen und das Falsche auszuradieren, stellt sie sich an, als sei der Fehler in Stein gemeißelt. Etliche der zerrissenen Blätter sind noch ganz weiß. Als ich mir das oberste Blatt ansehe, wird mir auch klar, warum. Die Lehrerin hat »January« darauf geschrieben, und das hat automatisch zur Folge, dass Janni es zerreißt.

»Und, wie war es heute?«, frage ich in der närrischen Hoffnung auf eine gute Nachricht.

Die Lehrerin, eine durchaus freundliche, junge Frau, frisch von der Uni, zuckt die Schultern. »Ich musste sie zum Rektor schicken, weil sie einfach nicht aufhörte, zu schlägern.«

Mit fünf wird meine Tochter schon ins Direktorat geschickt. Sie kennt seinen Namen, womit sie in ihrer Klasse garantiert allein dasteht.

»Außerdem kommt sie nicht darum herum, ihren Namen zu schreiben«, fügt sie hinzu.

»Ja, ich weiß. Sie mag ihren Namen nicht«, erwidere ich.

»Aber es gehört nun einmal zu den Lernzielen, dass die Kinder am Ende des Vorschuljahres ihren Vornamen schreiben können. Anders geht es nicht. Das ist so Vorschrift in Kalifornien.«

Womit sie ja recht hat, trotzdem bringt es mich auf die Palme. Sie hat einen IQ von 146, aber das ist denen vollkommen schnurz. Für die zählen nur ihre blöden Regeln.

»Wie wäre es, wenn Sie sie in Naturwissenschaften unterrichten?«, schlage ich vor.

»Das tue ich. Und so lange ich mit Janni allein bin, ist sie ein Schatz. Aber wehe, ich kümmere mich um ein anderes Kind, dann wird es ungemütlich. Wenn ich ausschließlich für sie da sein könnte, wäre sie eine Musterschülerin.«

Ich schaue auf die Tafel. In drei Spalten sind dort die Namen aller Schüler aufgelistet: in Grün, Gelb und Rot. Die Lehrerin nennt es die »Ampeltabelle«. Wessen Name grün geschrieben ist, der folgt artig dem Unterricht und soll »fortfahren«. Ein gelber Name soll besagen, das Kind wurde aufgefordert, ein bisschen langsam zu tun und über sein Verhalten nachzudenken. Steht der Name in Rot, heißt das stopp. Jannis Name ist immer gelb oder rot. In Grün habe ich ihn noch nie gesehen.

»Wieder rot«, bemerke ich.

Die Lehrerin fühlt mit. »Bei allen anderen Kindern funktioniert dieses System einwandfrei, aber nicht bei Janni. Ihr ist es egal. Deshalb musste ich sie ins Direktorat schicken. Das kommt als Nächstes, wenn ein Schüler die rote Ampel ignoriert.«

Es tut mir in der Seele weh, Janni dem auszusetzen. Ich weiß, dass sie etwas anderes braucht. Wo die übrigen Kinder das ABC lernen, beherrscht Janni das Periodensystem der Elemente. Ich schaue zu Boden und wünschte, wir fänden einen Weg, mit der Gewalt umzugehen. Wenn das nicht wäre, könnten wir sie daheim unterrichten.

Samstag, 8. März 2008

Obwohl Samstag ist, arbeite ich. Ich habe mich verpflichtet, die schriftliche Prüfung zu korrigieren, die jeder Studierende der CSUN ablegen muss, um zum Abschlussexamen zugelassen zu werden. Für sechs Stunden Arbeit bekomme ich 250 Dollar; Geld, das wir dringend benötigen. Ein Collegedozent verdient nicht viel.

Ich war kurz davor abzusagen, weil Susan nun auf Janni und Bodhi zugleich aufpassen muss. Aber sie hatte bereits eine Babysitterin für den Tag organisiert, eine junge Collegeabsolventin namens Shawna, die den Spielzeugladen im Einkaufszentrum führt, ebenjenen Spielzeugladen, den Janni vor einem Jahr zerlegte. Ein knappes Jahr tobt Janni mittlerweile unter ihren Augen durch den Laden und Shawna scheint sie aufrichtig gernzuhaben und unterhält sich sogar mit ihr, wenn sie zu ihr hinter die Kasse rennt. Susan sagt, Shawna habe Erfahrung als Kindermädchen und kümmere sich um ihren autistischen Neffen, könne also mit Super-GAUs umgehen. Sie wird Susan mit Janni und Bodhi unterstützen, während ich weg bin.

Ich lese mich durch die Klausuren, wobei meine Gedanken immer wieder zu Susan, den Kindern und möglichen Katastrophen abschweifen.

Am späten Vormittag ist eine Pause und ich rufe Susan vom Flur aus an. »Wie läuft's?«

»Nicht gut«, antwortet Susan mit einem Ton, wie ich ihn noch nie von ihr gehört habe. Sie klingt ... gebrochen.

»Wo seid ihr?«

»Im Augenblick stehe ich vor der Notaufnahme vom Henry Mayo.«

Panik schnürt mir die Adern ab. »Was macht ihr da? Was ist passiert?«

Nicht genug, dass ich ständig fürchte, Janni könne Bodhi ernsthaft verletzen, plagt mich inzwischen auch die dauernde Angst, dass Susan Janni irgendwann in die Psychiatrie einweist. Dr. Howe drängt darauf, weil Medikamente bei Janni einfach nicht anschlagen. Susan stimmt ihr zu, aber ich kann nicht akzeptieren, dass Janni in die Klinik kommt. Sie einzuweisen hieße für mich, eine Linie zu überschreiten, hinter der es kein Zurück mehr gibt. Solange Janni nicht im Krankenhaus ist, besteht die Hoffnung, dass es sich vielleicht, vielleicht eben doch nur um eine vorübergehende Phase handelt.

»Sie wollte Bodhi schlagen.« Susan bricht in Tränen aus. »Ich saß am Steuer. Sie hätte es getan, wenn Shawna nicht gewesen und es verhindert hätte.«

Voller Wut starre ich zu Boden und weiß nicht recht, was ich tun soll. »Sie versucht andauernd, ihn zu schlagen. Deswegen fährt man doch nicht ins Krankenhaus.«

»Shawna war so entsetzt, dass sie gesagt hat, ich soll den Notruf alarmieren.«

»Aber doch nur, weil sie es noch nie miterlebt hat«, erwidere ich. »Sie ist es eben nicht gewöhnt.«

»Ich habe den Notruf verständigt.«

Meine rasiermesserdünne Selbstkontrolle bekommt Risse.

»Wieso?«, winsle ich.

»Weil nicht einmal Shawna sie bändigen konnte! Ich wusste mir nicht zu helfen. Man hat mir nur gesagt, ich soll sie in die Notaufnahme bringen. Als wir dort ankamen, schlief sie.«

Erleichtert atme ich auf. *Es ist kein Rettungswagen gekommen. Sie haben Janni nicht mitgenommen.*

»Halt durch«, sage ich. »Ich bin auf dem Weg.«

»Im Augenblick schläft sie. Wenn sie aufwacht, wird es garantiert wieder rundgehen. Wir sehen uns auf der Party.«

Sobald ich mit dem Benoten der Klausuren fertig bin, fahre ich schnellstens zur Geburtstagsparty im Color Me Mine in Porter Ranch. Das liegt auf halbem Weg zwischen meiner Arbeitsstätte in Northridge und unserer Wohnung in Valencia.

Als ich den Raum betrete, unterhält sich Susan, Bodhi im Arm, mit der Mutter des Geburtstagskinds.

»Wo ist Janni?«, will ich wissen.

Susan sieht sich um. »Ich weiß nicht genau.«

Ich lasse sie stehen, achte gar nicht auf Bodhi, der immerhin das Opfer war, und suche Janni. Sie sitzt an einem Tisch und bemalt einen Keramikhund. Der Hundekopf ist halb violett, halb gelb, wobei das Violett nach der helleren Farbe ausläuft.

Ich habe mehr als genug Platz, mich zu ihr zu setzen, da nicht ein einziges Kind in ihrer Nähe ist.

»Wie geht's, wie steht's?«, frage ich, als wäre nichts gewesen.

»Gut«, sagt sie.

Ich schaue zu den anderen Mädchen. Die malen auch, aber anders. Sie schwatzen beim Pinseln fröhlich drauflos. Ich schaue auf Janni, die in nichts zu erkennen gibt, dass sie sich der Anwesenheit anderer Menschen bewusst ist.

Eine Mitarbeiterin sammelt den Hund ein. »Wie heißt du denn, Süße?«, fragt sie. »Das muss ich auf die Unterseite schreiben, damit wir wissen, wem er gehört.«

»Eloise«, sagt Janni.

Die Frau sieht mich an. »Eloise? Wie in den Büchern?«

»Ja«, erwidere ich. »Wir sind große Fans.« Ich werde ihr auf keinen Fall Jannis echten Namen sagen. Ich werde sie nicht explodieren lassen. Außerdem bin ich einigermaßen sicher, dass es auf der Party keine zweite Eloise gibt.

»Ich will weg«, sagt Janni, ohne mich anzusehen. Aber sie jammert nicht. Sie fleht, als bereite ihr das Hiersein inmitten der anderen Kinder körperlichen Schmerz.

»Gut«, sage ich und stehe sofort auf. Ich will sie hier wegbringen. Ich will sie von jedem Ort und jedem Menschen entfernen, der sie spüren lässt, dass sie anders ist. Oder es mich spüren lässt.

Susan unterhält sich immer noch mit den anderen Müttern. Ohne sie eines Wortes zu würdigen, ziehe ich ab, wütend, weil sie Janni immer wieder solchen Situationen aussetzt.

Wir fahren. Ich weiß selbst nicht genau, wohin. Ich will Janni einfach nur wegbringen.

»Mama meint, ich muss ins Krankenhaus«, sagt Janni leise.

Fast platzt es aus mir heraus: *Deine Mama hat nur Scheiße im Hirn*, aber ich halte mich zurück. Susan ist trotz allem ihre Mutter. »Glaubst du denn, dass du da hin musst?«

»Ich will nicht ins Krankenhaus, aber ich glaube, es muss sein.«

Das trifft mich wie mit dem Vorschlaghammer.

»Wieso?«, frage ich mit einem Kloß im Hals.

»Ich will Bodhi immer wehtun. Ich kann nichts dagegen machen.«

Meine fünfjährige Tochter erklärt mir, sie erachte es für notwendig, ins Krankenhaus eingewiesen zu werden. Das übersteigt meine Kräfte und im selben Moment werde ich wieder wütend auf Susan. Hätte Susan einen Ganztagsjob, könnte ich dauerhaft bei Janni bleiben. Sie kann sich eben nicht in unsere Welt eingliedern, in unser System, unsere Spielregeln. Wenn ich mich um sie kümmern könnte, würde ich sie vor der Gesellschaft beschützen. Ich will jetzt einfach weiterfahren, nur wir beide, hinaus in die Wüste, so weit es nur geht.

»Es wird alles gut, Janni«, verspreche ich. »Wir schaffen das.«

Sonntag, 9. März 2008

Honey, unsere Hündin, hat seit Wochen keinen freien Auslauf mehr bekommen und weil Susan etwas Zeit mit Janni allein verbringen wollte, habe ich Bodhi dabei, der sich an mich drückt und das Köpfchen an meine Schulter schmiegt.

Er ist keine drei Monate alt. Er kuschelt sich an mich und ist selig, einfach nur gehalten zu werden. Janni war nie so. Selbst in seinem Alter hat sie immer gekämpft, wollte heruntergelassen werden, wollte weg, die Umgebung erkunden. Es ist schön, Bodhi zu halten. Ich küsse ihm die Schläfe.

Das Handy klingelt und ich hole es aus der Tasche. Ich schaue längst nicht mehr auf das Display. Es ist immer Susan.

»Seid ihr schon bei Pizza Kitchen?«

Ich erwarte, dass Susan erzählt, wie sehr Janni den »Mädelstag« genießt.

»Wir sind im Alhambra«, sagt Susan tonlos.

»Was?« Das BHC Alhambra ist eine psychiatrische Klinik. Ich sehe mich nach Honey um, will sie wieder an die Leine nehmen und hier weg. Vielleicht sind sie ja noch auf dem Weg. Vielleicht ist es noch nicht zu spät, um einzuschreiten.

»Komm zurück, ich übernehme Janni«, sage ich und bemühe mich, die Wut zu bezähmen.

»Zu spät. Sie haben sie weggebracht.« Susan klingt erschöpft, aber erleichtert.

Ohnmächtig renne ich im Kreis und halte Ausschau nach Honey. »Wieso?« Es ist eine rhetorische Frage. Ich kenne den Grund, ich kann ihn nur nicht akzeptieren.

»Sie hat mich geschlagen und dauernd Sachen nach mir geworfen. Ich habe es nicht mehr ertragen.«

»Wieso hast du nicht angerufen?!«

»Weil sie nicht mehr bleiben konnte. Du hast gestern Abend selbst gesagt, dass sie weg muss.«

Ich entdecke Honey und schreie sie her.

»Brüll Honey nicht an«, schimpft Susan. »Gönn ihr die Zeit.«

Susan hat unsere fünfjährige Tochter gerade in die Psychiatrie einweisen lassen und regt sich darüber auf, dass ich den Hund anschreie?

»Ich habe es versucht!«, höre ich Susan sagen. »Ganz ehrlich! Ich dachte, wir können damit umgehen.«

Ich rase vor Wut. Ich hätte nie zulassen dürfen, dass Susan mit ihr weggeht. Ich hätte wissen müssen, dass sie mit Janni nicht fertig wird, selbst ohne Bodhi.

»Du hättest anrufen sollen, ehe du sie da hinbringst«, zische ich.

»Sie will selbst hin. Sie braucht Hilfe, Hilfe, die wir ihr nicht bieten können.«

»Die du ihr nicht bieten kannst, meinst du«, entgegne ich verbittert. Es ist, als hätte Susan mir die Tochter genommen.

Bevor ich ins mehr als 65 Kilometer entfernte Alhambra fahre, muss ich Honey nach Hause bringen.

Ich stelle Bodhi mitsamt dem Kindersitz auf den Boden.

Susan hat mich gebeten, Anziehsachen für Janni mitzubringen, also hole ich ihren Disney-Prinzessinnenkoffer aus dem Schrank und stelle ihn zu Bodhi auf den Teppich. Ich knie neben dem Köfferchen und starre es an. Vor mir auf dem Bett liegt Hero, Jannis Lieblingsteddy. Ich stehe auf und nehme Hero in die Hand. Ich will keine Kleidung für Janni packen. Wenn ich Kleidung einpacke, heißt das, dass sie dort bleibt. Ich frage mich, ob ich den Mumm habe, dorthin zu fahren und sie einfach mitzunehmen. Ob Susan versuchen würde, mich daran zu hindern? Ich weiß es nicht. Ich weiß nicht, ob ich ihr noch trauen kann. Tatsache ist, dass sie unter der Belastung allmählich zusammenbricht.

Seufzend stecke ich Hero in die Reisetasche. Ich werde Anziehsachen packen. Aber wenn Janni bei meiner Ankunft Angst hat und fort will, dann nehme ich sie mit, ob es Susan gefällt oder nicht.

Als ich den Parkplatz des BHC Alhambra nach langer Suche endlich gefunden habe, sieht es dort völlig anders aus als erwartet. Es wirkt ganz und gar nicht nach Krankenhaus. Ich steige aus und starre auf die dreieinhalb Meter hohen Stahlpfosten, die offenbar eine Art Terrasse umzäunen. Die obersten 20 Zentimeter der Pfostenspitzen sind nach innen gebogen. Ich weiß, wozu das dient. Nicht weit von uns daheim liegt ein Wasserspeicher am Highway. Den umgibt ein ganz ähnlicher Sicherheitszaun mit abgeknickter Spitze. Der Knick macht es unmöglich, den Zaun zu überklettern. An der Knickrichtung lässt sich erkennen, ob der Zaun die Leute fernhält oder einschließt. Beim Wasserspeicher knickt die Zaunspitze nach außen, zum Highway hin. Beim Alhambra ist der Zaun nach innen gebogen, zum Krankenhaus hin, damit niemand hinauskommt.

Okay, sage ich mir, *schon klar*. Das ist eine psychiatrische Klinik. Die meisten, die dort hinkommen, sind dort gegen ihren Willen. Mit 16 war ich zwei Wochen in einer psychiatrischen Abteilung für Problemkinder. Mein Vater ließ mir keine Wahl. Meine Eltern hatten sich scheiden lassen und ich zog zu meinem Vater. Allerdings konnte ich mich nach dem, was ich bei meiner Mutter durchgemacht hatte, nicht mehr in ein »normales« Leben einfügen. Ich nahm Drogen. Ich rannte weg. Ich legte Brände. Irgendwann sagte mein Vater, wenn ich bei ihm bleiben wolle, müsse ich mich in eine Einrichtung begebe, wo ich die nötige Hilfe fände. Ich weiß noch, dass auch dort Gitter an den Fenstern waren. Aber die Einrichtung, in der ich war, lag im fünften Stock eines allgemeinen Krankenhauses. Unter mir wurden Blinddärme entfernt und über mir Babys geboren. Hier gibt es nur eine Etage. Es gibt keine Ambulanz, keinen Wegweiser zu Chirurgie und Geburtenabteilung. Dies ist kein allgemeines Krankenhaus. Es ist eher ein Gefängnis. Janni ist ein fünfjähriges Kind. Sie gehört nicht an so einen Ort.

Als ich mit Bodhi im Kinderwagen und der Reisetasche für Janni den Warteraum betrete, beugt sich Susan über ein Klemmbrett.

»Ah, gut, dass du da bist«, sagt sie, als sei ich gerade nach Hause gekommen. Sie legt das Klemmbrett beiseite. »Füll du den Rest aus. Ich plage mich schon seit zwei Stunden mit allen möglichen Formularen ab.«

Susans Haltung ist mir unbegreiflich. Sie wirkt völlig entspannt.

Äußerlich gebe ich mich ruhig, aber es kostet mich größte Mühe, nicht einfach da hineinzurennen und Janni zu befreien. Es ist viele Jahre her, aber ich weiß noch, wie es war, den Wagen meines Vaters vom Zimmerfenster in der Psychiatrie aus wegfahren zu sehen. In jener Nacht weinte ich mich in den Schlaf.

»Wo ist sie?«

»Man hat sie auf die Kinderstation gebracht«, antwortet Susan und zeigt tiefer in das Gebäude hinein. »Es dauert nicht mehr lange, dann dürfen wir sie besuchen. Es ist gleich Besuchszeit. Die ist übrigens immer von sechs bis sieben.«

Es gibt eine Besuchszeit?, schießt es mir durch den Kopf. *Dies ist meine Tochter und ich darf sie nur eine Stunde am Tag sehen?* Nicht mit mir. Ich werde mir von niemandem vorschreiben lassen, wann ich mein Kind besuchen darf und wann nicht.

»Ist sie auf eigenen Wunsch hier oder wurde ihre Unterbringung angeordnet?«, frage ich, als mir die Ausdrücke aus leidvoller

Erfahrung wieder einfallen. Bei einer Unterbringung lassen sie einen nicht raus, dann hat ein Arzt beschlossen, dass man eine Gefahr für sich oder andere darstellt. Auf eigenen Wunsch bedeutet, dass man selbst oder, im Falle von Minderjährigen, die Eltern die Einweisung veranlasst haben. Ich war, im denkbar weitesten Sinne, Patient auf eigenen Wunsch, da ich noch nicht volljährig war und mein Vater mich einweisen ließ.

»Ich glaube, es ist auf eigenen Wunsch«, sagt Susan und überlegt dann kurz. »Ich musste schriftlich einwilligen, dass sie behandelt werden darf. Erst haben sie sich geweigert, sie überhaupt aufzunehmen. Am Empfang hieß es stur, es gäbe kein freies Bett, aber ich habe gesagt, ich gehe hier nicht weg. Irgendwann kam dann einer von der Aufnahme, aber der hat auch immer nur dasselbe gesagt, dass sie keine Betten hätten. Da habe ich dann einfach ›January‹ zu ihr gesagt und da ist sie natürlich explodiert und hat angefangen zu kreischen und auf mich einzuprügeln. Der Typ von der Aufnahme hat ganz entsetzt geschaut. Ich habe weiter ›January‹ zu ihr gesagt und sie hat weiter geprügelt, bis er sie mitgenommen hat. Von wegen, keine Betten, was?«

Ich starre Susan an und meine Wut kocht immer höher.

»Du hast sie provoziert, damit sie hier eingewiesen wird«, sage ich mit schneidender Stimme.

»Mir blieb nichts anderes übrig. Selbst Dr. Howe sagt, sie muss auf Station, damit man sie beobachten und feststellen kann, was wirklich los ist. Für mich war es auch nicht leicht. Ich hätte wirklich nicht sagen können, ob die Entscheidung richtig ist, bis wir auf die Station kamen. Da ist ein Junge, der ist acht oder neun, und der hat mir gesagt: ›Sie hat, was ich habe.‹ Da hatte ich auf einmal ein viel besseres Gefühl.«

Ich habe überhaupt kein besseres Gefühl.

Als es endlich sechs wird, begeben wir uns auf einen langen Korridor. Susan schiebt Bodhis Kinderwagen. Ich will meine Tochter sehen. Der Korridor endet an einer Tür und ich greife nach dem Knauf und ziehe. Nichts rührt sich und ich rüttle an der Tür, als würde sie klemmen.

»Wir müssen warten, bis die Empfangsschwester uns aufmacht«, erklärt mir Susan.

Ist ja logisch, sehe ich ein und komme mir dumm vor. Die Tür ist elektrisch gesichert und muss über einen Schalter entriegelt werden.

Wieder ziehe ich an der Tür. Wieder nichts. Mein kleines Mädchen ist vor mir weggesperrt. Lieber finde ich mich mit den Gewaltausbrüchen und der permanenten Furcht ab, sie könne Bodhi etwas antun. Das hier ist viel schlimmer. Ich hatte die Lage unter Kontrolle. Ich musste nur dafür sorgen, dass Janni und Bodhi voneinander getrennt sind. Jetzt habe ich keinerlei Kontrolle mehr.

»Es ist immer noch zu«, fahre ich Susan an. »Geh und sag der Schwester am Empfang, dass wir ausgesperrt sind.«

»Du kannst das Telefon da benutzen«, erwidert Susan und deutet auf einen Hörer neben der Tür.

Dann springt die Tür endlich auf und ich stehe in einer Cafeteria. Sie macht einen recht ordentlichen Eindruck, eine stinknormale Krankenhaus-Cafeteria eben. Ich sehe etliche Patienten, allesamt Erwachsene, die mit Verwandten etwas essen. Die Patienten sind auf Anhieb zu erkennen, selbst wenn das Plastikarmband, das sie als solche ausweist, verborgen ist. Die Patienten tragen ausnahmslos Schlafanzüge, Bademäntel oder Trainingsanzüge. Das Haar ist ungekämmt, als wäre es der Mühe nicht wert, es zu waschen.

Ich folge Susan nach links, aus der Cafeteria in einen Hof. Der Weg ist mit Steinplatten gepflastert. Alles wirkt sehr freundlich, bis wir um die nächste Ecke biegen, wo eine Handvoll Erwachsener vor einem Gebäude sitzt. Alle rauchen. Ich bin selbst Raucher und Janni sieht mich rauchen, trotzdem möchte ich nicht, dass Janni mit diesen Leuten zu tun hat. Janni hat noch nie dazu geneigt, anderen einfach etwas nachzumachen, sie hat sich nie beeinflussen lassen, aber mit einem Mal überfällt mich die Angst, sie könne sich mit diesen Menschen identifizieren. Was mich wirklich beunruhigt, ist die Leere in ihren Gesichtern. Ich weiß nicht, ob es an den Medikamenten liegt, die sie schlucken, oder ob es das Leben war, das sie fertiggemacht hat – ich will jedenfalls nicht, dass Janni auf den Gedanken kommt, dies könne auch ihre Zukunft sein. Janni ist brillant. Janni wird aufs College gehen, sobald sie Lust dazu hat. Janni wird der Menschheit einen unermesslichen Dienst erweisen, die Heilung von Krebs zum Beispiel. Janni wird den Nobelpreis gewinnen. Janni wird ihr Leben nicht mit Kurzaufenthalten in Einrichtungen wie dieser zubringen. Ich muss sie hier rausholen.

»Es gibt sogar einen Swimmingpool.« Susan deutet auf ein umzäuntes Schwimmbecken voller Laub und Zweige, dreckig und abweisend. »Immerhin kann sie schwimmen gehen.«

Ich schaue Susan an, als hätte sie sie nicht mehr alle. Wir sind doch nicht im Ferienlager. Wir sind in der Psychiatrie.

Die Kinderstation befindet sich im hintersten Teil der Klinik. Davor ist ein weiteres Tor mit Gegensprechanlage. Susan erklärt mir, sobald man den Hörer abnimmt, läutet es automatisch auf der Schwesternstation. Ich hebe ab und starre auf das Maschendrahtgeflecht, das den Hof in dreieinhalb Metern Höhe abschließt. Ein gewaltiger Avocadobaum breitet seine Äste darüber. Die Avocados faulen, etliche sind auf dem Betonboden zerplatzt. Ich kann den Blick nicht von der Maschendrahtabdeckung wenden. Wozu soll die überhaupt gut sein? Wer zum Teufel könnte über dreieinhalb Meter hohe Stahlpfosten klettern? Und selbst wenn es jemandem gelänge, es gibt nichts, wohin man gehen kann, wenn man erst einmal drüber ist.

Ein Pfleger öffnet das Tor. Er führt uns über den Hof, macht die Tür zum Gebäude auf und bittet uns mit einer Handbewegung hinein. Dort bricht eine gewaltige Kakophonie über mich herein. Aus einem Fernseher unter der Decke dröhnt *Toy Story*. Rund ein halbes Dutzend Jungen sitzen auf Stühlen, aber keiner sieht den Film an. Fast alle haben geschorene Köpfe und tragen uniforme, braune Bermudashorts mit weißen T-Shirts. In den wenigen Sekunden, die wir benötigen, um den Raum zu durchqueren, liefern sie sich eine wilde Prügelei, wie sie in einigen Stadtteilen von Los Angeles als Freizeitvergnügen gilt, und ich höre mehrfach die Worte »Fuck«, »Scheiße« und »Schwuchtel«. Ich könnte nicht exakt sagen, wie alt die Jungen sind, aber sie sind jedenfalls deutlich älter als Janni.

Ein Junge sitzt abgesondert und starrt, die Knie umschlungen, vor sich ins Leere, als wolle er sich mit aller Macht an einen anderen Ort fantasieren. Ich kann es ihm nicht verübeln. Mir ginge es genauso. Dies ist keine psychiatrische Station. Das ist ein Jugendknast.

»Das ist der Junge, der sagt, er weiß, was Janni hat«, meint Susan, als sie meinen Blick bemerkt.

»Die Mädchen sind hier hinten«, sagt der Pfleger und steckt den Schlüssel neben einer Flügeltür in die Wand.

»Mädchen und Jungen sind getrennt?«, frage ich, höchstgradig erleichtert.

»Zumindest tagsüber«, erwidert der Pfleger. »Nachts kommen ein paar von den kleineren Jungs zum Schlafen hier rüber.«

Die lassen Jungs und Mädchen in ein und demselben Trakt schlafen?, geht es mir durch den Kopf, während ich mich noch einmal zu den Jungen umdrehe. Jetzt reicht's. Ich hole Janni hier raus. Das ist kein Krankenhaus. Diese Kinder sind nicht hier, weil sie psychologische oder psychiatrische Probleme haben. Sie sind aller Wahrscheinlichkeit nach hier, weil sie jemanden krankenhausreif geprügelt haben und schlicht noch zu klein für den Jugendknast sind.

Der Pfleger öffnet die Tür und da ist Janni. Mitten im Flur, umringt von Mädchen, von denen keins jünger als 15 aussieht.

Aber sie lacht und klatscht begeistert in die Hände. Die Mädchen laufen miteinander in den Gemeinschaftsraum, Janni immer mittendrin. Dann auf einmal sieht sie mich.

»Papa!« Sie kommt ganz und gar nicht verängstigt auf mich zu. Man könnte meinen, sie habe bei einer Freundin übernachtet, sich bestens amüsiert und werde nun von mir abgeholt.

»Hallo, Süße.« Ich gehe in die Knie und nehme sie in den Arm, will sie halten, ihr zeigen, dass Papa da ist. Papa ist gekommen, um sie zu retten.

Sie windet sich aus meiner Umarmung.

»Hast du mir was von Pizza Kitchen mitgebracht?«, fragt sie grinsend und reibt sich die Handgelenke, wie sie es immer tut, wenn sie sich auf etwas freut. »Mama hat gesagt, du bringst was von Pizza Kitchen mit.«

Ich versuche immer noch zu verstehen, was um mich herum vorgeht. Wo ist die Angst?

»Oh, ich wollte so schnell es geht herkommen. Da war ein Del Taco auf dem Weg, deswegen habe ich da was mitgenommen.«

Janni legt die Stirn in Falten und schlägt mich.

»Del Taco mag ich nicht! Ich will Pizza Kitchen!«

Verständnislos starre ich Janni an. Wen kümmert das Essen? Ist dir überhaupt klar, dass du hier eingesperrt bist?

»Kannst du mir sagen, wie es dir geht?«, frage ich und fahnde nach einem Anzeichen der Furcht. *Du musst es nur sagen, Janni, und ich hole dich hier raus.*

Sie ignoriert die Frage und nimmt die Del-Taco-Tüte aus Bodhis Kinderwagen. Sie setzt sich an einen Tisch, packt die Pommes aus und fängt zu essen an.

»Janni, wie geht es dir?«, frage ich erneut. »Geht es dir gut?«

»Gut«, sagt sie mit vollem Mund. »Nur hungrig.«

Das kann nicht sein. »Janni, kannst du mir sagen, wo du bist?«

»Im Krankenhaus«, antwortet sie, als hätte ich wissen wollen, was zwei plus zwei ist.

»Weißt du, warum du hier bist?«

»Weil ich Bodhi hauen will.«

»Wenn du damit aufhörst, Bodhi wehzutun, kannst du mit uns heimgehen«, schärfe ich ihr ein.

»Ich kann nicht aufhören«, erwidert sie.

Das wird mir immer unheimlicher. »Dann ist dir also klar, dass du hierbleiben musst?«

Janni nickt.

»Ist dir wirklich klar, dass du ohne Mama und Papa hierbleibst?«, frage ich, überzeugt, dass sie die wahre Tragweite längst nicht begriffen hat.

Wieder nickt sie. »Mir gefällt es hier«, sagt sie mit dem Mund voller Pommes.

Nein, das kann nicht sein. Ich wollte nach Hause. Ich wollte nicht in der Psychiatrie sein.

»Es macht Spaß«, behauptet Janni.

Sie wirkt völlig zufrieden. Entspannt.

In der Psychiatrie.

Sie sieht mich an. »Bringst du mir morgen was von Pizza Kitchen mit?«

Als ich nach Hause fahre, ist es tiefe Nacht. Ich habe das Seitenfenster heruntergelassen, sodass der Wind hereinweht und ich Kette rauchen kann. Kaum fliegt eine Kippe aus dem Fenster, stecke ich mir die nächste Zigarette an.

Vor mir leuchten die Rücklichter unseres zweiten Wagens, mit dem ich ins Alhambra gefahren war. Jetzt fährt ihn Susan. Bodhi schläft auf der Rückbank.

Ich ertrage es nicht, auf den leeren Beifahrersitz neben mir zu sehen. Ich habe sie dort gelassen. Zum ersten Mal, seit Janni vor fast sechs Jahren aus dem Krankenhaus kam, wird sie ohne uns in ihrer Nähe einschlafen.

Beim Hinausgehen redete Susan auf mich ein, wie gut es Janni dort gefalle, so als wolle sie sich selbst überzeugen. »Wir haben doch immer nach Freunden gesucht, die etwas mit ihrer Einbildungskraft anfangen können«, sagte sie, »und die hat sie nun.« Sie hält inne und bricht in Tränen aus. »Ich hätte nur nie gedacht, dass wir sie in der Psychiatrie finden.«

Ich weiß, dass Susan recht hat, und das ist es, was so furchtbar schmerzt. Und nur darum hasse ich sie in diesem Moment so sehr. Janni war richtig glücklich, so glücklich, wie ich sie seit Jahren nicht erlebt habe. Ich habe mir immer gewünscht, dass sie glücklich wird, aber nicht in der Psychiatrie.

13. *März* 2008

Ich schlief lange an dem Morgen, nachdem wir sie im Alhambra zurückließen, daher schaute ich beim Aufwachen als Allererstes auf mein Handy. Ich rechnete fest damit, eine Nachricht von einem der Ärzte vorzufinden. Aber da war nichts. Den ganzen zweiten Tag durch wartete ich, doch es kam kein Anruf.

Wir wissen, dass es Janni gut geht, da wir sie jeden Tag besuchen. Immer macht Janni einen glücklichen Eindruck. Sie mag die anderen Mädchen und die Mädchen mögen sie. Es ist, als habe sie plötzlich ein Dutzend älterer Schwestern. Janni mag auch das Personal, denn die reden sie mit »Miss Dienstag« an oder welcher Tag eben gerade ist.

Susan will ihr dauernd einreden: »Hier ist es wie in einem Studentenwohnheim, Janni. Genau wie damals bei mir auf dem College.«

Aber das stimmt nicht. Ich weiß, Susan sagt das nicht nur, um mich zu beruhigen, sondern auch, um ihren eigenen Schmerz zu betäuben. Aber man ist 17 oder 18, wenn man daheim auszieht und aufs College geht, nicht fünf. Wäre es wirklich ein College-Wohnheim, ich könnte damit leben lernen, aber sie ist im Alhambra, weil ihr dort angeblich geholfen werden soll. Nur dass nicht das Geringste passiert. Janni wird nicht therapiert. Sie bekommt dieselben Medikamente wie vor der Einweisung. Sie wird dort einfach verwahrt, und mit jedem Tag, der vergeht, verstärkt sich das

Gefühl, dass so unsere Zukunft aussieht. Ich will einen Arzt. Ich will mehrere Ärzte. Sie sollen Janni untersuchen und sich besprechen und mir einen Plan vorlegen. Ich will die Gewissheit, dass diese Einkerkerung nicht von Dauer ist.

Aber die Einzige, die je mit uns spricht, ist eine Sozialarbeiterin. Und es gibt für das ganze Krankenhaus nur einen einzigen Arzt, Dr. Allen Wingfield. Vier volle Tage muss ich auf seinen Anrufbeantworter sprechen, ehe er sich bequemt, mich zurückzurufen.

»Hier ist Dr. Wingfield. Wie ich höre, wollen Sie mich sprechen.«

»Sie ist jetzt eine knappe Woche bei Ihnen. Wie ist der Plan?«

»Wir beobachten noch ihr Verhalten«, erwidert er kurz.

Jannis Krankenhausaufenthalt verläuft ganz und gar nicht nach meinen Erwartungen. Immer noch bilde ich mir ein, es müsse doch jemand feststellen, was mit ihr los ist. Ich bin es gewohnt, dass ein Arzt zumindest eine grobe Ahnung hat. Ich habe den Ärzten immer vertraut, weil es zu Skepsis bisher nie Anlass gab. Wenn ich krank bin, gehe ich zum Arzt, ich bekomme eine Medizin und werde gesund. Aber nun bewege ich mich in einer Welt, in der niemand von nichts etwas weiß. Dieser Mensch ist Psychiater. Er hat einen Doktor und jahrelange Erfahrung. Wie ist es möglich, dass er keine Antwort hat?

»Meinen Sie, es könnte eine bipolare Störung sein? Davon geht Dr. Howe aus. Haben Sie sie konsultiert?«

»Habe ich nicht«, erwidert er schlicht.

»Meinen Sie nicht, dass es klug wäre, mit ihr zu sprechen?«, mahne ich an, so höflich meine Gefühlslage es zulässt. »Sie behandelt Janni seit drei Monaten.«

»Um ehrlich zu sein: Wir sehen keinen großen Sinn darin, uns mit den ambulanten Therapeuten unserer Patienten zu unterhalten«, erklärt Wingfield. »Wir verlassen uns auf das, was wir mit eigenen Augen sehen.«

»Aber genau das ist das Problem. Sie bekommen es nicht zu sehen. Das Krankenhaus ist nicht die wirkliche Welt. Sie muss dort nicht mit Bodhi auskommen.«

»Da pflichte ich Ihnen völlig bei, weshalb ich auch ernstlich bezweifle, dass eine bipolare oder schizophrene Störung vorliegt. Andernfalls wäre mit einer Fortdauer der Symptomatik auch hier zu rechnen.« Wingfields Tonfall ändert sich. »Ach, dabei fällt mir was ein. Gegenüber dem Pflegepersonal und der Ärztin im Praktikum, die sie jeden Tag besucht, hat sie mehrfach erwähnt, es gäbe in ihrer Verwandtschaft Fälle von Schizophrenie. Das gehört nicht zum erwartbaren Wortschatz einer Fünfjährigen«, fährt er fort. »Wo hat sie dieses Wort her?«

»Sie ist überdurchschnittlich intelligent«, erwidere ich. »Sie hat einen IQ von 146.«

»Das ist mir schon klar, aber irgendjemand muss ihr dieses Wort beigebracht haben. Ich habe sie gefragt, was Schizophrenie ist, und sie antwortete mir, das sei, wenn man Sachen sieht und hört, die andere nicht sehen und hören.«

»Was ja stimmt«, sage ich.

»Schon, aber es ist sehr präzise für ein so kleines Kind. Haben Sie oder Ihre Frau ihr gesagt, dass sie schizophren ist?«, fragt er spitz.

»Wir müssen das jetzt seit Monaten aushalten. Im einen Moment ist sie lieb und nett und im nächsten schlägt sie um sich und dann plötzlich ist sie wieder lieb, als wäre nichts geschehen. Also haben wir uns gefragt, was da los sein könnte.«

»Das erklärt nicht, woher sie weiß, was Schizophrenie ist.«

Mir ist längst klar, worauf er hinaus will. Da kein Arzt gewillt ist, mir eine klare Antwort zu geben, verbringe ich einen Großteil meiner Nächte auf WebMD.com. Noch vor einem Jahr wollte ich von Asperger oder Autismus nichts wissen, doch mittlerweile habe ich mir die Symptome noch einmal vorgenommen und versucht, Janni darin wiederzuerkennen. Aber da ist sie nicht. Die

Symptome passen nicht. Dagegen zieht es mich immer wieder auf die Seite zur Schizophrenie zurück: »*praktisch völliges Desinteresse an sozialen Beziehungen, eingeschränktes bis nicht vorhandenes Spektrum an Emotionen.*« Ich muss daran denken, wie Janni ohne jede Leidenschaft behauptete, Violet zu »hassen«. »*Bizarres Verhalten, das den Betroffenen aufgrund der ungewöhnlichen Eigenheiten ›verschroben‹ oder ›exzentrisch‹ erscheinen lässt.*« Ich muss an die Wutanfälle denken, die Janni überkommen, sobald jemand ihre Ratten als Fantasieprodukte abtut. Aber die Gewaltausbrüche sind es, für die ich so verzweifelt eine Erklärung brauche. »*In akuten Stadien der Schizophrenie reagieren Erkrankte oft mit unkontrollierter Wut oder Gewalt auf scheinbare Bedrohungen, ganz gleich, wie widersinnig die wahrgenommene Bedrohung auch sein mag.*«

Ich gebe also zu, ja, sie hörte uns darüber sprechen. Was will man auch von uns erwarten? Unser ganzes Leben dreht sich nur noch darum. Aber wenn ich Dr. Wingfield das sage, glaubt er, wir wollten Janni in eine bestimmte Richtung lenken. Dabei haben wir Janni noch nie irgendwohin gelenkt. Wir haben immer nur versucht, mit ihr Schritt zu halten.

»Es kursiert in unserer Familie«, entgegne ich stattdessen wahrheitsgemäß.

Wingfield schweigt eine Weile. Dann: »Nun, wir werden sie weiter beobachten.«

Das hilft mir gar nichts. Ich brauche einen Plan.

»Wir müssen ein Mittel gegen die Gewalt finden. Mehr brauchen wir nicht. Sie ist jetzt fast eine Woche auf Station und bekommt immer noch dieselbe Medikation.«

»Das liegt daran, dass wir uns nicht sicher sind, was sie braucht. Es ist offenkundig, dass sie Schwierigkeiten hat, ihre Aggressionen unter Kontrolle zu halten. Das bestreite ich gar nicht.«

»Was ist mit Cipralex?«

»Was soll damit sein?«

»Ich …« Ich zögere, weiß nicht recht, wie ich fortfahren soll.

»Ich hatte selbst Schwierigkeiten damit, meine Aggressionen zu kontrollieren. Ich bin wegen völlig lächerlicher Kleinigkeiten ausgerastet, ganz ähnlich wie sie, wenn sie herumbrüllt und um sich schlägt, sobald ihr Brüderchen zu weinen anfängt. Ich habe es immer gespürt, wenn es mich überkam, konnte aber nichts dagegen tun.«

»Hat sie das je miterlebt?«, fragt Wingfield.

»Manchmal. Sehr selten. Jedenfalls bin ich irgendwann zum Psychiater gegangen und nehme seither Cipralex. Das hat mich sozusagen etwas abstumpfen lassen. Ich habe Dr. Howe gebeten, es damit zu probieren, aber wegen der erhöhten Suizidgefahr lehnt sie das ab.«

Wingfield bleibt einen Moment stumm. »Sie hat recht. Antidepressiva können eine Suizidneigung verstärken«, sagt er schließlich.

Bei mir wurde eine chronische Depression festgestellt, wobei die Depression sich in meinem Fall in Wutausbrüchen äußert. Vielleicht ist es bei Janni ja genauso. Warum soll nicht mein Wundermedikament auch ihr Wundermedikament sein? Selbstmord sehe ich nicht wirklich als Gefahr. Schließlich ist sie gerade mal fünf.

»Andererseits«, fährt er fort, »wenn es Ihnen hilft, hilft es möglicherweise auch ihr. Wir werden es ausprobieren, dann sehen wir ja, ob es gegen ihre Wutanfälle wirkt.«

Eine unendliche Erleichterung überkommt mich. Vielleicht haben wir die Antwort endlich gefunden. Wenn Janni so ist wie ich und Cipralex meine Rettung war, dann kann es doch auch ihre Rettung sein.

Am folgenden Tag, dem sechsten seit ihrer Einlieferung, erwartet uns Janni, die die Krankenhausverpflegung im Alhambra kaum anrührt, nicht wie sonst schon voller Vorfreude auf das mitgebrachte Essen im Flur.

»Janni?«, rufe ich.

Eine der »Pflegehelferinnen«, wie ihre Berufsbezeichnung lautet, eine über und über tätowierte Frau, kommt auf uns zu. Sie sieht aus wie eben aus dem Gefängnis entlassen, ist aber freundlich. »Sie schläft im Ruhezimmer.« Sie zeigt nach links.

Ich weiß, was das »Ruhezimmer« ist. Er ist kein Patientenzimmer. In früheren Zeiten hieß es »Gummizelle«.

Als ich den Kopf wende, sehe ich Janni hinter der offenen Tür des Zimmers. Sie liegt auf der blanken Matratze, mit dem Rücken zu uns.

»Schläft sie?«, fragt Susan verdutzt. Janni macht sonst keine Nickerchen.

»Sie hat den ganzen Tag auf Sie gewartet«, berichtet die Helferin, »aber vor einer knappen Stunde wollte sie dann plötzlich schlafen.«

»Janni?«, spreche ich sie beim Eintreten leise an. Die Einrichtung ist spartanisch, nur das Bett mit der unbezogenen Matratze steht im Zimmer.

Sie schläft tief und fest. Es ist mir zuwider, sie zu wecken, aber ich habe nur eine Stunde und ich werde nicht wieder fahren, ehe sie nicht weiß, dass wir bei ihr waren. Sie soll nicht denken, wir hätten sie nicht besucht.

»Janni, wir haben was von Pizza Kitchen mitgebracht.«
Sie rührt sich nicht.
»Janni?« Ich setze mich zu ihr und streichle ihr den Rücken.
Keine Reaktion.
»Janni?« Ich stehe auf, gehe um das Bett herum und sehe die Speichelpfütze unter den herabhängenden Mundwinkeln. Die ganze rechte Gesichtshälfte ist nass, das Haar speichelverklebt.
»Janni?« Ich schüttle sie heftiger.
Nichts. Ich hebe ihren Kopf an, der widerstandslos und ohne Spannung in meinen Armen hin und her taumelt. Sie bewegt die Augen nicht.

»Janni?!« Ich schreie mittlerweile fast. Irgendetwas stimmt hier ganz und gar nicht. Sie reagiert nicht. »Du bleibst bei ihr«, befehle ich Susan. »Ich hole die Schwester.«

Ich laufe hinaus und zur Schwesternstation. Ich warte am Schalter. Etliche Angestellte wuseln herum, aber niemand nimmt von mir Notiz.

»Hallo?«, rufe ich. Ich muss mich furchtbar zusammennehmen, um nicht über den Schalter zu springen und der erstbesten Schwester an die Gurgel zu gehen. Das darf ich nicht. Ich musste bereits erfahren, dass diese Leute sich einen feuchten Kehricht für meine Tochter interessieren. Sie interessieren sich ausschließlich für ihre blöden Bestimmungen.

»He!«, brülle ich. »Wir brauchen Hilfe.«

Die Oberschwester kommt.

»Ja?«

»Janni wacht einfach nicht auf.«

»Sie war sehr müde«, erwidert sie unbeeindruckt.

»Sie wacht nicht auf!«, wiederhole ich, um dieser Frau in den Holzkopf zu hämmern, dass wir hier einen medizinischen Notfall haben. »Sie liegt in ihrem eigenen Speichel! Jemand muss ihre Vitalfunktionen prüfen!«

»Ihr fehlt nichts. Es wird alle paar Minuten nach ihr geschaut.«

»Als wir kamen, war sie allein! Wie wollen Sie wissen, dass ihr nichts fehlt? Sie ist nicht an ein EKG angeschlossen!«

»Sie ist nur müde. Das kommt vor.«

Ich bin ohnmächtig. Janni stirbt womöglich, aber niemand interessiert sich dafür.

»Ich nehme sie noch heute mit nach Hause«, knurre ich die Schwester an. Mir reicht es jetzt endgültig.

»Das ist natürlich Ihr gutes Recht«, sagt die Schwester, als ginge sie das alles überhaupt nichts an. »Aber dazu braucht es die Einwilligung des Arztes und der hat schon Feierabend.«

Mit geballten Fäusten trete ich ein paar Schritte zurück. Am liebsten würde ich jetzt ein Loch in die Trennwand treten, aber ich weiß, dann setzen sie mich auf die Straße. Janni ist mein Kind und ich habe keinerlei Einfluss auf ihr Schicksal. Ich bin kein Vater mehr. Ich bin ein »Besucher«.

Ich kehre in das Ruhezimmer zurück. Susan ist weg, wahrscheinlich unterhält sie sich mit einem der anderen Mädchen. Ich setze mich und bette Jannis Kopf auf meinen Schoß. Ich rede mit ihr, in der Hoffnung, sie werde aufwachen, versichere immer wieder: »Papa ist da«, und dass wir ihr Lieblingsessen, Pasta mit Käse, von California Pizza Kitchen mitgebracht haben. Ich streichle ihr über die Brust. Ich spüre ihr Herz schlagen.

Wo zum Teufel steckt Susan? Ich lege Jannis Kopf nieder und suche sie. Ich entdecke sie im Essbereich, wo sie sich mit einem Mädchen unterhält. Nach Janni ist es das jüngste Mädchen, das ich hier gesehen habe. Sie dürfte zehn oder elf sein, aber ihre Aufmachung entsetzt mich. Sie trägt ein Netzhemd über einem tief ausgeschnittenen, schwarzen Top. Sie sieht wie eine Nutte aus.

Susan sieht mich an. »Das ist Carly, Jannis neue Zimmergenossin. Carly, das ist mein Mann, Michael. Erzähl ihm, was du mir gerade erzählt hast.«

Ich will mir nichts von einem Kind erzählen lassen. Ich will einen Arzt.

»Ich habe dich gebeten, bei Janni zu bleiben«, sage ich und kann meinen Zorn kaum verhehlen. Dabei bin ich gar nicht auf Susan wütend, sie ist nur die Einzige, gegen die ich meinen Zorn im Augenblick richten kann.

»Ich weiß, aber du musst das hören. Sag es ihm, Carly.«

Carly berichtet: »Janni ist auf dem Bett herumgesprungen. Ich hab ihr gesagt, sie soll damit aufhören, weil ich Angst hatte, sie fällt runter und tut sich weh, aber sie hat nicht auf mich gehört, deswegen hab ich die Schwestern geholt. Auf die hat sie aber auch nicht hören wollen. Sie ist am Vorhang raufgeklettert und hat gesagt, sie kann fliegen.«

»Sie ist wortwörtlich die Wand hochgegangen«, stellt Susan fest und sieht mich vielsagend an.

»Dann ist sie dauernd auf die Möbel gestiegen und runtergesprungen«, fährt Carly fort.

Susan sieht mich kopfschüttelnd an. »Das kommt vom Cipralex. Garantiert. Das macht sie genauso überdreht wie das Ritalin.«

Mich überfällt eine unsagbare Verzweiflung. Ich war so sicher, dass Cipralex helfen würde. Ich war so arrogant, davon auszugehen, dass es ihr helfen müsste, nur weil es mir hilft. Stattdessen versetzt es sie in diesen Zustand.

»Die Schwestern konnten sie nicht zur Ruhe bringen, da haben sie ihr eine Spritze gegeben.«

Eine Spritze?

»Was für eine Spritze?«, frage ich scharf.

»Keine Ahnung, aber die hat auch nichts gebracht, da haben sie ihr noch eine gegeben.«

Wieder sieht Susan mich vielsagend an. »Als ich heute Nachmittag anrief und fragte, wie es ihr geht, hieß es: alles bestens.«

»Nein, es war verdammt gruselig«, geht Carly dazwischen. »Aber sie ist echt cool. Ich mag sie.«

Mit einem Mal steht die Oberschwester da. »Carly, ab mit dir in den Gemeinschaftssaal«, befiehlt sie streng. Schlagartig ist Carly weg. Die Schwester beugt sich dicht zu uns heran und senkt die Stimme: »Ich muss Sie dringend bitten, nicht mit den anderen Patienten zu sprechen.«

»Aber sie sind die Einzigen, die uns sagen, was mit unserer Tochter geschieht«, entfährt es Susan.

»Wenn Sie eine Frage haben, kommen Sie zu mir.«

»Janni hat eine Spritze bekommen?«, frage ich.

Die Schwester gibt sich keine Mühe, ihre Feindseligkeit und Antipathie zu verbergen.

»Ich werde im Logbuch nachsehen.« Das »Logbuch« ist ein überdimensionierter Aktenordner, in dem die therapeutischen

Maßnahmen für alle Patienten dokumentiert sind. »Sollten Sie aber weiterhin gegen unsere Bestimmungen zum Schutz der Privatsphäre der Patienten verstoßen, muss ich Sie des Hauses verweisen.«

Ich fasse es nicht. »Soll das heißen, wir dürfen unsere Tochter nicht mehr sehen?«

»Wenn Sie sich nicht an unsere Bestimmungen halten.«

Es besteht kein Zweifel. Das ist eine Drohung. Und ihre Haltung lässt deutlich erkennen, dass es keine leere Drohung ist. Was auch immer man hier für Jannis Problem hält, man ist definitiv nicht der Ansicht, dass wir Anteil an der Lösung haben sollten.

»Wenn Sie mich also einen Moment entschuldigen, sehe ich im Logbuch nach.« Die Schwester marschiert auf die Schwesternstation.

Wir folgen ihr und warten.

Nach einer gefühlten Ewigkeit kehrt die Schwester mit dem Logbuch zurück, das so groß ist, dass sie es kaum tragen kann. Sie knallt es auf den Schalter und blättert wild darin herum, bis sie Jannis Akte findet.

»Hier steht, sie hielt sich nicht an die Anweisungen und bekam eine Dosis Diphenhydramin IM.«

»Weswegen?«, will ich wissen.

»Hier steht, sie hielt sich nicht an die Anweisungen.«

»Was hat sie gemacht?«, frage ich.

»Sie ist die Wände hochgegangen!«, schreit Susan.

In aller Seelenruhe liest die Schwester den Rapport. »Hier steht nichts von wegen die Wände hochklettern.«

»Weil hier niemand irgendetwas festhält«, keift Susan. »Ich habe heute mehrfach angerufen und jedes Mal hieß es, mit Janni sei alles bestens.«

»Um wie viel Uhr war das?«, frage ich und bemühe mich, die Ruhe zu bewahren, damit man uns nicht hinauswirft. Mittlerweile ist es meine größte Furcht, Janni nicht mehr besuchen zu dürfen.

Die Schwester vertieft sich weiter in den Bericht. »Hier steht, die erste IM bekam sie gegen Mittag, eine zweite folgte um 14 Uhr.«

»Was bedeutet ›IM‹?«, will ich wissen.

»Intramuskulär. Eine Spritze ins Muskelgewebe.«

In meinen Adern explodiert die Wut. Vor meinem geistigen Auge sehe ich sie die schreiende, um sich schlagende Janni niederpressen und ihr eine Spritze geben.

»Wo?«

»Wie, wo?« Die Schwester kennt sich nicht mehr aus.

»Wo bekam sie die Spritze?«, sage ich, ganz langsam und sehr betont, hörbares Anzeichen meines Bemühens, den Zorn zu unterdrücken. Man traktiert mein kleines Mädchen mit Nadeln.

»Normalerweise geben wir sie in den Hintern.«

Ich kralle mich an die Tischkante, damit ich nicht auf diese Schwester einschlage. Sie haben sie zu Boden gedrückt *und* ihr die Hosen heruntergezerrt und ihr eine Spritze ins Hinterteil gesetzt?

»Wieso?«, kann ich gerade noch fragen. »Wieso hat sie keine Tablette gekriegt?«

»In der Regel geschieht das, wenn der Patient die orale Medikamenteneinnahme verweigert.«

Das klingt ganz und gar nicht nach Janni. Seit drei Monaten schluckt sie Tabletten wie saure Drops.

»Wie lange wird dieser Zustand anhalten? Ist alles in Ordnung mit ihr?«

»Es geht ihr gut. Wir sehen nach ihr.«

»Ich will, dass das Cipralex abgesetzt wird«, sagt Susan. »Das ist die Ursache von alldem.«

»Das werden Sie mit dem Arzt besprechen müssen«, entgegnet die Schwester.

»Wingfield braucht Tage, ehe er uns zurückruft«, erwidere ich.

»Er hat viel zu tun«, sagt die Schwester ungerührt.

»Wir verlangen, dass das Cipralex augenblicklich abgesetzt wird«, erklärt Susan.

Mir kommt ein Gedanke. »Sie konnte das Cipralex nur auf meine schriftliche Einwilligung hin bekommen. Wenn ich die Erlaubnis erteilt habe, kann ich sie auch widerrufen.«

Die Schwester sieht mich ausgesprochen gereizt an. *Ja*, denke ich, *das bist du nicht gewöhnt, dass du Eltern vor dir hast, die ihre Rechte kennen.*

»Sie möchten also das Einverständnis zur Gabe von Cipralex entziehen?«, konstatiert sie.

»Richtig. Mit sofortiger Wirkung. Geben Sie mir den Vordruck, ich unterschreibe ihn auf der Stelle.«

»Einen Moment.« Die Schwester zieht sich auf die Station zurück. Ich bin immer noch wütend, aber zum ersten Mal an diesem Tag habe ich das Gefühl, zumindest in Maßen Herr der Lage zu sein. Als ich Janni hierherbrachte, ging ich davon aus, dass ich fortan meine ganze Energie dem Kampf gegen das widmen würde, was in ihr vorgeht. Stattdessen verbringe ich meine Zeit vor allem damit, mich mit dem Personal zu streiten.

Die Schwester legt mir das Formblatt zur Einverständniserteilung der Medikamentengabe vor und ich setze mein Häkchen bei: »Ich erteile mein Einverständnis zur Behandlung meines Kindes mit diesem Medikament *nicht*«.

»Nur damit Sie Bescheid wissen«, sagt die Schwester, als ich die Unterschrift auf das Blatt setze, »das wird als Verweigerung der Behandlung gewertet werden. Sobald das unterschrieben ist, kann der Doktor aufgrund Ihrer Weigerung, seinen Anweisungen Folge zu leisten, die Entlassung anordnen.«

Ich starre sie an und hasse sie aus tiefstem Herzen. Sie droht uns schon wieder.

Ich kehre in das Ruhezimmer zurück. Janni ist noch immer nicht bei Bewusstsein. Ich setze mich zu ihr, wiege ihren Kopf in den Armen und versichere ihr: »Papa ist da.« Es heißt doch, dass das Unterbewusste alles erinnert. Ich kann nur hoffen, dass das stimmt und sie mich hört.

21. *März* 2008

Heute wird Janni entlassen. Sie ist jetzt knapp zwei Wochen im Alhambra und wir fahren täglich 65 Kilometer hin und 65 zurück, um sie zu besuchen. Vier Stunden verbringen wir täglich auf der Straße, nur um eine Stunde bei Janni zu sein, wenn sie denn überhaupt bei Bewusstsein und nicht durch eine Diphenhydramin-Spritze außer Gefecht gesetzt ist, was mittlerweile fast täglich der Fall ist.

Tag für Tag betrete ich das Gebäude mit derselben Hoffnung: dass ich eine merkliche Veränderung an Janni wahrnehmen werde. Dabei geht es mir in Wahrheit um etwas anderes. Hier drin waren ihre Gewaltausbrüche nie auch nur annähernd so schlimm wie zu Hause. Die Gewalt ging zurück, sobald sie hierherkam, sei es, weil sie sich nicht mehr mit Bodhi auseinandersetzen musste, oder sei es, weil sie endlich Kinder fand, bei denen sie sich wohlfühlt, auch wenn diese »Kinder« zumeist Jugendliche sind.

Susan wollte herausfinden, ob es auf der Station andere Mädchen gibt, die Janni gleichen und vor allem ihre »Fantasie« teilen. Dafür hat sie im Lauf der letzten zwei Wochen alle Mädchen über ihre frühe Kindheit ausgefragt. Wir sprechen nach wie vor von Jannis »Fantasie«, auch wenn längst klar ist, dass ihre eingebildeten Freunde ihre Welt beherrschen und sie von ihnen spricht, als seien sie real. Sie scheinen ein eigenes Leben zu haben. Doch keins der Mädchen und auch nicht der Junge, dem Susan am ersten Tag begegnete und der behauptete: »Sie hat, was ich habe«, gleicht Janni in dieser Hinsicht, weder jetzt noch früher. Keins lebt zum überwiegenden Teil in einer reinen Fantasiewelt.

Und so hoffe ich bei jedem Besuch auf ein Zeichen, dass Janni sich deutlicher bewusst ist, was mit ihr geschieht. Ich sehe Janni inzwischen immer in die Augen, wenn ich bei ihr bin. Früher habe ich mich für Augen nie groß interessiert. Ich war jahrelang mit Susan zusammen, ohne dass ich hätte sagen können, welche Farbe ihre Augen haben (dunkelbraun). Aber seit Beginn der Gewaltausbrüche habe ich ausreichend Gelegenheit, Janni in die Augen zu sehen, wann immer ich sie festhalte, damit sie nicht mit Fäusten und Füßen auf Bodhi einprügeln kann. Doch nie entdecke ich in ihren Augen einen erwidernden Blick. Sie sind wie blind, als sei die Welt vollständig ausgelöscht.

Ich habe ein Foto von Janni als Hintergrundbild auf unserem Computer installiert. Es entstand im Frühling vor ihrem zweiten Geburtstag. Es zeigt sie in einem Park und die untergehende Sonne im Hintergrund lässt ihr blondes Haar golden leuchten. Lächelnd sieht sie in die Kamera. Nicht dieses übertriebene Grinsen, das Kinder oft zeigen, wenn man ihnen sagt, dass man jetzt ein Bild von ihnen macht; es ist mehr ein angedeutetes, wohlwollend-wissendes Lächeln. Susan drückte auf den Auslöser, ehe Janni überhaupt reagieren konnte, und so hält dieser Schnappschuss Jannis wahres Abbild fest. Immer wenn ich den Computer hochfahre, sehe ich in Jannis Augen, die mich fixieren. Es ist ein Blick voll der Wärme und des schlichten Glücks.

Seit drei Jahren hoffe ich darauf, diesen Blick noch einmal wiederzusehen.

Es gibt noch ein Foto. Sara hat es gemacht, als wir uns von Violets Geburtstagsparty verabschiedeten. Hier ist Jannis Gesicht vollkommen ausdruckslos, bar jeder Gefühlsregung. Wenn ich mir dieses Foto heute wieder ansehe, wird mir klar, was ich damals vermisste: Es liegt keinerlei Ausdruck in ihrem Blick. Ich erwarte gar nicht, den Blick von vor drei Jahren im Park wiederzusehen, wenn ich Janni besuche. Ich wünsche mir nur, ihr Ausdruck möge sich so weit lichten, dass ein tatsächliches Gefühl darin erkennbar wird. Ich hoffe auf den Widerschein der Rückkehr des Seelenfriedens. Das sollte Alhambra erreichen. Aber es misslang.

Bei der Entlassung nimmt Janni dieselben Medikamente wie bei der Einweisung: Seroquel, ein Neuroleptikum, und Depakote, einen Stimmungsstabilisierer.

Ich überfliege den Entlassungsrapport. Bei »Diagnose« heißt es nur: »Gemütsstörung okB«, soll heißen: »ohne klaren Befund«. Soll heißen, Wingfield hat keinen blassen Schimmer, was unserer Tochter fehlt. Nach zwei Wochen sind wir keinen Schritt weiter als am Anfang.

Vor drei Tagen kam ein Brief von Blue Cross, Susans Krankenversicherung, adressiert an »January Schofield«. Ich riss ihn auf und las:

»Nach sorgfältiger Überprüfung kann einer Fortdauer des Krankenhausaufenthalts nicht zugestimmt werden. Ausschlaggebend hierfür ist einer oder mehrere der folgenden Punkte:«

1. *Die im Blue Cross-Patientenhandbuch gelisteten Kriterien für eine akute psychiatrische Unterbringung sind nicht länger erfüllt.*

Bedingung für eine akute psychiatrische Behandlung in einer Klinik ist, dass der Betroffene eine *unmittelbare* (und das heißt: zu diesem exakten Zeitpunkt) Bedrohung für sich und/oder andere darstellt. Dass Janni kontinuierlich mit Gewaltausbrüchen auf Bodhis Weinen reagiert, wodurch wir sogar gezwungen waren, unsere Besuche vorzeitig abzubrechen, zählt ganz offensichtlich nicht, da Janni es leider verabsäumt hat, ihre Absicht, Bodhi etwas anzutun, klar auszuformulieren.

2. *Ein Anschlagen der laufenden Therapiebemühungen bleibt aus.*

Wenn man unter einer psychischen Erkrankung leidet, kann man also nur hoffen, dass der erste Behandlungsversuch gleich einschlägt. Irgendwie kann ich mir nicht vorstellen, dass Blue Cross das auch bei einem leukämiekranken Kind sagen würde, wenn die Chemotherapie nicht auf Anhieb wirkt.

3. *Eine Besserung des Zustands des Patienten/der Patientin stellt sich nicht ein und eine künftige Genesung respektive dauerhafte Zustandsverbesserung ist ärztlicherseits nicht zu erwarten.*

Ich greife zum Telefon und rufe Blue Cross an: »Und was sollen wir Ihrer Meinung nach jetzt tun?«

»Sie könnten sie in die Staatspsychiatrie bringen«, erwidert die mitleidslose Dame am anderen Apparat.

»Es gibt keine Staatspsychiatrien mehr«, kläre ich sie auf. Im Jahr 1998 ließ der damalige Gouverneur von Kalifornien, Pete Wilson, das Camarillo State Hospital schließen, die letzte Staatspsychiatrie. Wie es sich so trifft, ist das vormalige Camarillo State Hospital heute der neueste Campus der California State University, jener Universität, in deren Diensten ich stehe. Es gibt noch eine Handvoll Institutionen, die den Namenszusatz »State Hospital« führen, aber die sind in Wahrheit Gefängnisse für Sexualstraftäter, keine psychiatrischen Anstalten.

Die Dame am anderen Apparat kann mir leider nicht helfen.

Janni wird nicht etwa entlassen, weil sie geheilt ist und der Anlass für ihre Einweisung nicht mehr vorliegt, sondern nur darum, weil die Krankenversicherung nicht länger zahlt.

Ich schaue Janni an, die mit ihrem Disney-Prinzessinnenrollkoffer im Flur steht und wartet.

»Freust du dich auf daheim?«, frage ich und hoffe auf ein Zeichen, dass sich irgendetwas geändert hat.

»Ja«, antwortet sie. Ich bemerke keine Vorfreude in ihrer Miene, keinerlei Würdigung ihrer wiedererlangten Freiheit.

»Hast du Hero? Den wollen wir doch auf keinen Fall hierlassen.«

»Der ist dabei. Wo gehen wir zum Essen hin?«

»Ich dachte mir, zur Feier des Tages könnten wir zu Pizza Kitchen gehen.«

»Wie lange dauert's bis dahin?«

»Na ja, die Straßen dürften jetzt ziemlich dicht sein. Eine gute Stunde wird es schon dauern.«

Janni kreischt.

Ich schaue zu Susan, die Bodhi schnell die drei Monate alten Ohren zuhält. Sie sieht mich an, die nackte Angst im Gesicht. Zwei Wochen war uns das erspart geblieben und wir merkten nicht einmal, welche Erholung es war.

Die Schwester schreitet ein. »Janni. Was hab ich gesagt? Kein Schreien.«

»Ja, gut«, sagt Janni mürrisch. »Aber ich will mir Bodhis Geweine nicht anhören müssen.«

Ich sehe die Schwester an, die die Entlassung abwickelt. »Sind Sie sicher, dass man sie guten Gewissens entlassen kann?«

»Eine kurze Eingewöhnungszeit wird sie schon brauchen«, erwidert die Schwester, die unsere Mienen deutet.

Als wir zum Auto gehen, wird es langsam Abend und die Sonne versinkt. Ich schließe die Augen und genieße die wärmenden Strahlen auf meinem Gesicht.

Ich schlage die Augen auf und sehe nach Janni. Sie trottet mit ausdruckslosem Gesicht und gesenktem Kopf dahin, das Köfferchen hinter sich herziehend.

Am Auto angekommen, lade ich ihre Reisetasche ein. Als ich die Hände auf den Kofferdeckel lege, um ihn zu schließen, bemerke ich, dass sie zittern. Ich habe Angst vor meiner eigenen Tochter, fürchte mich vor dem ersten Ausbruch der Gewalt, die ich in Janni spüren kann, die nur darauf wartet zu explodieren.

Ich nehme die Hände vom Wagen und reibe sie heftig aneinander. Ich muss meine Emotionen beherrschen. Wie ein Soldat im Schützengraben habe ich eine Angstneurose, ausgelöst von der permanenten Gefahr, dass Janni Bodhi etwas antun wird, und ich kann mich nicht mehr erinnern, etwas anderes zu empfinden.

Janni macht die Beifahrertür auf und steigt ein.

»Janni, du musst hinten sitzen«, sage ich. »Das ist so Vorschrift.«

»Nein«, entgegnet Janni.

»Janni, geh nach hinten«, wiederhole ich mit dem größtmöglichen Nachdruck, obwohl ich selbst die Angst in meiner Stimme höre.

»Ich will aber nicht«, sagt Janni.

»Lass gut sein«, sagt Susan.

»Nein«, erwidere ich und versuche mir einen Anschein von Autorität zu geben. »Sie muss uns folgen.«

»Es ist gut«, sagt Susan, die schon auf der Rückbank sitzt. »Ich bin müde. Ich will heim.«

Ich schaue Susan an, erwarte mir Unterstützung von ihr und kann sie doch verstehen. Im Grunde ist es mir gleich, ob Janni vorn oder hinten sitzt. Genau wie Susan will ich im Grunde nur Frieden. Ich will nur nach Hause fahren.

Als ich Bodhis Kindersitz montiere, steigt mir ein unverkennbarer Geruch in die Nase. Ich werde Bodhi wickeln müssen. Er wird auf der Fahrt so oder so weinen, aber eine dreckige Windel macht es umso schlimmer. Janni dagegen hat das nie etwas ausgemacht.

Ich nehme Bodhi aus dem Kindersitz und lege ihn vorsichtig in die Wiese vor dem Auto, um ihn zu wickeln.

»Ich will los«, ruft Janni aus dem Wagen.

»Janni, bringst du mir bitte die Feuchttücher?«

»Ich hab Hunger!«, brüllt sie.

»Janni, ich muss ihm die Windeln wechseln. Ich hab dich auch nie in der Kaka liegen lassen. Ich hab dich immer gleich gewickelt.« Sie soll wissen, dass ich alles, was ich für Bodhi tue, genauso auch für sie getan habe.

Widerwillig bringt mir Janni die feuchten Tücher. Sie bleibt neben mir stehen, während ich Bodhi die Windeln wechsle. Ich spüre Hoffnung. So sollte es sein, wir beide nebeneinander.

»Ich bring es zum Abfall«, ruft Susan und steigt aus.

»Nein, das mache ich schon.« Ich übergebe ihr den frisch gewickelten Bodhi und stehe auf. Ganz hinten auf dem Parkplatz steht eine Mülltonne.

Ich mache mich auf den Weg und stecke mir eine Zigarette an. Für die Heimfahrt muss ich alle Sinne beieinanderhaben. Sie wird lang werden.

Ich komme zurück und setze mich hinters Steuer.

Bodhi fängt zu weinen an.

Schlagartig schaltet jede Faser meines Körpers auf Alarmstufe Rot. Ich beobachte Janni. Einen Augenblick lang zeigt sie keinerlei Reaktion. Dann schlägt sie die Hände vor die Ohren und brüllt: »Bodhi! Hör zu weinen auf!«

»Janni!«, warne ich sie mit lauter Stimme und einem bedrohlichen Unterton. »Willst du jetzt zu Pizza Kitchen oder nicht?«

»Aber er hört nicht auf zu weinen!«

»Janni, wir fahren nirgendwohin, ehe du nicht versprichst, dass du Bodhi in Frieden lässt.«

»Mach, dass er aufhört!«, sagt sie beinahe flehentlich zu Susan, als glaube sie wirklich, dass Susan das Weinen abstellen könne.

»Wenn du willst, dass er zu weinen aufhört, dann spiel mit ihm«, schlage ich vor. »Lenk ihn ab.«

Sie greift nach der Wasserflasche, die neben ihr liegt.

Ich lege die Hand auf die Flasche. »Janni, wenn du damit nach ihm wirfst, fahren wir nicht zu Pizza Kitchen!«, sage ich mit einem bösen Blick und hoffe, sie wird die Drohung schlucken und es bleiben lassen.

Sie nimmt die Hand von der Wasserflasche. Ich entspanne mich. »Braves Mädchen«, sage ich, drehe mich nach vorn und schnalle mich an.

Aus dem Augenwinkel sehe ich, dass Janni sich den Schuh auszieht. Ich will danach greifen, aber der Sicherheitsgurt lässt mich nicht. Janni dreht sich nach hinten, kniet sich auf den Sitz und schleudert den Schuh. Susan wehrt ihn zur Seite ab.

Ich schnalle mich wieder ab und packe Jannis zweiten Schuh. Janni sucht nach etwas Werfbarem.

»Janni, setz dich ordentlich hin!« Die Angst ist weg, jetzt regiert das Adrenalin. Ich bin zurück auf dem Schlachtfeld.

Janni hört nicht auf mich und will mit ihren CD-Hüllen schmeißen. Ich nehme sie ihr weg. In dem Moment schlägt sie brüllend auf mich ein.

»Die Entlassung kommt zu früh«, weint Susan auf dem Rücksitz.

»Das weiß ich selber!«, fahre ich sie an. »Und was soll ich jetzt tun?«

»Sie muss wieder zurück!«

»Nein! Wir gehen nicht mehr da hin! Sie gehört zu dieser Familie und muss lernen, sich an die Regeln zu halten!« Ich greife über Janni hinweg und stoße die Beifahrertür auf. »Steig aus«, befehle ich.

Janni sieht mich mit diesem diabolischen Grinsen im Gesicht an. »Nein.«

»Steig aus!«, wiederhole ich. »Wenn du dich beruhigt hast, kannst du wieder einsteigen.«

Sie rührt sich nicht. Sie sieht mir unverwandt grinsend ins Gesicht und wartet, ob ich es wage, sie ins Freie zu zerren.

Also tue ich genau das. Ich steige aus, gehe zur Beifahrerseite und schleife sie auf den Asphalt, wo sie sich wie ein schmollendes Gör niederkauert.

Ich gehe zum Heck des Wagens und hole Hero-Bär aus dem Koffer. »Da hast du Hero.« Ich strecke ihr den Teddy hin. »Wenn Bodhi weint, brauchst du nur Hero-Bär zu knuddeln.« Mir fällt auf, dass ich sie immer abwechselnd behandle, wie das kleine Kind, das sie ist, und den zornigen Teenager, der sich womöglich in ihr verbirgt. Ich habe keine Ahnung, wer sie wirklich ist.

Janni nimmt Hero. Aber anstatt ihn an sich zu drücken, zerrt sie wild an seinem Kopf.

»Janni, was machst du denn?«

»Ich reiß ihm den Kopf ab.«

»Lass das!«

Ich nehme ihr Hero weg. Sie reißt ihn mir aus der Hand und schmeißt ihn in hohem Bogen auf den Parkplatz.

»Janni, wieso hast du das gemacht?«

»Ich will ihn nicht mehr. Er ist ein böser Bär.«

»Sie ist noch nicht so weit«, konstatiert Susan erneut.

Ohne Vorwarnung greift Janni durch die offen stehende Beifahrertür nach innen und wirft alles, was sie in die Finger bekommt, auf den Parkplatz. Der Inhalt der Frontseite des Autos sammelt sich hinter mir auf dem Asphalt.

Bodhi weint noch immer. Janni geht auf der Beifahrerseite nach hinten, wo Bodhi sitzt, und will die Tür aufmachen. Sofort legt Susan sich schützend über Bodhi. Ich packe Janni am Kragen und zerre sie zurück, weg vom Wagen.

»Wir müssen sie zurückbringen!«, schreit Susan mich an. »Wie lange willst du noch warten? Soll sie ihn umbringen? Meinst du vielleicht, diesen Idioten da drin«, sie zeigt auf das Alhambra, »macht es etwas aus, wenn sie Bodhi umbringt? Mehr als ›Oh!‹ werden die dazu nicht sagen.«

Ich weiß. Ich bin wütend auf mich, weil ich unbedingt nur ein Auto nehmen wollte, statt alle beide, um mir damit zu beweisen, dass wir wie eine normale Familie funktionieren. Jetzt ist Janni seit gerade einmal 30 Minuten aus der Klinik und wir schaffen es nicht, auch nur den Parkplatz zu verlassen. Es ist sinnlos.

»Also gut, Janni«, sage ich resigniert. »Gehen wir.«

Augenblicklich lässt Janni davon ab, auf Susan und Bodhi einzuprügeln, und sieht mich an. »Wo gehen wir hin?«

»Wieder zurück.«

Janni wehrt sich nicht. Ich hebe Hero vom Asphalt auf und gebe ihn ihr. Diesmal drückt sie ihn an sich. Ich hole die Reisetasche aus dem Kofferraum.

Mit Bodhi im Arm folgt uns Susan denselben Weg zurück, den wir vor 40 Minuten gekommen sind. Es ist wie ein Spießrutenlauf.

Am Tor angekommen, greife ich zum Hörer.

»Pflegestation«, meldet sich die Gegenstelle.

»Hier ist Michael Schofield. Wir sind immer noch da. Wir haben es nicht geschafft, den Parkplatz zu verlassen. Janni hat nur um sich geschlagen und geschrien.«

»Und was sollen wir dagegen tun?«, kommt es leicht verdattert durch den Hörer, als passiere das zum allerersten Mal.

»Wir bringen sie zurück.«

»Aber sie ist entlassen!«

»Das ist mir durchaus bewusst, es hat sich nur absolut nichts geändert. Sie ist immer noch gewalttätig.«

»Einen Augenblick.«

Ich warte. Die Schwester, die die Entlassung abgewickelt hat, kommt an den Apparat.

»Was ist hier los?«

»Es hat sich nichts geändert, das ist los. Sie ist genauso gewalttätig wie vorher.«

»Ich sagte doch, es wird dauern, bis sie sich wieder eingewöhnt hat.«

»Wir schaffen es ja nicht einmal nach Hause«, protestiere ich.

Die Schwester seufzt. »Wir kommen raus.«

Wir warten. Janni ist jetzt ganz ruhig. Die Schwester kommt mit einer Pflegehelferin zu uns.

»Was ist los, Janni?«

Wie aus dem Nichts gibt Janni Susan einen Tritt und reckt die geballten Fäuste nach Bodhi. Susan hebt ihn aus Jannis Reichweite.

»Holla, Janni!«, sagt die Helferin und packt sie bei den Schultern. »Das geht aber gar nicht.«

»Ich nehme eine Schere und schneide mir die Beine ab!«, verkündet Janni.

Uns bleibt die Sprache weg, wir sind schockiert.

»Warum das denn?«, fragt die Schwester.

»Weil ich dann nicht mehr nach Mama und Bodhi treten kann.« Sie will sich aus der Umklammerung der Pflegehelferin befreien und schnauft vor Anstrengung, den Blick starr auf Susan und Bodhi gerichtet.

In mir erstirbt alles ... alle Wut, alle Enttäuschung. Ich empfinde nichts mehr. Hinter mir schluchzt Susan.

»Also gut, Janni«, sagt die Schwester. »Komm mit.« Sie reicht ihr die Hand.

Schlagartig lässt Janni von ihrem Widerstand gegen die Helferin ab, sie fasst die Schwester in aller Seelenruhe bei der Hand und macht sich, mit Hero im anderen Arm, wie ein glückliches Kind, das mit seiner Mama spazieren geht, auf den Weg zur Jugendpsychiatrie.

Aber die Mutter sitzt hinter mir und weint.

»Janni«, rufe ich und weiß noch immer nicht, ob ich das Richtige tue.

Im Laufen schaut sie sich um. »Es ist alles okay, Mama und Papa. Ihr müsst mir nur das Essen bringen und mich besuchen, wenn Besuchszeit ist.«

Auf der Heimfahrt ist es dunkel, der Beifahrersitz neben mir ist leer. Hinten sitzt Susan mit Bodhi, der zum Glück eingeschlafen ist. Schweigend fahren wir dahin. Ich höre sie leise schluchzen. Ich weiß, ich muss sie jetzt trösten, aber ich wüsste nicht, was ich sagen soll. Es gibt keinen Trost.

Irgendwann ruft Susan ihre Mutter an.

»Sie hat gesagt, sie will sich die Füße abschneiden«, weint Susan ins Handy. »Sie wollte dorthin zurück. Sie wusste, dass sie noch nicht so weit ist, wieder mit nach Hause zu kommen, und da hat sie gesagt, was nötig war, um wieder aufgenommen zu werden.« Susan bleibt das Schluchzen in der Kehle stecken. »Sie ist dort glücklich.«

Ich fahre und lausche der hörbaren Hälfte des Gesprächs.

»Ich habe Angst, ich verliere meine Tochter«, klagt Susan weinend ihrer Mutter. »Und ich kann nichts dagegen tun.«

Genau dasselbe empfinde auch ich: Ohnmacht. Ich dachte, ich könne Janni helfen, aber was in ihrem Kopf geschieht, ist stärker als ich.

Ich will Susan in den Arm nehmen – nicht um sie zu trösten. Es gibt keinen Trost. Das ist die Hölle. Ich will mich an Susan festklammern, um nicht selbst zu ertrinken. Es zerreißt mir das Herz. Wir verlieren unsere Tochter.

Auch ich will weinen, weinen, wie ich in meinem Leben noch nicht geweint habe. Tränen steigen auf, ich spüre das Brennen an den Augenrändern und mir verschwimmt der Blick. Ich öffne den Mund, doch anstatt eines Schluchzens entringt sich mir nur ein seltsames Würgen. Es geht nicht.

Ich hatte nie Scheu, meine Gefühle zu zeigen. Aber aus irgendeinem Grund geht es nicht. Mein Blick wird wieder frei. Die Tränen verschwinden. Der Klumpen in meiner Brust löst sich auf.

In mir verändert sich etwas. Ich fasse das Lenkrad fester, konzentriere mich auf das Fahren. Der Schmerz ist weg und an seine Stelle ist der unbedingte Wille getreten, diese Familie zusammenzuhalten, koste es, was es wolle. Vielleicht liegt es daran, dass Susan als schluchzendes Häuflein Elend auf der Rückbank kauert und Janni noch immer jemanden braucht, der für sie kämpft und dem Ganzen endlich auf den Grund geht. Oder es ist, weil ich morgen trotz allem zur Arbeit gehen und mich vor meine Studenten stellen und unterrichten muss, als würde nichts von alldem geschehen.

24. März 2008

Als Janni aus dem Alhambra entlassen wurde, war Wingfield gerade im Urlaub. Als er sie bei seiner Rückkehr wieder antrifft, ruft er mich an.

»Ganz ehrlich«, teilt er mir am Telefon mit (wir sind uns noch immer nicht persönlich begegnet), »es hat mich überrascht, dass sie wieder da ist. Sie hat sich so hervorragend entwickelt.«

Ich spare mir die Mühe, ihn darauf hinzuweisen, dass er das unmöglich wissen kann, da er die ganze Woche vor Jannis Entlassung im Urlaub war, und berichte ihm schlicht, was sich ereignet hat.

Er hört zu und sagt: »Ich würde es gerne noch einmal mit Ritalin probieren.«

Es dauert einige Sekunden, bis ich ihn verstanden habe. Mein Vater brachte mir bei, dass es Wahnsinn ist, wenn man immer wieder dasselbe macht und dabei jedes Mal ein anderes Ergebnis erwartet.

»Wir haben Ihnen doch gesagt, was Ritalin bei ihr bewirkt«, erwidere ich und bemühe mich, nicht laut zu werden. »Es war dasselbe wie mit Cipralex, sie wurde völlig überdreht und ihre Gewalttätigkeit hat sogar noch zugenommen.« Mir will einfach nicht eingehen, weshalb er es noch einmal verabreichen will. Aus Gesprächen mit Dr. Howe weiß ich, dass sie sich über Jannis Vorgeschichte mit ihm nicht austauschen konnte, weil er auf ihre Anrufe nicht reagiert.

»Das haben Sie so berichtet, ich weiß«, entgegnet er, »aber Sie sagten eben auch, Sie hätten es bereits nach der zweiten Dosis wieder abgesetzt. Ich würde es gerne noch einmal probieren, und diesmal etwas länger, damit es sich besser entfalten kann.«

Auch wenn mein Vertrauen in die Ärzteschaft immer mehr im Schwinden begriffen ist, bisher habe ich mich keinem Arzt völlig verweigert. Aber Wingfield traue ich nicht.

»Nein. Wir haben Ritalin probiert und es hat nicht funktioniert. Es löste Herzrasen und Hyperaktivität aus. Ich lehne den Einsatz von Ritalin ab. Warum nicht ein anderes Medikament, ein anderes Neuroleptikum?«

»Ich glaube eher weniger, dass sie weitere Neuroleptika braucht. Womit wir es hier zu tun haben, ist nicht die Symptomatik einer Psychose.«

»Ich werde keine Einwilligung für Ritalin geben«, bescheide ich ihm. Ich wüsste nicht, was er dagegen tun kann. Er kann mir jedenfalls nicht damit drohen, dass Blue Cross die Zahlungen für den Krankenhausaufenthalt einstellt, da ich bereits einen Brief von der Versicherung habe, der mir genau das mitteilt. Wir bezahlen das Alhambra aus unserer eigenen Tasche. Janni befindet sich nur aus einem einzigen Grund weiterhin im Alhambra: Ich brauche Zeit, um sie im UCLA unterzubringen, denn nur dort soll sie hin. Im Alhambra hat ganz offensichtlich niemand den blassesten Schimmer. UCLA ist ein Lehrkrankenhaus der University of California, Los Angeles, aber es ist nicht Teil des »stationären Netzwerks« von Susans Blue Cross-Gesundheitstarif.

Als ich die Dozentenstelle an der CSUN antrat, wurde mir eine Krankenversicherung angeboten, die ich aber ablehnte, weil wir ja Susans Versicherung hatten. Mittlerweile habe ich mich aber mit dem zuständigen Sozialleistungsberater im College besprochen und erfahren, dass ich unverzüglich in einen der CSUN-Tarife einsteigen könnte. Wenn wir nämlich Susans Krankenversicherung kündigen und somit völlig ohne Versicherungsschutz dastehen, müsste ich den nächsten offiziellen Eintrittstermin nicht erst abwarten. Ich ließ mir die Broschüre mit den angebotenen Versicherungen geben und telefonierte alle durch, in der Hoffnung, eine zu finden, die stationäre Krankenhausaufenthalte im UCLA übernimmt. Bei Blue Shield war das der Fall. Susan kündigte die Versicherung bei Blue Cross schriftlich zum 31. März. Schon am nächsten Tag, dem 1. April, greift meine Versicherung und wir können Janni ins UCLA bringen. Bis zum 1. April sind es nur acht Tage. Es widerstrebt mir zutiefst, Janni noch volle acht Tage diesem infernalischen Ort auszusetzen, aber ich sehe keinen anderen Weg. Solange sie eine Gefahr für Bodhi darstellt, kann ich sie nicht heimholen.

»Sie haben schon recht«, sagt Wingfield, »ich brauche in der Tat Ihre Zustimmung. Nur, wenn Sie mir nicht erlauben, Janni zu behandeln, kann ich es auch nicht verantworten, sie weiter hierzubehalten. In dem Fall müsste ich ihre Entlassung anordnen.«

»Aber es geht ihr keine Spur besser«, protestiere ich. »Was sollen wir denn machen, wenn Sie sie entlassen? Ihr Brüderchen ist in Lebensgefahr, wenn sie in seiner Nähe ist!«

»Die Entscheidung liegt nicht bei mir«, entgegnet er ungerührt. »Viele Jugendliche warten sehnlichst auf einen Behandlungsplatz bei uns und wenn Sie mir nicht erlauben, Janni zu behandeln, wie ich es für angemessen halte, bleibt mir keine Wahl, als sie umgehend zu entlassen.«

»Wann?«

»Heute.«

Ich bin in meinem Leben schon etlichen Ärzten begegnet, die ich nicht ausstehen konnte. Aber was ich für Wingfield empfinde, ist mehr als bloße Abneigung. Er ist der Feind. Ich habe zwei Möglichkeiten: Entweder ich erlaube ihm, Janni ein Medikament zu geben, von dem ich weiß, dass es ihren Zustand verschlimmert; oder ich hole sie nach Hause und riskiere, dass sie Bodhi verletzt oder umbringt.

Ich schaue auf den friedlich schlummernden Bodhi.

»Ich erteile meine Zustimmung«, sage ich still.

»Wunderbar«, findet er. »Ich werde Anweisung geben, noch heute damit anzufangen. Wenn Sie sie heute Abend besuchen kommen, wird das Formblatt zur Einverständniserklärung schon bereitliegen.«

Man teilt uns mit, wir hätten uns, ehe wir die Mädchenstation betreten dürfen, im Schwesternzimmer zu melden. Die Oberschwester, eine uneinnehmende Person, die mich an Schwester Ratched aus *Einer flog übers Kuckucksnest* erinnert, legt uns ein Dokument vor.

»Der Doktor hat das dagelassen, das müssen Sie unterschreiben«, sagt sie. »Es ist Ihr Einverständnis zur Ritalin-Gabe …«

»Ich weiß, was das ist«, erwidere ich barsch und setze meine Unterschrift darunter.

Die Schwester nickt der Helferin zu, die uns einlässt. »Janni schläft«, berichtet die Helferin. »Da drin.« Sie zeigt zum Ruhezimmer.

Janni liegt auf der blanken Matratze. Schläft sie oder ist sie ohnmächtig? Ich gehe ins Zimmer. »Janni? Papa ist da.«

Janni rührt sich nicht. Ich knie mich neben sie. Das Gesicht ist mit wirren Haarsträhnen verklebt. Ich streiche die Haare zurück und bemerke den bekannten Spuckefaden. Ich beuge mich dicht an sie heran, um ihren Atem zu spüren. Ich will wissen, ob sie noch lebt.

Ich springe auf und stürme die Schwesternstation. Über Panikanfälle bin ich längst hinaus. Ich will nur wissen, was passiert ist, da man es ja nicht für nötig hält, uns anzurufen. Aus dem Augenwinkel sehe ich, wie Susan sich davonschleicht, um Jannis Zimmergenossin zu befragen. Zum Glück lässt sich Schwester Ratched mit dem Kommen so viel Zeit, dass sie nichts davon bemerkt.

»Ja?«, fragt sie genervt, als hielte ich sie vom Arbeiten ab.

»Janni ist wieder ohne Bewusstsein«, sage ich und bemühe mich gar nicht, meine Feindseligkeit zu kaschieren.

Zu meiner Überraschung gibt Schwester Ratched nicht vor, erst das Logbuch konsultieren zu müssen.

»Sie weigerte sich, an der Gruppentherapie teilzunehmen und hat das Personal geschlagen«, erklärt die Schwester.

Ich seufze und balle die Fäuste. »Das ist auch kein Wunder. Das kommt vom Ritalin. Ich habe Wingfield gleich gesagt, dass es das nur schlimmer macht, aber er wollte ja nicht auf mich hören.«

Die Schwester bleibt völlig ungerührt.

»Das werden Sie wohl oder übel mit dem Arzt besprechen müssen. Wir mussten ihr zwei Einheiten Thorazine geben.«

Thorazine. Mir gefriert das Blut. Ich habe Berichte über Thorazine gelesen. Es ist ein altes, heute kaum noch verwendetes Neuroleptikum. Früher sedierte man damit gewalttätige Patienten.

»Warum nicht Diphenhydramin?«, will ich wissen.

»Diphenhydramin geben wir, wenn der Patient nicht kooperiert. Ist ein Patient gewalttätig und eine Gefahr für Personal und Mitpatienten, geben wir Thorazine.«

Das kann nicht wahr sein. Das kann nicht die Realität sein.

Ich wende mich ab. Ich muss. Wenn ich es nicht tue, geschieht etwas Furchtbares.

Ich gehe auf das Zimmer. Susan ist zurück und liegt neben Janni.

»Es kommt vom Ritalin«, sagt sie. »Sie haben ihr wieder Ritalin gegeben und sie hat durchgedreht.«

»Ich weiß«, erwidere ich und setze mich neben Janni. Ich rieche Urin. Ich hebe ihr oberes Bein an und sehe zwischen den Beinen einen Fleck auf ihrer Hose. Sie hat sich in die Hosen gemacht und man lässt sie einfach so liegen. Außerdem trägt sie dieselben Sachen wie gestern.

»Janni?«, sage ich. Sie rührt sich, zuckt mit dem Arm. Nachdem ich sie mehrmals beim Namen rufe und ihr versichere, dass ich da bin, setzt sie sich auf. Ausdruckslos sieht sie sich im Zimmer um und ist offenbar nicht in der Lage, den Blick zu fokussieren.

»Janni?«

Mit hängenden Lidern schaut sie zu mir her. Die Haare wild und verstrubbelt. Sie sackt in sich zusammen.

Ich ziehe sie hoch. »Janni, wieso hast du dasselbe an wie gestern?«

Sie sieht an sich herab. »Ich hatte nichts Sauberes mehr«, antwortet sie, als gehe sie das im Grunde nichts an.

»Janni, badest du hier regelmäßig?«, fragt Susan.

»Nein«, sagt sie und will wieder einschlafen, aber ich halte sie aufrecht. »Hier gibt es keine Badewannen, nur Duschen.«

»Und duschst du auch immer?«, will Susan wissen.

»Manchmal«, antwortet Janni benommen.

Susan streicht Janni übers Haar. »Hilft dir jemand beim Haarewaschen?«

»Nein«, lallt Janni.

»Warum nicht?«, fragt Susan.

»Sie kommen nicht mit rein. Sie sagen, ich muss es alleine machen.«

»Dann hat dir niemand die Haare gewaschen?«

Janni schüttelt den Kopf.

»Sie muss unter die Dusche«, sagt Susan zu mir. »Ich gehe auf ihr Zimmer und hole etwas Frisches anzuziehen, eine Bürste und Shampoo.«

»Wir dürfen nicht auf die Zimmer gehen«, ermahne ich sie.

»Das ist mir gleich«, entgegnet Susan mit Entschlossenheit. »Niemand kümmert sich um sie, also scheiß drauf.«

Dagegen lässt sich nichts sagen.

»Ich mag nicht duschen«, lallt Janni kraftlos.

Im Normalfall würde ich ihr das durchgehen lassen. Janni hat noch nie viel Wert auf Körperpflege gelegt, aber jetzt ist mir wichtig, dass sie darauf achtet. Ich weiß, sie ist erst fünf, aber wenn sie ihre Körperpflege vernachlässigt, ist das der erste Schritt auf dem Weg, eine jener Erwachsenen zu werden, die man hier den ganzen Tag im Schlafanzug antrifft.

»Janni, du musst jetzt duschen. Es dauert auch nicht lange. Na komm.« Ich stehe auf.

»Ich kann nicht laufen«, jammert Janni.

»Dann werde ich dich eben tragen, aber du wirst duschen und dir etwas Frisches anziehen.«

Das Ruhezimmer hat ein eigenes Bad. Ich ziehe am Türgriff, aber es ist abgeschlossen.

Ich lege Janni aufs Bett und gehe zur tätowierten Helferin. »Ich muss Janni duschen.«

»Duschzeit ist am Morgen«, erklärt sie.

»Sie hat sich in die Hosen gemacht. Sie muss duschen und sich umziehen.«

Die Helferin dreht sich um und sieht Susan mit Shampoo, Bürste und frischer Kleidung aus Jannis Zimmer kommen.

»Sie dürfen da nicht rein«, ruft die Helferin.

»Sie kümmern sich ja nicht um sie«, erwidert Susan, »also tun wir es.«

Die Helferin sieht zwischen Susan und mir hin und her. Sie spürt, dass wir nicht nachgeben werden.

»Na schön«, seufzt sie. »Das Bad im Ruhezimmer hat eine Duschkabine. Ich sperre Ihnen auf.«

Susan ringt sich eine Spur Höflichkeit ab. »Danke.«

»Sie wissen hoffentlich, dass ich dazu nicht befugt bin«, erklärt die Helferin, als sie die Tür aufsperrt.

»Ein Handtuch brauche ich auch noch«, erwidere ich. Es ist mir gleich, ob sie deshalb Scherereien bekommt. Ich werde meine Tochter nicht in diesem Zustand zurücklassen.

»Sicher.« Sie geht welche holen.

»Janni«, fragt Susan, »soll lieber Mama oder Papa mit dir duschen?«

»Papa«, entscheidet Janni.

Die Helferin bringt die Handtücher.

»Also los, Janni.« Ich bugsiere sie ins Bad.

Als ich die Tür hinter uns zumachen will, ruft die Helferin: »Augenblick. Sie gehen mit ihr da rein?« Entsetzt sieht sie mich an.

»Sie wäscht sich nicht allein. Wenn ich es nicht tue, tut es niemand«, sage ich und ziehe die Tür zu.

Ich drehe den Hahn auf und halte die Hand unter den Strahl, bis das Wasser warm genug ist. »Okay, Janni, zieh dich aus.«

»Ich kann nicht«, jammert sie.

»Na gut.« Ich knie mich hin. »Leg die Hand auf meine Schulter«, sage ich. Ich habe Angst, dass sie hinfällt, sobald sie den Fuß hebt, um aus der Hose zu steigen, wenn sie sich nicht an mir festhält.

Ich ziehe sie aus und sie geht unter die Dusche. Ich wasche ihr die Haare. Sie sind richtig verfilzt und ich brauche die Bürste, um die dicken Zotteln zu trennen.

»Au!« Sie zieht den Kopf weg. Sie hasst es, wenn man ihr die Haare bürstet.

»Janni, ich muss die Knoten rauskämmen.«

»Aber das tut weh!«

Ich will schon mit ihr streiten. Doch dann denke ich: Vergiss es. Sie hat heute schon genug durchgemacht. Ich verreibe etwas Seife auf dem Waschlappen und seife sie ein. Reglos steht sie da.

»Dreh dich um, damit die Seife runtergewaschen wird«, sage ich. Ich muss ihr alles vorsagen. Zu Hause kümmern Susan und ich uns abwechselnd um Jannis Körperpflege, aber hier ist es anders. Dies ist eine psychiatrische Klinik. Eine plötzliche Furcht überkommt mich und ich frage mich, ob ich das auch noch tun werde, wenn Janni erwachsen ist.

Ich drehe das Wasser ab und rubble Janni trocken. Ich helfe ihr in Unterwäsche und Nachthemd.

Ich stoße die Nasszellentür auf. Janni stolpert hinaus, ich hinterher, froh, wieder an der kühlen Luft zu sein.

»Was sollen wir jetzt tun, Janni?«, frage ich. »Hast du Hunger?«

»Ich will ins Bett.«

»Ich bringe sie auf ihr Zimmer und decke sie zu. Ich habe Hero mitgebracht«, sagt Susan.

»Gut.« Ich gebe Janni einen Kuss. »Ich hab dich lieb, Schatzi.« Sie reagiert nicht.

Ich sehe den beiden nach und schiebe Bodhis Kinderwagen auf den Flur, um dort auf Susan zu warten.

Mit wutentbranntem Blick erwartet mich Schwester Ratched. »Mir wurde berichtet, Sie hätten trotz des Verbots durch meine Mitarbeiterin darauf bestanden, Janni zu duschen«, wirft sie mir mit starrem Blick und eiskalter Stimme an den Kopf.

Im ersten Moment denke ich, so muss es die Pflegehelferin hingestellt haben, um ihren lausigen Job nicht zu verlieren.

»Sie lag in ihrem eigenen Urin«, erwidere ich. »Würden Sie Ihr Kind die ganze Nacht so liegen lassen?«

Schwester Ratched verzieht keine Miene. »Meine Mitarbeiterin gibt an, Sie habe Ihnen mitgeteilt, dass das nicht erlaubt ist, aber Sie hätten nicht auf sie gehört und darauf bestanden, Janni zu duschen.«

Ich will schon erwidern: *Was meinen Sie denn, wo wir die Handtücher herhatten, wenn Ihre Mitarbeiterin wirklich so strikt dagegen war, Janni zu duschen?*, doch dann registriere ich endlich die wahre Natur ihres Tonfalls. Ich weiß, dass etwas passiert ist, ich bin nur zu erschöpft, um mir darüber klar zu werden, was.

»Ich fordere Sie auf, Janni während ihrer Unterbringung hier nicht noch einmal zu duschen«, erklärt sie und zieht ab.

Um halb zehn sind wir zu Hause. Ich wollte eigentlich nichts mehr kochen, aber Susan hat Hunger, also stelle ich mich an den Herd, während Susan Bodhi badet.

Sie sitzt mit ihm in der Wanne, genau wie ich, wenn ich ihn bade. Wir hatten für Janni eine Kinderwanne besorgt, die wir aber nie benutzten, also ließen wir es bei Bodhi von vornherein bleiben. Es ist einfacher, gleich zusammen mit ihnen zu baden.

Ich spüle gerade ab, als es plötzlich heftig an der Tür pocht. Honey schreckt aus ihrem Schlummer hoch und klafft wie wild die Tür an.

Ich schaue auf die Uhr am Herd. Halb elf. Es gibt nur einen Personenkreis, der um halb elf Uhr nachts noch an die Haustür klopft.

»Da ist jemand an der Tür«, rufe ich zu Susan ins Bad, trockne die Hände am Spültuch und lege es säuberlich zusammen.

»Wer denn?«, ruft sie zurück.

Es ist mir längst klar, noch ehe ich hinter dem Türspion einen Latino mit Dienstausweis um den Hals und Klemmbrett in der Hand sehe. Zu beiden Seiten flankiert ihn je ein Beamter des County Sheriff von Los Angeles. In gewisser Weise habe ich damit gerechnet, seit ich das Misstrauen in Schwester Ratcheds Gesicht bemerkte.

»Zieh dir was an«, rufe ich Susan zu.

Sie kommt aus dem Bad, Bodhi im Arm, beide tropfnass. »Was? Wer ist da?«

»Zieh dir einfach was an«, antworte ich ruhig.

Eilig verschwindet sie im Schlafzimmer und zieht die Tür zu. Ich packe Honey am Halsband und öffne die Tür.

»Guten Abend«, grüßt der Latino. Honey bellt und will sich auf die Fremden stürzen. Man muss schreien, um sich bei dem Gebell Gehör zu verschaffen.

»Verzeihen Sie die späte Störung. Sind Sie«, er konsultiert seine Unterlagen, »Michael Schofield?«

»Ja.« Eigentümlicherweise empfinde ich völlige Ruhe, ja Frieden. Ich habe keine Angst. Womöglich liegt es daran, dass das Kommende meiner Kontrolle ganz und gar entzogen ist.

»Sie sind der Vater von January Schofield?«, fragt er.

»Ja.«

»Ist Ihre Frau«, wieder ein Blick in seine Unterlagen, »Susan hier?«

»Sie ist im Schlafzimmer und zieht sich an. Sie hat gerade unseren Sohn gebadet.«

»Sie ist Januarys leibliche Mutter?«

»Ja.«

Er notiert etwas auf dem Klemmbrett. »Dürfen wir eintreten?«

Ich finde es lustig, dass er tatsächlich fragt. Schließlich kann ich es ihm nicht verwehren.

»Gerne.« Ich trete zurück und ziehe Honey mit. »Sie müssen unseren Hund entschuldigen. Er mag es nicht, wenn Fremde zu uns kommen.«

Susan kommt im Bademantel aus dem Schlafzimmer. Zu meinem großen Ärger sehe ich, dass sie den Gürtel nur lose gebunden hat, sodass der Mantel sich öffnet und sie mehr oder minder nackt dasteht. Ich hatte erwartet, dass sie sich etwas Vernünftiges anzieht. Sie wird es brauchen. Bodhi hat überhaupt nichts an und ruht nackt in ihrem Arm.

»Sind Sie Mrs. Schofield?«, fragt der Latino, der sich nicht im Mindesten anmerken lässt, dass Susan sich, wenn auch unabsichtlich, vor ihm exhibitioniert.

»Ja«, antwortet Susan und steht da wie ein Reh im Scheinwerferlicht.

»Mein Name ist Carlos, ich bin Inspekteur beim Amt für Jugend und Familie. Ich muss mit Ihnen beiden reden.«

»Gut«, sagt Susan, die zwischen Carlos und mir hin- und hersieht, ohne sich vom Fleck zu rühren, und darauf zu warten scheint, dass Carlos erklärt, was er von uns will. *Wow*, denke ich, *sie hat tatsächlich keine Ahnung*. Sie weiß nicht, was hier abläuft. Sie kapiert nicht, dass Carlos erwartet, von Susan in einen Nebenraum gebeten zu werden, wo er sich ohne mein Beisein mit ihr unterhalten kann, denn so läuft es nun einmal ab. Ich habe genug Folgen von *Law & Order: Special Victims Unit* gesehen, um zu wissen, was Sache ist.

Als ihm klar wird, dass Susan seine taktvolle Aufforderung nicht verstanden hat, startet er einen zweiten Anlauf: »Mrs. Schofield, könnte ich unter vier Augen mit Ihnen sprechen?«

Er sieht mich an. »Sie haben doch nichts dagegen?«

Ich schüttle den Kopf. »Natürlich nicht.«

Er nickt. »Ich werde mich auch mit Ihnen unterhalten müssen, Mr. Schofield, und anschließend mit Ihnen beiden gemeinsam, aber anfangen möchte ich mit Mrs. Schofield.«

Aber sicher doch, schießt es mir durch den Kopf. Er will Susan von mir absondern, um ihr das Geständnis abzuringen, dass sie weiß, dass etwas vorgeht. So machen die das.

»Im Schlafzimmer«, sagt Susan und erwacht aus der Lähmung. Carlos und meine halb nackte Frau verschwinden im Schlafzimmer. Carlos zieht die Tür hinter sich zu.

Ich sehe die beiden Polizisten an. Ich halte Honey immer noch am Halsband, damit sie sich nicht zähnefletschend auf sie stürzt. Wenn sie mich verhaften, muss ich Honey aus dem Weg schaffen.

»Wäre es in Ordnung, wenn ich Honey in die Garage bringe?«, frage ich den Polizisten, der mir am nächsten steht, einen riesigen, bulligen Kerl.

Er sieht Honey an. »Natürlich.« Er tritt beiseite, um uns durchzulassen. »Sie haben hoffentlich nicht vor, wegzulaufen?«, sagt er, als ich die Tür öffne.

Ich drehe mich zu ihm um. Er grinst, als mache er einen Witz, aber ich weiß, er macht keine Witze. Sie sind überzeugt, dass ich mich an meiner Tochter vergangen habe. Bestimmt wäre ihm ein Fluchtversuch meinerseits nicht ganz unrecht, bekäme so doch der feine Schlagstock an seinem Gürtel bei meiner Ergreifung ordentlich etwas zu tun.

»Nein, ich werde nicht weglaufen.«

»Also gut. Beeilen Sie sich.«

Ich bringe Honey in die Garage hinunter. Dort stehen immer ein Extratrinknapf und etliche Flaschen Wasser bereit. Ich nehme eine Flasche und fülle den Napf. Ich weiß nicht, wann oder ob ich zurückkommen werde und ich will sichergehen, dass Honey genug Wasser hat. Ich gebe ihr einen womöglich letzten Klaps und küsse ihr zum Abschied die Schnauze, dann schließe ich die Tür. Ich höre sie noch bellen, als ich zurück in die Wohnung komme.

Der zweite Polizist streicht durch die Wohnung, nimmt dies und jenes in die Hand, stellt es wieder ab. Er fahndet. Was er wohl zu finden hofft? Kinderpornografie?

»Es macht Ihnen doch nichts aus, wenn wir uns umsehen?«, fragt der bullige Polizist, obwohl sie längst dabei sind.

»Nur immer zu.« Es ist mir egal. Ich habe nichts zu verbergen.

Also schön, überlege ich, *was gilt es nun zu tun?* Mein Blick schweift durch die Wohnung und ich versuche Prioritäten zu setzen. Ich bin aufs Äußerste konzentriert. Was würde die Lage für Susan erleichtern, wenn sie mich mitnehmen?

Ich spüle weiter ab.

Ich bemerke, wie der zweite Polizist am Couchtisch innehält und den Deckel eines Brettspiels anhebt: »Fütter die Miez«. Natürlich, »Miez« steht umgangssprachlich für die weibliche Anatomie. Allerdings geht es in diesem Spiel ganz konkret um ein Kätzchen, und die Spieler müssen verhindern, dass ihre Mäuschen gefressen werden. Der Würfel entscheidet, wie viele das Kätzchen frisst. Gewinner ist, wer am Ende die meisten Mäuschen übrig hat.

Als dem Polizisten klar wird, dass das Spiel keinerlei sexuellen Bezug hat, legt er den Deckel zurück.

Ich höre Susan aufheulen. Ich bin verblüfft. Das hatte ich nicht erwartet. Glaubt sie Carlos, was er ihr da auftischt? Ich fasse es nicht.

Die Schlafzimmertür geht auf und Carlos tritt mit Bodhi im Arm heraus.

»Könnten Sie ihn kurz nehmen?«, bittet er mich.

»Äh, sicher«, erwidere ich und nehme ihm Bodhi ab. Das ist seltsam. Wenn er mich für einen Kinderschänder hält, wieso gibt er mir Bodhi? Hinter der offenen Schlafzimmertür sitzt Susan auf dem Bett und weint, vornübergekrümmt. Der Bademantel ist jetzt ganz offen, zeigt alles.

»Danke«, sagt Carlos zu mir. »Ich hatte Angst, Ihre Frau könnte ihn fallen lassen. Sie ist ziemlich verstört.«

Er kehrt ins Schlafzimmer zurück und zieht die Tür zu. *Das war's dann wohl mit Saubermachen,* denke ich.

Mit Bodhi im Arm setze ich mich in den Schaukelstuhl. Ganz vorsichtig fange ich an, ihn zu wiegen, so wie vor gut fünf Jahren, als Janni ein Baby war.

Damals hätte ich mir nie und nimmer vorstellen können, dass es einmal zu so etwas kommt.

Ich schaue Bodhi an, genieße sein Gewicht und seine Wärme. Mir ist, als hielte ich ihn noch einmal zum allerersten Mal im Arm. Vielleicht deshalb, weil es das allerletzte Mal sein könnte. Ich weiß, dass ich mich nie sexuell an Janni vergangen habe. Aber ich weiß ebenso, dass ich das nicht beweisen kann. Und wahrscheinlich ist das der Grund dafür, dass ich keinen Zorn empfinde. Diese Polizisten sind hier, um mich wegen mutmaßlichen Kindsmissbrauchs zu verhaften. Sie werden mich auf das nächste Revier bringen und von dort wird man mich bis zur Verhandlung in die »Twin Towers« verlegen, das größte Untersuchungsgefängnis von L.A. Wobei ich die Verhandlung nicht mehr erleben werde. Ich weiß, wie es Kinderschändern im Knast ergeht. Ich habe Fernsehdokumentationen über das Leben hinter Gittern gesehen. Jeder Häftling würde mich mit dem größten Vergnügen kaltmachen. Ich werde irgendwann irgendwohin gehen, man wird sich auf mich stürzen, mit dem Messer auf mich einstechen, so lange, bis sicher ist, dass ich keine Chance habe, auf der Krankenstation gerettet zu werden. Ich gehe davon aus, dass ich spätestens Ende der Woche tot bin. Merkwürdigerweise macht mir die Vorstellung, totgestochen zu werden, überhaupt zu sterben, nicht das Geringste aus. Das Einzige, was zählt, ist Janni. Allein ihretwegen will ich nicht sterben. Es wäre furchtbar für Janni. Wie wird ihr Leben sich von nun an entwickeln? Wirkliche Angst habe ich nur davor, dass mit meinem Tod auch jegliche Zukunftsaussicht für Janni begraben sein wird. Janni wird immer tiefer abgleiten. Wenn ich wüsste, dass es jemanden gibt, der für Jannis Wohlergehen sorgt, es würde mir nichts ausmachen zu sterben. Ich halte Bodhi Wange an Wange. Er ist noch so klein, dass er sich nicht an mich erinnern wird. Aber Janni erinnert sich. Wie sollte sie mich vergessen können? Ich kuschle mit Bodhi. Ich liebe ihn so sehr. Er ist so ein bezauberndes Kind.

Plötzlich ist mir nach Weinen zumute. Das Leben ist so ungerecht zu ihm. Ihm wird einfach alles vorenthalten. Doch auch diesmal versiegen die Tränen, ehe sie fließen.

Die Schlafzimmertür öffnet sich und Susan kommt heraus. Ihre Augen sind rot. Sie fährt sich darüber und streckt die Arme nach Bodhi aus.

»Was ist?«, frage ich, als ob ich es nicht selbst wüsste.

»Er wird es dir sagen«, erwidert sie nur. Es macht mir Angst, dass sie den Kopf gesenkt hält und mir nicht in die Augen sieht.

Ich drücke ihr Bodhi in den Arm und stehe auf. Carlos erwartet mich an der Schlafzimmertür. Der bullige Polizist folgt mir ins Schlafzimmer. Er zieht die Tür zu und stellt sich mit verschränkten Armen davor.

Carlos konsultiert kurz seine Aufzeichnungen, dann sieht er mich an. »Nun gut, Mr. Schofield, bitte entschuldigen Sie, dass ich Sie so spät und noch dazu beim Abendessen störe.« Er macht den Eindruck, als täte es ihm wirklich und wahrhaftig leid, was seltsam ist, sitzt er doch einem Menschen gegenüber, der mutmaßlich die eigene Tochter missbraucht hat. »Können Sie sich vorstellen, weshalb wir hier sind?«

Ich wüsste nicht, was es bringen sollte, den Unwissenden zu spielen. »Ich nehme an, man beschuldigt mich des Missbrauchs.«

Carlos sieht mich durchdringend an. »Wie kommen Sie darauf?«

Weil ich nicht total bescheuert bin, würde ich am liebsten sagen.

»Warum sonst sollten Sie hier sein?«, erwidere ich stattdessen.

Carlos scheint sich das durch den Kopf gehen zu lassen und konsultiert dann neuerlich sein Klemmbrett.

»Klingt vernünftig. Wie oft baden Sie sie?«, will Carlos wissen.

Es ist also alles nur, weil ich sie heute Abend geduscht habe, überlege ich. »Wir wechseln uns ab«, antworte ich. »Mal übernehme ich es, mal macht es Susan.«

Er nickt und macht sich, ohne mich auch nur ein einziges Mal anzusehen, fieberhaft Notizen.

»Übers Jahr gesehen, wie oft waschen Sie sie, anteilsmäßig?«

»Die Hälfte. Susan und ich wechseln uns bei Janni mit allem ab. Wir teilen alles halbe-halbe auf.«

Schreibend nickt Carlos. »Wenn Sie sie waschen, waschen Sie dann auch ihren Intimbereich?«

»Ja.«

»Hat sie über Schmerzen oder ein Unbehagen geklagt, wenn Sie ihr die Geschlechtsteile wuschen, und hat sie Sie je aufgefordert, damit aufzuhören?«

Ich stöhne. Das wird mich in ein schlechtes Licht rücken, aber ich muss die Wahrheit sagen.

»Ja«, gestehe ich. »Einmal hat sie sich beschwert, dass ich zu grob sei, als ich ihr die Vagina wusch.«

Er blickt auf. »Und dann?«

»Ich habe mich entschuldigt und aufgehört.«

»Und das war wann?«

»Letzten Sommer.«

Wieder ein Blick in die Unterlagen.

»Sonst noch etwas?«

»Ich kann mich nicht erinnern.«

Er nickt. »Schön.« Er löst sich vom Klemmbrett. »Ihre Vermutung trifft in der Tat zu. Ich bin hier, weil eine Anzeige wegen sexuellen Missbrauchs gegen Sie vorliegt.« Er atmet durch und tritt unbehaglich von einem Fuß auf den anderen. »Man wirft Ihnen vor, den Finger in ihre Vagina geschoben zu haben.«

Mir wird speiübel. Irgendwie hatte ich nicht damit gerechnet, dass er so drastisch wird. Die Vorstellung, dass jemand einem kleinen Mädchen so etwas antut, ist grauenvoll, aber der Gedanke, dass es mit Janni geschieht, geht über meine Kräfte.

Ich beuge mich vornüber und fürchte, mich zu übergeben.

»Ist alles in Ordnung?«, höre ich Carlos fragen. Wieder klingt es seltsam aufrichtig.

Ich bringe kein Wort heraus.

»Sollen wir eine Pause machen?«, erkundigt sich Carlos.

Ich richte mich auf und hole in kurzen Zügen Luft, als würde ich hyperventilieren. »Nein. Bringen wir es hinter uns.«

»Und Sie sind sicher, dass Ihnen nichts fehlt?«

»Bitte«, keuche ich. »Tun Sie einfach Ihre Pflicht.«

Er nickt. »Schön. Ich frage das nicht gerne, aber das Gesetz schreibt es so vor: Haben Sie je Ihren Finger in Januarys Vagina geschoben?«

Wieder wird mir übel.

»Nicht mit Absicht«, stoße ich hervor.

»Wie meinen Sie das, ›nicht mit Absicht‹?«

»Wenn sie gesagt hat, dass ich es getan habe, dann muss es aus Versehen beim Waschen passiert sein, wie das eine Mal, das ich erwähnte.«

»Können Sie sich einen anderen Grund vorstellen, der sie veranlasst, so etwas zu sagen?«

Mir wird heiß. Das Blut pocht in jeder Ader. »Nein«, entgegne ich verzweifelt. Dass sie meint, ich hätte ihr auf diese Art wehgetan, das ist das Schlimmste überhaupt.

Er blickt auf, zögert kurz, und ich meine schon, er wird dem Polizisten jetzt befehlen, mich zu verhaften, doch dann wendet er sich wieder dem Klemmbrett zu.

»Tatsächlich hat sie etwas Derartiges nicht gesagt.«

Ich glotze ihn an.

»Was?«, stammle ich.

Er lässt das Klemmbrett sinken. »Ich habe mich vorab bereits mit Janni unterhalten. Noch ehe ich hierherkam. Sie konnte den Vorwurf nicht bestätigen. Ihre Aussage deckt sich vollständig mit dem, was Sie sagten ...« Er blättert in seinen Unterlagen. »Die Hälfte der Zeit wäscht mich Mama und die Hälfte der Zeit wäscht mich Papa.«

»Sie ... hat nicht behauptet, ... dass ...?« Ich bringe es nicht über mich, den Vorwurf zu wiederholen.

Carlos schüttelt den Kopf. »Nein.«

»Aber wie ... wie kommen Sie dann darauf?«

»Weil die Anzeige erstattende Person erklärte, sie habe es gesagt.«

»Wer?«

Carlos schüttelt den Kopf. »Das darf ich Ihnen nicht sagen. Anzeigen wegen Kindsmissbrauchs unterliegen der Vertraulichkeit.«

»Und was geschieht jetzt?«, will ich wissen.

»Da sie sich derzeit nicht im elterlichen Haushalt befindet, ist sie keiner unmittelbaren Gefahr ausgesetzt. Wir fordern Sie daher nur auf, uns bei unseren Ermittlungen zu unterstützen und sich an die Krankenhausvorschriften zu halten. Das Krankenhaus verlangt, dass Sie Janni während ihres Aufenthalts dort nicht mehr duschen. Das gilt nicht allein für Sie. Für Ihre Frau ebenso.«

Er hält mir das Klemmbrett und ein Formular hin. »Hiermit erteilen Sie dem Jugendamt die Erlaubnis, Janni rechtsmedizinisch untersuchen zu lassen. Im Grunde reine Routine. Es ist nötig, damit wir die Ermittlung beenden können.«

Zögernd greife ich nach dem Klemmbrett und dem Stift, den er mir entgegenstreckt. »Das ist alles?«

Er nickt. »Das ist alles.«

Ich unterschreibe das Formblatt und Carlos reicht mir die Hand. »Haben Sie vielen Dank, Mr. Schofield, und entschuldigen Sie nochmals die späte Störung.« Zielstrebig geht er zur Zimmertür, und der Polizist, der sich dort aufgebaut hatte, muss zur Seite treten.

»Schon fertig?«, fragt der Polizist und lässt mit verdattertem Blick die überkreuzten Arme sinken.

»Schon fertig«, bestätigt Carlos.

Der Polizist wirkt enttäuscht.

»Ist es ratsam für mich, Janni weiterhin zu besuchen?«, erkundige ich mich bei Carlos.

Wir sitzen jetzt gemeinsam am Küchentisch und unterschreiben die nötigen Dokumente, um die Ermittlung zum Abschluss zu bringen.

»Das Beste wird sein, Sie machen alles weiter so wie bisher«, antwortet er. »So lange Sie nicht gegen die Krankenhausvorschriften verstoßen. Abgesehen davon habe ich den Eindruck, dass sie den Kontakt zu ihrem Vater braucht. Sie wird es nicht verstehen, wenn Sie sie plötzlich nicht mehr besuchen.«

»Sie glauben also nicht, dass ich es wirklich getan habe?«, frage ich ihn.

Er will zunächst nicht antworten und sagt dann: »Was ich glaube, spielt keine Rolle.«

Ich verstehe und nicke.

»Aber«, setzt er unvermittelt hinzu, »wenn Sie es wirklich wissen wollen ...« Er sieht mir in die Augen. »Nein, das glaube ich nicht.«

Am nächsten Abend bin ich zur Besuchszeit mit Susan und Bodhi da. Schwester Ratched scheint schockiert, mich zu sehen. Ich frage mich, ob sie es war, die mich beim Jugendamt angezeigt hat, beschließe aber, mich an Carlos' Empfehlung zu halten, und schweige. Zudem ist Janni heute ansprechbar.

»Hallo, mein Schatz«, rufe ich ihr zu und weiß nicht recht, wie sie mich nach der behördlichen Untersuchung empfangen wird.

Doch sie reagiert nicht anders als sonst. Bestenfalls ist sie ruhiger als gewöhnlich.

»Habt ihr was zum Essen dabei?«, fragt sie nur.

»Ahhh«, ächze ich und mache mich darauf gefasst, dass sie schreit und auf mich einschlägt.

»Wir haben es vergessen«, entschuldigt Susan sich augenblicklich. »Aber für morgen darfst du dir wünschen, was du magst.«

Janni überlegt kurz. »Del Taco«, entscheidet sie.

Ich bin wie vor den Kopf gestoßen. Sie ist nicht in die Luft gegangen.

»Hast du denn heute überhaupt schon etwas gegessen?«, fragt Susan.

»Ich hatte Käse vom Grill«, erzählt Janni.

Susan und ich sehen uns an.

»Hast du heute gar keine Spritze bekommen?«, will Susan wissen.

»Eine Thorazine-Spritze«, sagt sie, als hätte sie einen Lolli bekommen.

Susan und ich tauschen neuerlich Blicke.

»Wann?«, hake ich nach.

Janni zuckt mit den Achseln. »Vorhin halt.«

»Und warum?«, fragt Susan.

Wieder ein Achselzucken. »Ich habe andauernd um mich geschlagen und drum gebeten, dass sie mir eine geben, damit ich mit dem Schlagen aufhöre.«

Ich kann nicht glauben, was ich da höre.

»Du hast darum gebeten?«, wiederholt Susan, die es ebenso wenig fassen kann.

Janni nickt. »Das macht mich ruhiger.«

Ich stehe auf, gehe zur Schwesternstation und rufe Schwester Ratched. »Hat Janni heute eine Thorazine-Spritze bekommen?«

»Ich glaube nicht.« Es widerstrebt ihr sichtlich, mit mir zu sprechen.

»Würden Sie bitte im Logbuch nachsehen?«

Sie verschwindet. Nach einer Weile kehrt sie zurück. »Ich habe mich geirrt. Sie hat zwei bekommen.«

»Zwei?«

»Die erste bekam sie, weil sie unflätig zum Personal war. Gut zwei Stunden später kam sie zu uns und sagte, sie brauche noch eine.«

Völlig sprachlos wende ich mich ab. Janni bekam eine doppelte Dosis Thorazine und ist dennoch ansprechbar. Und sie ist nicht nur ansprechbar, sie ist so ausgeglichen, wie ich sie noch nie erlebt habe. Noch nie.

5. April 2008

Jeden Morgen auf dem Weg vom Parkplatz zum Seminarraum bin ich damit beschäftigt, all meine Gefühle zu verdrängen. Wenn ich die Tür öffne und meinen Studenten einen guten Morgen wünsche, ist dieser Prozess beinahe abgeschlossen. Ich setze mich ans Dozentenpult und hole die Materialien heraus. Ich habe nur 50 Minuten Unterrichtszeit, aber ich kann nicht sofort mit dem Seminar beginnen. Ich muss erst einige Minuten schweigend verharren, weil mir immer noch im Kopf herumgeht, was gerade mit Janni passiert, und ich in dieser Verfassung nicht unterrichten kann.

Ich schaue auf die Hausaufgaben, die ich letzte Woche eingesammelt und unkorrigiert liegen gelassen habe. Ich kann meinen Studenten nicht ins Gesicht sehen, noch nicht. Ich kann es nicht, weil ich sie in diesem Moment verachte. Ich hasse sie, weil sie keine Ahnung haben, was ich durchmachen muss. Ich hasse sie, weil sie mich nicht verstehen können, selbst wenn ich es ihnen zu erklären versuchte. Sie sind jetzt 18 Jahre alt. Auch ich war einmal 18. Das ist gar nicht so lange her und doch kommt es mir vor wie aus einem anderen Leben. Aber am meisten hasse ich sie, weil sie voller Hoffnung sind. Ich habe jede Hoffnung verloren und empfinde nur noch Neid. Und aus Neid wird Hass.

Die Studenten hüsteln, warten darauf, dass ich anfange. Ich stehe auf und laufe von Wand zu Wand. Dann bleibe ich vor dem

Seminar stehen. Die Transformation ist abgeschlossen. Ich bin nicht länger Jannis Vater und Susans Mann. Zum ersten Mal blicke ich die Studenten an.

»Schön«, sage ich lächelnd und bereit für den Unterricht. Mit einem Schlag bin ich aufgeräumt und amüsant und reiße Witze, um die Studenten mitzuziehen. Und sie haben keine Ahnung.

Aber kaum ist die Stunde um, gibt es kein Publikum für Professor Schofield mehr. Ich sitze allein in meinem Zimmer und schon kommt Jannis Vater angekrochen und nagt an Professor Schofield. Ich verscheuche ihn. Ich habe zu tun.

Das Handy klingelt. Es ist Susan. Ich klappe das Handy auf und schlüpfe übergangslos in die Rolle von Susans Mann. »Rehlein?« Aus Gewohnheit begrüße ich sie mit dem alten Kosenamen. Im Hintergrund rauscht der Wind. Susan sitzt im Auto.

»Ich bringe Janni ins UCLA.«

»Was ist passiert?«, frage ich tonlos. Susans Mann hat keine Gefühle. Er kann es sich nicht leisten, etwas zu empfinden. Mir ist klar, dass etwas geschehen sein muss. Aber Janni kann Bodhi nichts getan haben, weil Bodhi bei Jeanne in Sicherheit ist. Also hat Susan einfach wieder mal die Nerven verloren und meine Aufgabe ist es nun, so lange beruhigend auf sie einzureden, bis sie wieder festen Boden unter den Füßen hat.

»Heute früh ist sie in dem Bagel-Laden in Burbank völlig durchgedreht. Wir waren eigentlich zum Spielen im Zoo verabredet, aber das musste ich absagen. Sie ist hinter die Ladentheke gelaufen und hat wahllos Sachen auf den Boden geschmissen. Ich musste die Angestellten bitten, mir zu helfen, sie aus dem Laden zu schaffen. Ich sagte: ›Es tut mir leid. Meine Tochter ist schizophren.‹«

Ich seufze. »Sie ist nicht schizophren.«

»Aber was ist es dann?«, schreit Susan mich an. »Hä? Weißt du's? Das komplette Personal musste helfen, damit ich ihr das Thorazine spritzen konnte, und das war schon die zweite Dosis heute!«

»Sie ist gerade einmal den vierten Tag aus dem Alhambra raus«, erwidere ich ruhig. Susan will die Flinte viel zu schnell ins Korn werfen. »Man hat uns darauf vorbereitet, dass sie eine Eingewöhnungsphase braucht.« In Wahrheit will ich einfach nicht, dass sie wieder ins Krankenhaus kommt, nicht einmal, wenn es das UCLA ist. So schnell dürfen wir nicht aufgeben. Seit der Entlassung aus dem Alhambra haben wir ein neues Zuhause bezogen, eine Dreizimmerwohnung in derselben Anlage. Wir nutzten Jannis Abwesenheit für den Umzug. Stolz präsentierte ich ihr das Kinderzimmer. Es ist mit bunten Regenbogen ausgemalt, wie sie es sich gewünscht hat, und ganz für sie allein. Mein Vater war eigens angereist, um mir beim Einrichten zu helfen.

»Es interessiert mich nicht, was die vom Alhambra sagen«, keift Susan. »Sie muss ins Krankenhaus.«

»Was macht sie jetzt gerade?«, will ich wissen.

»Sie schläft. Das Thorazine wirkt endlich.«

Ich atme erleichtert auf. »Wie wäre es, wenn du einfach heimfährst? Ich mache hier Schluss und wir treffen uns daheim.«

»Nein. Ich bringe sie ins UCLA. Du kannst ja Bodhi abholen und heimfahren, wenn du meinst. Du brauchst nicht mitzukommen. Ich habe das beim letzten Mal allein hingekriegt und schaffe es auch jetzt.«

Die Vehemenz ihrer Weigerung schockiert mich. Unsere Ehe beruhte immer auf gegenseitiger Gleichwertigkeit. Strittige Punkte wurden ausdiskutiert und einvernehmlich geregelt. Und nun entscheidet Susan plötzlich über Janni, ohne sich einen Deut darum zu scheren, wie es mir dabei geht.

»Nur mal angenommen, dort ist kein Bett frei?«, wende ich ein, ohne die Stimme zu erheben. »Sie schläft jetzt. Und sie wird nicht aufwachen, ehe ich zu Hause bin. Du hast es überstanden. Bring sie heim.«

»Nein«, erklärt Susan noch trotziger.

»Wieso?«, jaule ich.

»Weil du morgen wieder zur Arbeit gehst und ich ganz allein mit Janni fertig werden muss. Ich schaffe das nicht. Sie muss ins UCLA. Wie ich schon sagte, du brauchst nicht mitzukommen. Geh du Bodhi abholen.«

Dieses »Du brauchst nicht mitzukommen« ist zu viel für mich. Sie scheint damit zu sagen, dass es keine Verwendung für mich gibt. Dass ich mich vom Acker machen kann.

»Ich komme mit.«

»Ist nicht nötig«, fordert sie mich heraus.

»Ich hole Bodhi ab und wir treffen uns dort.«

Ich klappe das Handy zu, stehe auf und packe meine Sachen. Es ist etwas passiert. Als Susan Janni zum ersten Mal in die Klinik brachte, war ich überzeugt, ich hätte Jannis Einweisung verhindern können. Ich war wütend und fühlte mich schuldig. Aber nun empfinde ich schiere Angst, weil es einfach nicht in meiner Macht liegt, Janni zu helfen. Nur ist die schiere Angst alles andere als ein guter Ratgeber. Und Jannis Vater ist ein Macher. Wenn es ein Problem gibt, geht er es an. Er hat eine Aufgabe. Er sorgt dafür, dass seine Familie den Tag übersteht. Nur das ist sein Ziel.

Als ich in der Notaufnahme des UCLA ankomme, rennt Janni splitterfasernackt durch den Flur, verfolgt von mehreren Krankenschwestern, die sie zurück ins Untersuchungszimmer treiben wollen. Sie hat sich ausgezogen und will aus der Notaufnahme flüchten.

Susan sitzt im Untersuchungszimmer wie erschlagen auf einem Stuhl. Ihr Nichtstun ist mir völlig unbegreiflich.

»Sie rennt nackt über den Flur!«, werfe ich ihr an den Kopf.

»Ich weiß. Sie hat sich versehentlich mit Wasser besprizt, ist ausgeflippt und hat sich die Kleider vom Leib gerissen. Man hat ihr einen Bademantel angeboten, aber den will sie nicht.«

»Sie kann nicht nackt auf dem Flur rumrennen!«

»Ich weiß«, entgegnet Susan, als sei ich der dümmste Mensch

der Welt, »aber auf mich hört sie nicht und niemand unternimmt etwas.«

»Wir müssen sie wenigstens ins Zimmer zurückbringen.«

Susan schüttelt den Kopf. »Mir langt's. Ich bin es leid, alles selbst zu machen. Soll sie doch nackt über die Flure rennen. Diese Leute sollen ruhig sehen, womit wir uns jeden Tag herumschlagen. Vielleicht kriegt so endlich irgendwer den Hintern hoch und schafft einen Psychiater her.«

»Sie ist noch nicht von einem Psychologen untersucht worden?«, hake ich ungläubig nach. Sie sind immerhin schon vier Stunden hier.

»Nein«, bestätigt Susan. »Wahrscheinlich muss sie erst nackt über die Flure rennen und das Computernetzwerk lahmlegen, ehe es jemand ernst nimmt.«

So wütend ich auch bin, weil sich kein Psychiater hat blicken lassen, noch zorniger bin ich auf Susan. Sie kapituliert einfach. Ich stelle Bodhis Kindersitz ab und laufe Janni nach. Ich lasse nicht zu, dass ihr jemand wehtut. Als ich sie einhole, drückt sie gerade wahllos die Knöpfe an einem Herzmonitor. Zum Glück hängt kein Patient daran.

»Janni, komm zurück ins Zimmer.«

Sie sieht mich an, grinst und drückt weiter auf die Knöpfe. Ich packe sie am Arm und kehre um zum Untersuchungszimmer. Janni lässt sich fallen, damit ich sie nackt über den Fußboden schleife, was ich aber nicht tun werde.

»Janni, du musst jetzt aufstehen. Krankenhausböden sind schmutzig. Du weißt nicht, was da alles drauf ist.«

Anstatt aufzustehen, zieht sie die Beine an und tritt mir immer abwechselnd und mit voller Wucht in den Bauch.

Eine Schwester kommt. »Sie hat hier nichts verloren. Sie muss zurück auf ihr Zimmer.«

Ich bücke mich, nehme sie in beide Arme und rapple mich schwankend hoch.

»Was meinen Sie, was ich hier tue?«, knurre ich die oberdämliche Schwester an, während Janni auf meine Schläfen einprügelt.

Ich trage Janni ins Untersuchungszimmer und lege sie aufs Bett. »Janni, zieh dich jetzt an«, befehle ich ihr außer Atem. Kaum lasse ich sie los, saust sie zur Tür. Ich packe sie, halte sie fest, wofür sie sich mit Fußtritten ans Schienbein und Fausthieben in Arme und Magengrube revanchiert.

»Lass sie«, weist Susan mich an. »Wir sind im Krankenhaus. Die sind dazu da, um zu helfen. Wahrscheinlich muss es erst noch schlimmer werden, bis jemand etwas unternimmt.«

Jetzt reicht es mir mit Susan. »Du kapierst es einfach nicht, oder?«

»Ich schon. Die schnallen es nicht.«

Ich baue mich vor Susan auf, halte Janni dabei aber immer noch fest und versuche zugleich, mich ihren Attacken zu entziehen.

»Ist dir nicht klar, was passiert, wenn wir sie hier Amok laufen lassen?«

Susan beugt sich vor, als wäre ich zu blöde, um ihr zu folgen. »Was meinst du denn, was sie glauben, wieso wir hier sind? Hallo?«

Ich ächze vor Schmerz unter den Fußtritten auf. »Im Augenblick sieht man hier nur eine Mutter, die keinerlei Anstalten macht, ihr wild gewordenes Kind zu bändigen.«

»Ich kann sie nicht bändigen!«, schreit Susan mich an.

»Weißt du, was passiert, wenn wir Janni einfach machen lassen? Sie holen die Polizei!«

»Na und? Sollen sie doch. Vielleicht ist dann ja endlich jemand bereit, uns zu helfen.«

Ich beuge mich zu ihr heran und knurre: »Ich habe eine Ermittlung wegen Kindesmissbrauchs am Hals! Wenn jetzt die Polizei kommt und mitkriegt, dass Janni hier ohne einen Fetzen Stoff am Leib komplett verrücktspielt, wem werden die dann die Schuld geben?«

»Dem Krankenhaus«, sagt Susan.

»Uns! Man wird sie uns wegnehmen! Das scheint dir überhaupt nicht klar zu sein! Man wird sie in ein Heim stecken, weil wir als Eltern versagt haben.«

»Und was sollen wir deiner Meinung nach tun?«

»Damit fertig werden!«

»Ich bin es leid, dass ich den ganzen Tag mit Fäusten traktiert werde und Sachen an den Kopf geworfen kriege«, fährt Susan mich an.

Ich drehe mich weg, um meine Wut zu bändigen, dann wende ich mich ihr wieder zu: »Nimm Bodhi und fahr heim. Ich bleibe hier bei ihr.«

»Nein. Ich glaube dir nicht, dass du hierbleibst. Du wirst abhauen und Janni mitnehmen. Nichts wird sich ändern.«

Ich starre sie an. Sie hat recht. Genau das werde ich tun.

»Es wird sich so oder so nichts ändern«, sage ich endlich.

Zwei Stunden später wird Janni endlich psychologisch begutachtet und wir erhalten den Bescheid, dass man sie stationär aufnimmt. Mein Zorn auf Susan verebbt. Sie hatte recht. Ich hatte nicht den Mumm, es durchzuziehen, aber sie hat es schließlich geschafft, dass Janni im UCLA aufgenommen wird.

Dann kommt die diensttuende Psychiaterin zurück und erklärt, man könne Janni doch nicht aufnehmen.

Ich starre sie an und bin kurz davor, durchzudrehen. Ich bin es, genau wie Susan, endgültig leid, mich ständig herumschubsen zu lassen.

»Wir haben derzeit zwei kräftige, männliche Jugendliche auf der Station, die ihre Aggressionen nicht im Griff haben«, erläutert die Psychiaterin. »Wir können sie nicht aufnehmen, weil wir nicht für ihre Sicherheit garantieren können. Aber Sie können unbesorgt sein. In solchen Fällen sorgen wir für die Überstellung an das nächstgelegene Krankenhaus ... das wäre BHC Alhambra.«

»Nein!«, protestieren Susan und ich zugleich.

»Sie war schon im Alhambra«, erklärt Susan. »Wir haben da schlechte Erfahrungen gemacht.«

Die Psychiaterin nickt.

»Verstehe. Wir möchten nicht, dass sie an eine Einrichtung überstellt wird, mit der Sie nicht einverstanden sind.« Die einzige weitere psychiatrische Klinik, die Kinder in Jannis Alter stationär aufnimmt und einen freien Platz hat, ist das Loma Linda University Hospital in Redlands, Kalifornien, 160 Kilometer von hier.

6. April 2008

Um Janni zu besuchen, fahren wir 160 Kilometer hin und 160 Kilometer zurück. Besuchszeit ist von sechs bis sieben, wir brechen also spätestens um zwei Uhr nachmittags auf, um rechtzeitig da zu sein und die Stunde voll auszuschöpfen. Loma Linda ist ein Krankenhaus der Seventh-day Adventists, und deren Regeln sind erheblich strenger als die im Alhambra. Das Mitbringen von Nahrungsmitteln ist strikt verboten. Wir haben uns bemüht zu erklären, dass Janni nur ganz bestimmtes Essen zu sich nimmt und andernfalls vom Fleisch fallen wird. Aber Barb, die Sozialarbeiterin, versichert uns, dass es Janni an nichts fehlen wird. Auch hier befindet es kein Arzt für nötig, uns anzurufen. Und all meine Versuche, einen an den Apparat zu bekommen, bleiben fruchtlos.

Aber wenigstens werden Kinder und Jugendliche in Loma Linda getrennt voneinander untergebracht und behandelt. Im Wissen, dass Janni hier sicher ist, entspanne ich mich ein wenig.

Wir müssen warten, bis Janni ins Besuchszimmer gebracht wird, das mit Spielzeug, Büchern und Puzzles ausgestattet ist.

Janni betritt den Raum, gefolgt von Barb. Susan und ich stehen auf. »Hallo, Süße, wie geht es dir?«, fragen wir beide.

»Mir geht's gut«, sagt Janni. Und ruft dann, als sie ihren Bruder im Kindersitz entdeckt, laut: »Bodhi!« Ich spanne mich an, jederzeit bereit, dazwischenzugehen, doch sie kniet sich ruhig zu ihm. »Baby. Du hast mir gefehlt.«

Er hat ihr gefehlt? Ich bin wie vor den Kopf gestoßen.

»Wie geht es ihr?«, will Susan von Barb wissen.

»Es geht ihr gut«, erwidert Barb. »Sie hat zweifellos einen ausgeprägten Willen. Sie will nur tun, was ihr gefällt, da bleibt es nicht aus, dass sie immer mal wieder in die ›Auszeitkammer‹ muss.«

»Bekommt sie Thorazine?«, fragt Susan.

»Wir arbeiten hier nicht mit Thorazine«, erklärt Barb. »Ich weiß, dass es Kliniken gibt, die das tun, aber wir nicht.«

»Aber es schlägt sehr gut an bei ihr«, hakt Susan nach. »Es hilft gegen die Gewaltausbrüche.«

Barb lächelt. »Wir glauben nicht an Thorazine. Wir geben Seroquel.« Seroquel ist ein Medikament aus der Klasse der atypischen Neuroleptika, die erst in den letzten Jahren entwickelt wurden.

»Aber Seroquel bekommt sie schon die ganze Zeit«, hält Susan ihr entgegen.

»Die Besuchszeit ist nur eine Stunde. Wollen Sie die nicht lieber mit Janni verbringen?«, meint Barb und lässt uns stehen.

Susan sieht mich besorgt an. »Es gefällt mir gar nicht, dass sie kein Thorazine bekommt.«

»Das geht mir genauso. Aber sie hat gerade gesagt, Bodhi hätte ihr gefehlt.«

Janni reibt die Hände aneinander. »Ich habe Bodhi ganz, ganz lieb.«

Ist das noch dasselbe Kind?

»Ich dachte immer, du kannst sein Weinen nicht ausstehen?«, sage ich.

»Ich kann es auch nicht ausstehen, wenn er weint«, bestätigt Janni.

Mein Blick fällt auf eine Kiste mit Legosteinen. »Lego!«, rufe ich Janni zu. »Damit habe ich als Kind immer gespielt. Janni, wollen wir ein Haus bauen?«

Janni schaut die Legosteine an und überlegt, ob sie damit spielen will. Schließlich kommt sie zu mir. Ein Hoffnungsschimmer steigt in mir auf. Erst vermisst sie Bodhi und dann lässt sie sich tatsächlich auf ein Spiel ein.

»Was bekommst du hier eigentlich zu essen?«, fragt Susan.

»Toastbrot mit Butter«, sagt Janni.

»Und sonst?«, hakt Susan alarmiert nach.

»Nichts.«

Erbost sieht mich Susan an. »Ich habe denen doch gesagt, dass sie nichts essen wird.«

Mich interessiert im Augenblick nur, dass dieser Besuch so gut endet, wie er angefangen hat. Jeder gelungene Besuch nährt die Hoffnung, dass wir ein kleines Stück vorankommen. Ich will nicht, dass Susan unser Boot ins Wanken bringt.

»Sie wird schon nicht verhungern«, sage ich.

»Die Ratten mögen Bodhi nicht«, erklärt Janni unvermittelt und ohne den Blick von den Legosteinen zu wenden. »Meine sieben Ratten. Das große Baby macht ihnen Angst.«

»Sie brauchen keine Angst vor Bodhi zu haben«, beruhige ich. »Bodhi wird ihnen nichts tun. Magst du ihnen sagen, dass Bodhi ihnen nichts tut?«

»Mach ich schon.«

»Und was sagen sie?«, will ich wissen.

Janni versucht, ein Steinchen an dem Haus anzubringen, das ich baue. »Sie hören nicht auf mich.«

»Janni, du musst ihnen nur befehlen, auf dich zu hören, dann werden sie es tun.«

Sie bemüht sich, das Steinchen zu befestigen, und schleudert es schließlich ins Eck. Dann wirft sie die Legokiste um.

»Janni! Was soll denn das? Komm her und hilf mir aufräumen.«

»Nein.«

»Na, Janni«, erkundigt sich Susan, »wie sind die anderen Mädchen hier so?«

»Geht so.«

»Hast du eine Freundin?«

»Nein.«

»Sind sie nett zu dir?«

»Ja, aber ich kann sie nicht leiden.«

»Wieso denn nicht?«

»Janni, schau!«, rufe ich und halte das halb fertige Legohaus in die Höhe, um ihre Aufmerksamkeit zu gewinnen.

»Haben sie auch so eine Fantasie wie du?« Susan lässt nicht locker.

»Nein«, sagt Janni.

Mit einem bösen Blick auf Susan stöhne ich gereizt auf. Ich weiß, sie tut das nicht absichtlich, aber wahrscheinlich bringt sie Janni nur wieder zu Bewusstsein, wie sehr sie sich von allen anderen unterscheidet.

Janni geht zu Susan. Es sieht aus, als wolle sie sie umarmen, daher bin ich völlig perplex, als Janni die Faust hebt und Susan in den Arm boxt.

»Janni, nicht«, wehrt sich Susan, aber Janni schlägt immer weiter zu.

Susan versucht, Janni an den Armen zu packen. »Ohne Thorazine geht es nicht«, sagt sie zu mir.

Ich mache mich auf den Weg zur Schwesternstation. »Wo finde ich Barb? Janni hat gerade ohne jeden Grund auf Susan eingeschlagen«, berichte ich. »Ich glaube nicht, dass die Medizin, die sie bekommt, ausreicht.«

Barb marschiert von der Schwesternstation ins Besuchszimmer.

Ich nehme an, sie will sich mit eigenen Augen überzeugen, und gehe ihr nach.

»Janni, hast du deine Mutter geschlagen?«

»Ja«, bestätigt Janni emotionslos.

Barb seufzt. »Janni, du kennst die Regel. Geschlagen wird nicht. Wer andere schlägt, bekommt keinen Besuch.« Sie nimmt Janni bei der Hand und Janni schreit laut auf.

Janni lässt sich zu Boden sacken und Barb packt, von einer zweiten Schwester unterstützt, fester zu. »Janni, lass das.«

Entsetzt sehe ich sie Janni aus dem Zimmer schleifen. Mein väterlicher Instinkt sagt mir, ich müsse jetzt aufspringen und Barb befehlen, ihre fetten Griffel von meiner Tochter zu nehmen.

»Sie soll nicht weg«, schreie ich auf. »Ich wollte Ihnen nur zeigen, dass die Medikamente nichts bringen.«

Barb schleift die kreischende und um sich schlagende Janni durch den Flur. »Janni kennt die Regeln«, entgegnet sie mit zusammengebissenen Zähnen. »Janni, ab in die Auszeitkammer.«

»Aber sie macht das nicht absichtlich«, weint Susan. »Nur darum ist sie ja hier.«

»Janni weiß, dass wir derartiges Betragen nicht dulden, nicht wahr, Janni?«, sagt Barb.

Als kämpfe sie um ihr Leben, hört Janni nicht auf, zu treten und zu schreien. Und ich, ihr Vater, lasse es geschehen.

»Sie müssen jetzt gehen«, bescheidet uns Barb.

»Wir bleiben«, sagt Susan.

»Sie kommt nicht zurück. Die Besuchszeit ist vorbei.«

»Wir sind 160 Kilometer gefahren, nur um sie eine Stunde zu sehen!«, bettelt Susan.

Barb bleibt ungerührt. »Sie muss einsehen, dass ihre Handlungen Folgen haben.«

»Sie braucht stärkere Medikamente. Sie braucht Thorazine!«, weint Susan. Doch nun fängt auch Bodhi zu weinen an und fordert Susans Aufmerksamkeit.

Barb zückt die Magnetstreifenkarte, um die Auszeitkammer zu öffnen.

»Ich liebe dich, Janni«, stammle ich kraftlos. Aber Janni, die von der Schwester auf die Gummimatte gestoßen wird, sieht mich nicht. Sie rappelt sich auf und holt zum Schlag aus, doch da hat die Schwester die Tür schon ins Schloss geworfen. Die schreiende Janni ist weggesperrt.

Es kommt als völliger Schock, als Barb uns telefonisch mitteilt, Janni werde am Donnerstag entlassen, gerade einmal fünf Tage nach ihrer Aufnahme.

Schlagartig kehrt die lähmende, alles zersetzende Angst zurück. Sie ist noch nicht so weit. Da sind immer noch diese völlig unvermittelten, unkontrollierbaren Gewaltausbrüche. Sie ist nach wie vor eine Gefahr für Bodhi. Immer noch fehlt jedes klare Signal, dass Janni auf dem Weg der Besserung ist. Ich will in ihre Augen sehen und die Gewissheit haben, dass die Gewalt ein für alle Mal hinter uns liegt. Aber diese Gewissheit bleibt aus. Die tiefere Ursache dieser Gewalt, was immer sie sein mag, ist immer noch da. Und auch wenn Bodhi der Auslöser sein sollte, wir werden ihn nicht weggeben. Wir haben getan, was wir konnten, und dafür gesorgt, dass Janni von seiner Existenz kaum noch etwas bemerkt. Himmelherrgott, wir lassen ihn kaum noch einen Mucks machen, wenn wir es verhindern können. Wir haben seinen Kontakt zu Janni so weit eingeschränkt, wie es überhaupt vertretbar ist.

Aber tief in meinem Herzen weiß ich, dass es nicht an Bodhi liegt. Selbst wenn er es war, durch den letztlich alles ins Rollen kam, ich habe über Jahre mitverfolgt, wie Janni sich vor meinen Augen verändert hat. Ich war nur nicht willens, es mir einzugestehen.

Und jetzt will Loma Linda sie vor die Tür setzen, weil sie angeblich stabil genug ist, um nach Hause zurückzukehren? Bis zum frühen Nachmittag sollen wir sie abgeholt haben, doch wir weigern uns und verlangen den Arzt zu sprechen. Der Arzt ist für Eltern donnerstags nur während der Besuchszeit zu sprechen.

»Die Gewaltausbrüche sind immer noch da!«, klagt Susan, als wir in Barbs Dienstzimmer auf den Arzt warten. »Nichts hat sich verändert. Sie hat ja nicht einmal andere Medikamente bekommen.«

»Wird alles eitel Sonnenschein sein?«, säuselt Barb. »Nein, natürlich nicht. January ist kein einfaches Kind.«

»Aber sie ist eine Gefahr für Bodhi! Wie um Himmels willen soll ich ihn vor ihr beschützen?«

»Sie müssen in den sauren Apfel beißen und strenger mit ihr sein«, mahnt Barb.

»Ich möchte mal sehen, wie Sie mit ihr fertig werden, wenn Sie ein Baby im Arm halten!«, wirft ihr Susan an den Kopf.

»Hören Sie«, erwidert Barb in einem Ton, der tröstlich sein soll, in Wahrheit aber herablassend ist, »auch ich habe ein Kind großgezogen, das einen ausgeprägten Dickkopf hatte. Niemand sagt, dass Kindererziehung leicht ist.«

»Wir gehen auch gar nicht davon aus, dass es ›leicht‹ ist«, platzt Susan entnervt der Kragen. »Aber es kann nicht sein, dass wir permanent Angst haben, dass sie Bodhi umbringt! Wir können so nicht mehr leben!«

Barb nickt. »Ich glaube, ich höre den Doktor. Ich hole ihn rasch herein, damit er mit Ihnen redet.«

Sie geht und schließt die Tür hinter sich.

Barb kommt mit dem Arzt zurück, der aussieht, als komme er direkt vom 18-Loch-Golfplatz. Er ist sonnengebräunt und steckt in einer dieser grauenvollen karierten Golfhosen, wie sie mein Großvater, Gott habe ihn selig, immer trug. Er setzt sich auf Barbs Schreibtischkante.

»Wie ich höre, wollen Sie mich sprechen?«

»Ja.« Susan kommt ohne Umschweife zur Sache. »Sie haben die Medikamente nicht umgestellt. Im Gegenteil, Sie haben überhaupt nichts getan, und jetzt wollen Sie Janni entlassen.«

»Ich war nicht der Ansicht, dass eine geänderte Medikation vonnöten ist«, sagt er lächelnd. »Tatsächlich bin ich überzeugt, dass sie in sechs Monaten völlig ohne Medikamente auskommen wird.«

Er strahlt eine derartige Selbstgewissheit aus, dass mich grenzenlose Erleichterung überkommt.

»Und die Schizophrenie?«, fragt Susan.

»Ich erkenne keinerlei Anzeichen für eine Schizophrenie. Sie interagiert mit dem Pflegepersonal.«

»Und was ist mit den Gewaltausbrüchen?« So einfach gibt sie nicht auf. »Die sind unvermindert da. Muss sie Bodhi erst umbringen, bevor endlich jemand etwas unternimmt?«

»Susan«, sage ich sanft. Ich bin es leid, dass sie dauernd alle anschreit. Vielleicht bin ich auch des dauernden Kämpfens überdrüssig.

Nun geht sie auf mich los. »Du bildest dir immer noch ein, dass es denen was bedeutet, aber das stimmt nicht. Wenn sie Bodhi umbringt, werden die sagen: ›Ach, wie traurig‹, und weitermachen, als wäre nichts geschehen.«

»Das ist nicht wahr«, entgegnet Barb. »Wir sind mit ganzem Herzen dabei.«

»Ich möchte Sie etwas fragen«, wendet sich der Arzt an Susan. »Sie war doch drei Wochen im Alhambra?«

Susan nickt. »Und auch da wurde nicht das Geringste unternommen.«

Der Arzt nickt verständnisvoll, ganz wie der Doktor auf dem berühmten Gemälde von Norman Rockwell. »Und wie lange war sie daheim, ehe Sie sie ins UCLA brachten?«

»Vier Tage«, entgegnet Susan.

Der Doktor lehnt sich mit wissender Miene zurück. »Sie hatten sie also ganze vier Tage bei sich, ehe Sie sie wieder ins Krankenhaus brachten. Was sagt Ihnen das?«

»Es sagt mir, dass sie womöglich schizophren ist, dass es ihr kein Stückchen besser geht und dass niemand auf sie hören will, weil sie noch so klein ist. Ich schärfe ihr wieder und wieder ein, dass sie den Ärzten die Wahrheit sagen muss. Und sie versichert mir, dass sie das tut, dass man ihr aber einfach nicht glauben will!«

»Was macht Sie so sicher, dass sie schizophren ist?«, fragt er.

»Dass einzig und allein das Thorazine ihre Gewaltausbrüche unterbindet«, erwidert Susan.

»Thorazine ist ein Sedativum. Das unterbindet alles.«

»Das ist nicht wahr. Janni hat auch davor schon Neuroleptika bekommen und die hatten keinerlei Wirkung. Sie tollte herum, als hätte sie nie etwas genommen«, gibt Susan zurück.

Ich weiß selbst nicht, weshalb ich stumm bleibe und Susan das Streiten überlasse. Vielleicht halte ich die Ungewissheit nicht mehr aus. Ich halte die dauernde Angst nicht mehr aus. Ich halte es nicht mehr aus, dass niemand uns helfen kann.

»Dazu kann ich nichts sagen«, weicht der Arzt aus, »aber finden Sie nicht selbst, dass es eine sehr kurze Spanne ist, sie nach gerade einmal vier Tagen, in denen sie mit dem wirklichen Leben konfrontiert war, zurück ins Krankenhaus zu stecken?«

»Wir sind nicht fertig geworden mit ihr! Sie war völlig außer Rand und Band.«

Der Ton des Arztes wird sanfter.

»Soll ich Ihnen sagen, welche Diagnose ich Janni stelle? Schwere Angstzustände.« Er seufzt, als bemühe er sich vergebens, uns ein komplexes Bild verständlich zu machen. »Wir Erwachsenen vergessen sehr gerne, wie es ist, ein Kind zu sein. Die Welt macht einem Angst.«

»Wir haben Angst, dass Janni ihren Bruder umbringt!«, stößt Susan erbittert aus.

»Sie sagten, sie sei drei Wochen im Alhambra gewesen und habe sich dort wohlgefühlt. Sie wollte dort bleiben. Dann holt man sie raus, sie hat einen schlechten Tag, was für ein Kind, wie für uns alle, letztlich ganz normal ist, und Ihnen fällt nichts Besseres ein, als sie sofort zurück ins Krankenhaus zu schaffen«, rekapituliert der Herr Doktor. »Was meinen Sie, was sie daraus lernt?«

Susan starrt ihn wütend an und harrt auf seine Antwort.

»Wenn es im Leben schwierig wird, dann renn davon, das ist die Lehre, die sie daraus zieht. Und meiner Ansicht nach ist das auch der Grund, weshalb wir hier nicht das Ausmaß an Gewalt beobachten, von dem Sie berichten, wenngleich ich keineswegs an Ihren Worten zweifle. Sie ist sogar gerne hier. Sie hat Barb und sämtlichen Angestellten gesagt, wie gut es ihr hier gefällt.«

»Weil sie hier mit Kindern zusammen ist, die sind wie sie«, gibt Susan zurück.

Der Arzt schüttelt den Kopf. »Nein, es gefällt ihr hier, weil sie sich nicht mit den Widrigkeiten der Welt auseinandersetzen muss, ihren Gefühlen für Bodhi zum Beispiel. Ich bin mir sicher, dass Sie nur das Beste für sie wollen. Sie sind ohne jeden Zweifel überaus engagierte Eltern. Aber jedes Mal, wenn Sie sie ins Krankenhaus bringen, geben Sie ihr damit die Gelegenheit, vor ihrem eigenen Leben davonzurennen. Dieser Weg mündet fast zwangsläufig in der ständigen Unterbringung in der Psychiatrie. Solange es die staatlichen psychiatrischen Kliniken noch gab, konnte ich das ständig beobachten. Es ist nicht so, wie man das vom Kino kennt. Die meisten Patienten wollten nicht wieder raus. Sie wollten nicht raus, weil das Leben in der Anstalt so viel einfacher ist.«

»Sie kann es nicht steuern«, beharrt Susan. »Sie sagt selbst, dass sie es nicht kontrollieren kann.«

Der Doktor zuckt die Schultern. »Augenscheinlich kann sie es sehr wohl steuern, wenn es ihr gerade in den Kram passt. Die Frage ist doch, fordern Sie wirklich ein, dass Janni sich beherrscht, oder nehmen Sie es nicht vielmehr hin, dass etwas nicht in Ordnung ist und Sie leider nichts dagegen tun können?«

»Wir arbeiten uns an ihr ab, seit sie auf der Welt ist!« Susan schreit sich förmlich die Lunge aus dem Leib. »Sie war nie wie andere Kinder. Sie hat als Säugling nie geschlafen. Damit sie wenigstens ein klein bisschen schläft, mussten wir ihr permanent etwas Neues bieten und sie rund um die Uhr beschäftigen. Nicht einmal, wenn sie krank war, hat sie einen Gang runtergeschaltet. Wir mussten trotzdem das volle Programm mit ihr durchziehen.«

»Würdest du den Mann bitte auch mal zu Wort kommen lassen«, unterbreche ich sie schließlich. »Wenn du hier wütend wirst, bringt uns das auch nicht weiter.«

»Aber niemand tut hier etwas!«, schreit Susan mich an. »Niemand hört auf sie.«

»Wie oft sollen wir sie noch ins Krankenhaus bringen, nur um immer wieder dasselbe zu hören zu bekommen?«, herrsche ich sie an. »Ist dir schon mal der Gedanke gekommen, dass wir womöglich nur deshalb immer dasselbe zu hören bekommen, weil es einfach wahr ist?«

»Schön«, sagt Susan, »wenn du diesen Vollidioten glauben willst, bitte sehr.«

Ich verziehe das Gesicht. Ich weiß, sie ist ebenso frustriert wie ich, aber ich mag es einfach nicht, wenn sie die Ärzte so unverhohlen attackiert.

»Was schlagen Sie also vor?«, frage ich den Arzt.

»Setzen Sie ihr Grenzen«, lautet sein Rat.

»Sie lässt sich aber nichts sagen«, erwidert Susan patzig.

»Es wird ihr letztlich nichts anderes übrig bleiben«, entgegnet der Doktor. »Es wird nicht leicht werden, da will ich Ihnen gar nichts vormachen, aber Sie dürfen nicht nachgeben und müssen ihr Grenzen setzen. Im Augenblick sieht sie in Ihnen nur Angst und das wiederum macht ihr Angst. Deshalb schlägt sie um sich. Hören Sie auf, Angst zu haben, und sie wird aufhören, um sich zu schlagen.«

»Er hat recht«, sage ich.

Susan sieht mich wutentbrannt an. »Was soll das heißen: ›Er hat recht‹?«

»Wir leben in permanenter Angst vor ihr.«

»Wir leben in Angst, weil sie Bodhi umbringen will!«

»Aber es ist noch nie etwas Schlimmes geschehen.«

»Weil wir sie daran hindern.« Susan verhöhnt mich.

»Aber wir sind die Eltern!«, protestiere ich und schlage mir auf die Brust. »Es kann nicht sein, dass wir Angst vor unserem eigenen Kind haben!«

Vorsichtig mischt der Doktor sich ein. »Glauben Sie mir, Sie müssen nur strenger mit ihr sein. Das wird am Anfang verdammt schwer sein, denn Sie müssen jede noch so kleine Regelverletzung strikt ahnden. Geben Sie keinen Millimeter nach. Zeigen Sie ihr, dass ihr Betragen nicht hinnehmbar ist.«

»Das haben wir doch längst versucht!«, schreit Susan.

»Nein, haben wir nicht«, entgegne ich. »Als es mit der Gewalt anfing, haben wir sie umgehend zum Psychologen geschafft. Wir haben ihr nie Grenzen gesetzt.«

»Du bist es doch, der ihr alles durchgehen lässt, nur damit Ruhe ist!«

»Das war falsch.«

»Wieso gehst du seit Neuestem dauernd auf mich los?«

Ich weiß es selbst nicht. Aber gegen wen als Susan sollte ich meine Aggressionen richten, da die Ärzte mir doch ununterbrochen versichern, dass Janni nichts fehlt? »Ich habe einfach die Schnauze voll davon, dass ich der Einzige bin, der diese Familie zusammenhält.«

»Du bist bei Gott nicht der Einzige! Wer kümmert sich denn um Janni, damit du zur Arbeit gehen kannst?«

»Und was machst du? Du rufst permanent an und jammerst, dass du mit ihr nicht fertig wirst!«

Susan sieht mich angewidert an, wie einen Wurm. »Aber du bist ohne Fehl und Tadel, ja?«

Der Doktor legt mir und Susan seine Hand auf die Schulter. »Sehen Sie, was sie mit Ihnen macht? Sie zerstört Ihre Familie. Und es ist niemandem geholfen, wenn Sie ihr das durchgehen lassen, am allerwenigsten Janni selbst. Wenn Sie sie jetzt nicht in die Schranken weisen, wird es nur schlimmer.«

Er hat recht. Wir leben in permanenter Furcht und das ertrage ich nicht mehr. Janni ist auf dem besten Wege, in naher Zukunft Bekanntschaft mit dem Jugendrichter zu machen. Ihr gesamtes Potenzial, all ihre Möglichkeiten, alles würde sie sich verbauen, aber ich werde nicht zulassen, dass es so weit kommt. Wenn es nicht anders geht, werde ich der Vater sein, der ich nie sein wollte: der despotische Vater, der keinen Millimeter nachgibt. Ich lasse nicht zu, dass Janni sich ihr Leben versaut.

Sobald Janni uns übergeben wird, ist für Streit keine Zeit mehr. Wieder dreht sich alles nur um Janni. Susan und ich müssen die zwischen uns köchelnde Wut hintanstellen.

Wir bringen die Entlassungsformalitäten in Loma Linda hinter uns und wollen Jannis Heimkehr im nahe gelegenen Red-Lobster-Restaurant feiern. Dabei ist eigentlich niemandem nach feiern zumute, es gleicht eher dem Essenfassen in den Schützengräben des Ersten Weltkriegs und niemand weiß, wann der Granatenbeschuss wieder einsetzt.

Susan sitzt mir gegenüber. Bodhis Kindersitzschale steht an der Tischkante. Janni entscheidet sich, wie meistens, für den Platz an meiner Seite, auch wenn man streng genommen nicht davon sprechen kann, dass sie sitzt. Sie tollt herum und steigt immer wieder auf die Sitzbank, um nach ihrem Essen Ausschau zu halten. Meinen Aufforderungen, sich wieder hinzusetzen, leistet sie tatsächlich jedes Mal Folge, allerdings nur, um nach einem Salzstreuer oder sonst etwas Werfbarem zu greifen.

»Janni, wenn du damit wirfst, fahren wir auf der Stelle heim«, ermahne ich und übe mich schon einmal in der Rolle des strengen Vaters, was mir alles andere als leicht fällt. Im Grunde wünsche ich mir nur ein angenehmes, friedliches Abendessen. Im Gegensatz zu unseren früheren Restaurantbesuchen werde ich mich heute nicht bemühen, Janni irgendwie bei Laune zu halten, bis das Essen kommt. Heute muss sie warten.

Janni sieht mich an und wägt ab, ob es mir ernst ist. Nach einem bekräftigenden Blick meinerseits legt sie den Salzstreuer weg. »Aber ich habe Hunger!«

»Das ist kein Grund, hier mit Sachen zu schmeißen«, halte ich ihr entgegen.

»Aber ich habe Hunger«, wiederholt Janni wie zur Rechtfertigung. »Es dauert soooo lang, bis das Essen kommt!«

Für Janni ist es absolut bedeutungslos, dass die Bedienung unsere Bestellung vor gerade einmal fünf Minuten aufgenommen hat und es einfach eine gewisse Zeit dauert, bis das Essen bereitet ist.

»Dann iss einen Keks.« Ich halte ihr einen hin.

»Nein.«

»Dann kann der Hunger so schlimm nicht sein.«

»Ich war auch immer wählerisch beim Essen«, sagt Susan.

Ich werfe ihr einen bösen Blick zu. Das ist nicht eben hilfreich. Wenn diese Strategie Erfolg haben soll, dann müssen wir an einem Strang ziehen. Janni darf nicht den Eindruck haben, dass ein Elternteil nachgeben wird, wenn der andere standhaft bleibt. Im Übrigen waren das die ersten Worte, die Susan seit Loma Linda an mich gerichtet hat.

Die Bedienung bringt überbackene Käseschnittchen und Janni greift danach.

»Das wird heiß sein«, warne ich Janni.

Janni beachtet mich nicht, beißt hinein, reißt den Mund auf und lässt die halb zerkaute Käseschnitte auf den Boden fallen.

»Heiß!«, beschwert sich Janni.

Ich seufze ärgerlich. »Ich hab ja gesagt, dass es heiß ist. Du musst es abkühlen lassen.«

Anstatt zu warten schnappt sich Janni sofort die nächste Käseschnitte, beißt hinein und speit sie wieder aus.

»Janni, du sollst warten, habe ich gesagt!«

»Aber ich hab Hunger!«, jammert sie.

»Aber es nützt doch nichts, wenn du essen willst, solange es noch zu heiß ist. Lass es abkühlen.«

Janni greift nach der nächsten Käseschnitte, schiebt sie sich in den Mund, mault, sie sei heiß, und spuckt sie aus.

»Janni«, mahne ich, entnervt von ihrem Unvermögen, etwas abzuwarten. »Essen darf man nicht vergeuden!«

Übergangslos rutscht Janni von der Sitzbank und hockt sich auf den Boden.

»Janni, was soll das?«, heische ich sie an.

»Kannst du endlich aufhören, sie anzubrüllen?«, fährt Susan mich an. »Sie ist frisch aus dem Krankenhaus entlassen.«

Ich beuge mich zur Seite, um zu sehen, was Janni unter dem Tisch treibt. Wie eine Ratte kauert sie auf dem Boden, sammelt die ausgespienen Käseschnittchen auf und stopft sie sich in den Mund.

»Janni, man isst nicht vom Fußboden!« Ich werde jetzt laut, aber sie hört nicht auf mich. Sie bietet einen grausigen Anblick, nicht wie ein Kleinkind, das Süßigkeiten vom Boden aufsammelt, vielmehr wie ein Verhungernder, der sich durch die vom Tisch gefallenen Brosamen wühlt.

»Janni, hier ist ein ganzer Teller Käseschnittchen«, appelliere ich an ihre Vernunft.

»Lass gut sein«, sagt Susan zu mir.

Fassungslos starre ich sie an. »Ich lasse nicht zu, dass sie vom Fußboden isst! Das tut man nicht!«

»Seit wann interessierst du dich für Umgangsformen?« Ausgerechnet diesen Moment sucht Susan sich aus, um mich wieder einmal herunterzumachen.

Aber das ist etwas anderes. Janni hat nichts Menschliches mehr. Inzwischen nimmt sie nicht einmal mehr die Hände zu Hilfe, sie frisst mit gesenktem Kopf direkt vom Fußboden. Sie ist nicht auf dem Weg der Besserung, sie entwickelt sich zurück.

»Janni, du kommst sofort hoch oder wir gehen.«

Sie hört nicht auf mich.

Ich packe sie am Kragen und zerre sie hoch. Ich lasse nicht zu, dass meine Tochter zum Tier wird.

»Pass doch auf!«, mahnt Susan. »Schlag ihr nicht den Kopf an.«

Janni flüchtet tiefer unter den Tisch, außerhalb meiner Reichweite. Leise fluchend tauche ich unter die Sitzgruppe ab, packe sie an den Beinen und ziehe sie heraus. Sie stößt einen derart ohrenbetäubenden Schrei aus, dass das ganze Restaurant zu uns hersieht.

»Also schön, jetzt reicht's. Komm mit, Janni.«

»Wo gehen wir hin?«

»Du nimmst jetzt eine Auszeit.«

»Wir sind aber nicht daheim«, hält mir Janni neunmalklug entgegen. »Du kannst mich nirgends hinstecken.«

»Wir gehen zum Auto«, erwidere ich und krieche mit Janni im Schlepp unter dem Tisch hervor, wobei ich um ein Haar Bodhis Kindersitzschale umwerfe.

Kreischend und auf mich einprügelnd kommt Janni wieder zum Vorschein. Auch wenn ich es nicht sehen kann, spüre ich die fassungslosen Blicke der Restaurantgäste im Rücken.

»Wir setzen uns jetzt so lange ins Auto, bis du dich benimmst.«

»Aber ich habe Hunger«, greint Janni.

»Du kommst erst wieder rein, wenn du es dir verdient hast«, entgegne ich.

Janni flennt und zerrt an mir. Völlig ausgeschlossen, dass sie freiwillig und gesittet mit mir nach draußen geht. Mir bleibt nichts übrig, als sie wie einen Kartoffelsack zu schultern. Ohne die Faustschläge gegen meinen Hinterkopf zu beachten, schleppe ich meine kreischende Tochter durch das Restaurant.

Als wir den Ausgang erreichen, blickt die Empfangsdame verdutzt auf. Das Entsetzen steht ihr ins Gesicht geschrieben.

»Stimmt etwas nicht?«, fragt sie und steht blöde im Weg.

»Hätten Sie die Güte, mir die Tür aufzuhalten?«, bitte ich gereizt.

Die Empfangsdame schüttelt ihre Lähmung ab und öffnet die Tür. Ich trage Janni hinaus, möglichst ohne ihr dabei den Kopf anzustoßen, und endlich sind wir im Freien.

Durch das Abenddunkel gehen wir zum Auto. Ich muss Janni absetzen, um an die Autoschlüssel zu kommen. Kaum ist sie auf dem Boden, will sie sofort zurück ins Restaurant rennen, aber ich strecke instinktiv den Arm aus und halte sie fest. Mit einem Ruck spannen sich die Sehnen in meinem Arm wie eine Angelschnur. Es reißt Janni zu mir.

Ich entriegle das Schloss, öffne die Beifahrertür und schubse Janni hinein, dann drücke ich schnell die Tür zu, damit Janni die Finger nicht um den Türrahmen legen kann. Doch bevor ich die Tür schließen kann, stemmt Janni sich schon von innen dagegen. Es steht meine Kraft gegen ihre und gespenstischerweise scheinen sie gleich. Mit aller Macht stemmt sie sich gegen die Tür, während ich mein ganzes Körpergewicht von außen dagegenwerfe und den Verriegelungsknopf am Schlüssel drücke.

Janni schreit, aber nicht so, wie sie schreit, wann immer etwas nicht nach ihrem Kopf geht, diesmal ist es ein durchgehender Ton, so als säße der Tod höchstselbst mit ihr im Wagen. Doch mir bleibt keine Zeit zum Überlegen. Janni weiß genau, wie die Tür sich öffnen lässt. Sie drückt den Zentralverriegelungsknopf und schon springt die Beifahrertür auf.

Ich stoße mit dem linken Arm die Tür zu und drücke mit der rechten Hand den Verriegelungsknopf. Sie dreht sich von mir weg und springt über den Schalthebel der Mittelkonsole auf den Fahrersitz. Ich renne um die Motorhaube, werfe mich mit dem ganzen Körper gegen die sich öffnende Fahrertür und drücke wieder die Verriegelung.

Sie versucht es noch einmal, aber ich halte die Tür fest zu.

»Ich muss raus!«, schreit sie und trommelt mit den Fäusten gegen die Scheibe, die unter der Hitze, die Janni abstrahlt, sofort beschlägt.

»Erst wenn du dich beruhigt hast.« Ich bin nicht böse. Es geht nur darum, ihr klarzumachen, dass sie sich nicht durchsetzen wird.

Sie klettert über die Mittelkonsole auf die Rückbank und zur hinteren Tür auf der Fahrerseite, aber ich bin schneller und drücke dagegen, damit sie sie nicht öffnen kann. Janni dreht ab, kriecht über die Rückbank, bleibt kurz an der Verankerung von Bodhis Kindersitz hängen, will zur Beifahrerseite. Als ich das sehe, renne ich sofort los, um die hintere Beifahrertür zuzuhalten. Dunkel bin ich mir bewusst, wie wahnsinnig das alles ist, wie ein pervertiertes Kinderspiel. Immer bin ich vor ihr an der Tür, durch die sie gerade ins Freie entkommen will, und halte sie zu.

»Du brauchst dich nur zu beruhigen und mir versprechen, dass du brav bist, dann lass ich dich raus«, sage ich ruhig durch das Fenster. »Ich will dich nicht bestrafen. Du sollst dich nur beruhigen.«

Janni katapultiert sich über die Rückenlehne in den Laderaum unseres kleinen SUVs. Ich gehe nach hinten, um zu sehen, ob sie sich endlich beruhigt hat und ich sie herauslassen kann. Sie trommelt mit einer solchen Vehemenz an die Heckscheibe, dass es wehtun muss.

»Janni, hör sofort auf damit!«, rufe ich zu ihr hinein. »Du brichst dir noch die Hände!« Mir ist vollkommen klar, dass nur ich allein ihr das antue, aber irgendwann muss einfach Schluss sein. Wir können uns nicht alles gefallen lassen.

»Lass mich raus!«, kreischt sie. »Bitte!«

»Erst wenn du dich beruhigt hast«, wiederhole ich und habe Mühe, nicht die Stimme zu erheben.

Jannis Blick huscht durch den Wagen. Es liegt noch Sandkastenspielzeug im Auto, aus der Zeit, als wir noch in den Park gingen. Sie nimmt ein Eimerchen und wirft es gegen die Scheibe. Es plumpst wirkungslos herunter.

Sie wühlt wie wahnsinnig in den Spielsachen und schleudert eins nach dem anderen an die Scheibe. *Gib doch einfach nach, Janni. Ich weiß ja, dass die Welt zu dumm für dich ist. Es tut mir furchtbar leid, aber wenn du so weitermachst wie bisher, werden die Leute deine Genialität nie erkennen. So bringst du sie nur dazu, dass sie dich wegsperren.*

Als nichts Werfbares mehr da ist, klettert sie auf den Vordersitz, kramt ihre CD-Box heraus und drischt sie an die Windschutzscheibe.

»Mach sie ruhig kaputt, Janni, ich kaufe dir keine neuen. Es ist mir gleich, wenn du das Auto ruinierst. Du kommst erst raus, wenn du dich beruhigt hast.« *Du kannst nicht gewinnen, Janni. Lieber zerbreche ich dich, als dass ich zusehe, wie die Welt dich zerbricht.*

Schließlich wirft sie sich mit tränenüberströmten Wangen und entsetzensstarrem Blick gegen das Fenster der Fahrertür. Instinktiv will ich sie herauslassen. Ich kann nicht mehr beurteilen, was richtig und was falsch ist. Ich wünschte, es wäre ein Fachmann da und könnte mir versichern, dass ich das Richtige tue.

»Bring mich zurück!«, jammert sie.

»Wohin soll ich dich zurückbringen?«

»Ins Krankenhaus!«

Ins Krankenhaus. Sie will sich ins Krankenhaus flüchten. Sie zieht das Krankenhaus der Außenwelt vor. Die Welt macht ihr Angst.

Ich muss sie durch diese Ängste lotsen.

»Nein«, entgegne ich. Ich ertrage es nicht, sie so zu sehen. Mit ihrer Gewalt kann ich umgehen, aber nicht mit dieser Angst. Jetzt ist sie ganz Kind. Aber ich muss das bis zum Ende durchstehen. Es ist gut möglich, dass ich der Einzige bin, der sie noch retten kann. Ich verschließe mein Herz. »Wir gehen nicht ins Krankenhaus.«

»Aber ich muss da rein! Lass mich zurück!«

Sie ist wie ein in die Enge getriebenes Tier. Ich wende den Blick ab. *Es ist notwendig, Michael. Du musst das durchstehen, oder sie wird ihr Leben hinter Krankenhausmauern zubringen. Sie wollte nicht von Alhambra weg. Es stimmt, was die in Loma Linda sagen. Sie muss lernen, mit dem wirklichen Leben zurechtzukommen.*

Ich sehe sie wieder an. »Wir gehen nicht ins Krankenhaus zurück, Janni!«

»Bitte! Ich muss zurück!«

»Ich bringe dich da nicht wieder hin.«

»Ich will aber!«

»Nein.«

Sie wendet sich vom Fenster ab und hockt heulend und mit untergeschlagenen Beinen auf dem Fahrersitz.

Ich seufze, lehne mich wie erschlagen an die Tür und schaue zu ihr hinein. Vielleicht haben wir endlich einen entscheidenden Schritt getan. Sie hat all ihre Kräfte gegen mich mobilisiert und ich habe nicht nachgegeben.

»Es wird alles gut, Janni«, sage ich durch die Scheibe. »Wir stehen das durch.«

Mai 2008

Die Tür zu Jannis Kinderzimmer hat, wie jede normale Zimmertür, zum Schutz der Privatsphäre ein Schloss.

Ich hole den Kreuzschlitzschraubenzieher aus dem Werkzeugkasten und schraube innen und außen den Türknauf ab. Dann vertausche ich die Knäufe und schraube den mit dem Schloss an die Außenseite.

Ich schreie Janni nicht mehr an, wenn sie brüllt. Ich erkläre ihr nicht mehr, dass man das nicht tut, wenn sie prügelt. Ich schicke sie für eine Auszeit auf ihr Zimmer. Natürlich geht sie nicht freiwillig, ich muss sie jedes Mal hineinschleifen.

Als ich heute Morgen aus der Dusche kam, flüchtete Susan sich gerade mit Bodhi im Arm ins Schlafzimmer und schloss die Tür hinter sich ab, während Janni mit beiden Fäusten gegen das Türblatt trommelte. Also packe ich Janni am Kragen und zerre sie auf ihr Zimmer, wobei ich Susan stumm zum Teufel wünsche, weil sie es nicht schafft, sich gegen eine Fünfjährige zu behaupten und ich nicht einmal fünf Minuten in Ruhe duschen kann, ohne dass gleich alles im Chaos versinkt. Als Susan hört, dass ich zurück bin, wagt sie sich aus dem Schlafzimmer und ermahnt mich, ja nicht zu grob zu Janni zu sein.

»Tu ihr bloß nicht weh!«, schreit sie, als ich Janni an den Füßen über den Teppichboden schleife. In der einen Sekunde brüllt sie mich an, ich müsse aus der Dusche kommen und ihr helfen, weil

Janni wieder prügelt, um mich gleich im nächsten Moment für meine Reaktion zu rügen.

Ich bringe Janni auf ihr Zimmer, trage ihr auf, über ihr Verhalten nachzudenken, und wende mich um. Sofort springt sie auf, um an der Tür zu sein, ehe ich sie zudrücken kann. Ich muss schnellstens hinaus, damit Janni nicht die Hand in den Spalt stecken kann. Ich will die Tür nicht zuschlagen, wenn sie die Hand dazwischen hat.

Und so finden wir uns im Clinch an der Schwelle ihres Zimmers wieder: Sie, die sich an mir vorbeizwängen will, ich, der sie zurück ins Zimmer zu schieben versucht. Am Ende bleibt mir nichts übrig, als sie mit einem kräftigen Stoß rückwärts aufs Bett zu befördern, damit ich die Tür endlich schließen kann.

Sie landet auf dem Bett und rappelt sich auf. Entsetzt und ungläubig starrt sie mich an. Diesen Blick ertrage ich nicht. Ich wende mich ab und schließe die Tür.

In Jannis Vorschule ist heute Abend Tag der offenen Tür und wir gehen hin. Im Badezimmer sehe ich Susan beim Schminken zu. Ich habe vergessen, wann sie sich zuletzt geschminkt hat. Während ich in das Anzugjackett schlüpfe, werfe ich einen Blick auf Susan in Pumps und einem schicken, schwarzen Kleid. Wenn man uns im Spiegel sieht, könnte kein Mensch ahnen, was wir in den letzten fünf Monaten durchgemacht haben.

Janni spaziert in einem schwarz-weißen Kleid, das Susan ihr gekauft hat, ins Bad.

»Du siehst toll aus«, freut sich Susan für sie.

Janni kreischt, wie immer, wenn ihr jemand ein Kompliment macht.

»Janni«, mahne ich streng. »Das reicht.«

»Ich muss dir die Haare bürsten.« Susan greift nach einer Bürste und fängt an, Jannis Naturlocken zu entwirren. Janni schreit und will fliehen.

»Janni«, warne ich, »brauchst du eine Auszeit?« Mein Ton ist ruhig, kalt, kontrolliert.

»Das tut weh«, greint Janni und versucht, ihren Kopf dem Zugriff von Susans Bürste zu entziehen.

»Das kommt nur, weil du dich nicht bürstest«, erwidere ich ungerührt. »Und wenn du es nicht selber tust, dann muss Mama es machen. Du kannst es dir aussuchen.« Mein Tonfall lässt keinen Zweifel daran, dass dies die einzigen Möglichkeiten sind.

»Ich mach's selber.« Janni nimmt Susan die Bürste aus der Hand, wühlt sie sich in die dichte Mähne und zerrt mit einer derartigen Wucht daran, dass sie sich etliche Haarsträhnen ausreißt.

»Nicht so wild«, tadle ich. »Es gibt keinen Grund, so grob zu sein.« Janni bürstet sich deutlich kräftiger, als Susan es getan hat, aber sie beklagt sich nicht.

»Sanfte Züge«, sagt Susan, um ihr zu helfen, aber Janni wendet sich ab und rupft sich weiter die Haare aus.

»Tut das nicht weh?«, frage ich.

»Nein«, entgegnet Janni schlicht.

Janni bürstet sich fertig und legt die Bürste weg. Ich betrachte uns im Spiegel. Eine ganz normale Familie.

Susan schiebt Bodhi im Kinderwagen und ich folge Janni in ihr Vorschul-Klassenzimmer. Seit Janni im Januar eingeschult wurde, hat sie mehr als vier Wochen Unterricht versäumt. Zum Glück beherrscht sie den ganzen Stoff ohnehin längst.

Im Klassenzimmer nehme ich mir die Zeit, andere Eltern zu begrüßen. Etwas, das ich bisher nie getan habe. Ich gebe anderen Vätern die Hand und mache Konversation über Alltägliches.

Janni zeigt uns ihren Tisch und ihre Bastelarbeiten. Ich ergehe mich in denselben platten Artigkeiten wie die anderen Väter, anstatt blöde Scherze zu machen wie früher. Ich richte mein Verhalten an dem der anderen Väter aus, die ich aus dem Augenwinkel beobachte. Sie behandeln ihre Söhne und Töchter wie Kinder. Das war mein Fehler. Ich habe Janni immer wie eine Erwachsene behandelt. Sie ist ein Kind und braucht, ungeachtet all ihrer Genialität, eine starke elterliche Hand.

Ein Mädchen kommt zu Janni. »Hallo, Janni«, begrüßt sie sie.

»Hallo«, erwidert Janni, bar jeder Begeisterung.

Das kleine asiatischstämmige Mädchen tänzelt weiter.

»Das war doch eine Nette«, sage ich zu Janni. »Wie heißt sie denn?«

»Amanda.«

»Spielt ihr öfter zusammen?«

»Manchmal.«

»Geh doch zu ihr und rede mit ihr. Sie hat auch so ein hübsches Kleidchen an. Geh doch hin zu ihr und sag ihr, wie schön du ihr Kleid findest.« Wenn es anders nicht geht, werde ich sie zur sozialen Interaktion zwingen. Aber Janni gehorcht.

Ich streife durch das Klassenzimmer und versuche mir darüber klar zu werden, was ich jetzt mit mir anfangen soll. Ich habe mich völlig darin eingerichtet, Jannis Schatten zu sein. Ich komme mir vor wie frisch aus dem Gefängnis entlassen. Alles hier, das Klassenzimmer, das Zusammensein mit anderen Familien, will mir scheinen wie die vage Erinnerung an ein früheres Leben.

Mit halbem Ohr höre ich die Lehrerin Susan begeistert berichten, wie gut sich Janni entwickelt habe, seit sie aus Loma Linda zurück ist.

Aus reiner Gewohnheit sehe ich mich nach Janni um. Ich kann sie nirgends entdecken. Ich gehe zu Susan. »Wo ist Janni?«

Susan zeigt nach vorn zum Lehrerpult. »Sie spielt mit Amanda.«

Ich folge ihrem Blick. Janni steht dicht neben Amanda. Mit abwaschbaren Stiften zeichnen sie Schulter an Schulter Bilder auf die Tafel.

»Janni, Janni«, höre ich Amanda sagen. »Kannst du das auch?« Sie fängt eine Zeichnung an. Janni tut es ihr nach. Es wird gelacht. Janni lacht gemeinsam mit Amanda.

Rechts von ihnen ist die Tafel mit der »Ampeltabelle« und mein Blick wandert von links nach rechts, von rot über gelb nach grün. Nicht ein Name steht in Rot auf der Tafel. Einige sind gelb, aber die meisten Namen sind in Grün, auch Janni.

Ich bin stolz auf Janni, lasse mir das aber nicht anmerken. Ich bleibe ungerührt, kühl, kontrolliert. Janni nimmt zwar nach wie vor Seroquel und Depakote, ich glaube jedoch nicht, dass das der Grund für ihre Fortschritte ist. Ich habe die Regeln klargestellt. Ich zwinge Janni, sich mit der Wirklichkeit auseinanderzusetzen.

Juni 2008

Heute ist unser wöchentlicher Termin bei Dr. Howe.

»Ich muss zugeben, dass es sich dramatisch verbessert hat«, sagt Susan. »Früher hatten wir jeden Tag zehn bis zwölf Gewaltausbrüche, jetzt sind es nicht mehr als zwei bis drei. Auch wenn längst nicht alles perfekt ist, man kann damit leben.«

Dr. Howe nickt und sieht zu Janni, die mit der Puppenstube spielt. »Janni, wie geht's dir denn so?«

»Fein«, antwortet Janni emotionslos und ohne aufzuschauen.

»Wie läuft's in der Schule? Hast du dich eingewöhnt?«

»Ja.«

»Ich habe gehört, du hast eine Freundin gefunden.«

»Zauber 61«, antwortet Janni.

»Nein, Janni«, werfe ich ein, »eine echte Freundin.«

»Die ist echt.«

»Wer ist Zauber 61?«, fragt Dr. Howe.

»Ein Mädchen.«

»Und Amanda?«, hakt Susan nach. »Du magst Amanda doch.«

»Nicht so gern wie meine anderen Freundinnen.«

»Warum nicht?«, will Dr. Howe wissen.

»Meine anderen Freundinnen lassen mich nie allein.«

»Meinen Sie, wir können es wagen, die Medikamentendosis zu verringern?«, fragt Susan. »Sie nimmt immer noch 300 Milligramm Seroquel und 500 Milligramm Depakote.«

Dr. Howe nickt und sieht uns an. »Hm, für den Moment scheint es ihr sehr gut zu gehen. Lassen wir am besten alles, wie es ist.«

Ich verstehe das nicht. »Aber sie hat genau dieselben Dosen bekommen, ehe sie nach Loma Linda kam, und es hat absolut nichts bewirkt. Einen Fortschritt gibt es erst, seit ich strenger ihr gegenüber bin.«

Dr. Howe sieht mich aus dem Augenwinkel an. »Es kann geraume Zeit dauern, bis ein Medikament wirkt. Was nicht kaputt ist, soll man nicht reparieren.«

Ich muss an die erste Sitzung bei Dr. Howe nach Jannis Entlassung aus Loma Linda denken. Ich hatte von der Erwartung des Arztes in Loma Linda berichtet, Janni werde in sechs Monaten medikamentenfrei sein.

»Möglich«, hatte Dr. Howe nur gesagt. Sie wollte die Dosierung schon damals nicht senken.

Jetzt freut sie sich, dass es Janni besser geht, aber die Medikamente will sie noch immer nicht absetzen. Es scheint fast, als sei sie nicht wirklich überzeugt, dass der Gewaltorkan, der die letzten sechs Monate über unseren Köpfen tobte, ein für alle Mal vorüber ist. Ich aber, ich will, ich muss glauben, dass es endlich vorbei ist.

Ich sitze auf der Wohnzimmercouch, während Susan Janni badet.

Ich bade Janni nicht mehr. Seit ihrer Entlassung aus Alhambra.

In der Seitentasche meines Aktenkoffers steckt der Brief vom Sozialamt, der heute kam. *Die Ermittlungen bezüglich des Vorwurfs des sexuellen Missbrauchs sind hiermit offiziell eingestellt. Für eine Weiterverfolgung der Anschuldigungen liegen keine Gründe bzw. Anhaltspunkte vor.*

Anhaltspunkte. Das Wort behagt mir nicht. Mir ist klar, dass es sich wohl um einen Standardbrief handelt, dennoch stört es mich, denn mit den »Anhaltspunkten« bleibt eine Hintertür offen. Als die ganze Sache anfing, machte ich mir weit größere Sorgen um

Janni als um mich. Ich wusste, ich habe nichts zu verbergen. Ich ging davon aus, das Sozialamt würde eben ermitteln, wie es sich gehört, und dann wäre alles vorbei. Als der Brief kam, dachte ich, es ist vorbei. Dann sagt Susan: »Trotzdem ist es besser, wenn Janni auch künftig von mir gebadet wird.«

Ich glotze sie verständnislos an.

»Es ist das Risiko einfach nicht wert«, fährt Susan fort.

»Aber ich habe nichts getan.«

»Das weiß ich, trotzdem wurde Anzeige gegen dich erstattet. Sicher, du wurdest entlastet, aber was, wenn dich wieder jemand anzeigt? Man wird die Akten durchgehen und feststellen, dass du schon einmal angezeigt wurdest. Warum dieses Risiko eingehen? Es gibt keinen zwingenden Grund, dass du Janni badest.«

»Ich wollte ein guter Vater sein und meinen Teil beitragen.«

»Ich weiß, und das hast du ja getan. Aber jetzt darfst du es nicht mehr tun. Schau, ich finde es ja auch nicht schön. Das bedeutet nur mehr Arbeit für mich. Sie muss endlich lernen, sich allein zu waschen. Außerdem musst du aufpassen, dass du unter keinen Umständen mit einem Mädchen allein bist.«

Ich bin wütend.

»Wann soll ich denn bitte jemals allein mit einem Mädchen sein, außer mit Janni?«

»Ich sage ja nur, dass es nicht ratsam ist, sich in eine Lage zu begeben, in der Zweifel überhaupt aufkommen können.«

Endlich wird mir klar, dass es niemals vorbei sein wird. Ganz gleich, was in dem Brief steht, ich werde diesen Makel im Leben nicht mehr los.

Susan will sich schon wegdrehen.

»Du hast geweint.«

»Was?«

»An dem Abend, als sie kamen. Ich habe dich im Schlafzimmer weinen hören. Du warst so außer dir, dass Carlos mir Bodhi in den Arm drücken musste.«

»Natürlich war ich außer mir. Ich konnte nicht glauben, was ich da hörte.«

»Hast du es geglaubt?«

Susan zögert und ich kenne die Antwort.

»Ich wusste nicht, was ich glauben sollte«, sagt sie. »Er hat mir diese ganzen Sachen gesagt, als wäre es die Wahrheit.«

Ich fühle mich vernichtet. Wie konnte sie nur glauben, dass ich zu so etwas fähig wäre, und sei es auch nur für einen kurzen Moment?

»Hast du Janni danach gefragt?«, will ich in erstaunlich ruhigem Tonfall wissen.

»Ja, das tat ich. Hättest du das in meiner Lage nicht getan?«

Ich nicke. »Natürlich. Ich wäre besorgt, wenn du sie nicht gefragt hättest.« Aber das ist gelogen. Ich bin am Boden zerstört. Susan kennt mich seit 13 Jahren. Ich dachte, sie kennt mich besser.

September 2008

Nach dem Abendessen nehme ich mir Jannis Schultasche vor. Die »Hausaufgabenmappe« ist dicker als gewöhnlich. Obenauf liegen zwei, drei Blätter mit Übungen zum heutigen Unterrichtsstoff. Dann kommt das Hausaufgabenblatt. Es gibt eine Leseliste, eine Aufsatzliste und eine Rechtschreib-/Buchstabierliste, von der man sich jeweils eine Aufgabe aussuchen darf. Um alles abzuarbeiten, braucht es zwei, drei Stunden konzentrierter Arbeit. Und dann hängt da noch ein kleines, weißes Zettelchen mit einer Büroklammer an einem Bündel von Aufgabenblättern. Es stammt von Mrs. Parris, der Erstklasslehrerin. Ich lese es.

Janni weigert sich, in der Klasse mitzuarbeiten. Ich gebe ihr die Aufgaben zusammen mit den normalen Hausaufgaben mit nach Hause, damit sie sie nachholt.

Ich blättere die zusammengehefteten Seiten durch. Es sind nicht nur die Aufgaben von heute, die Janni nicht gemacht hat. Es sieht nach der Arbeit einer ganzen Woche aus.

Wie erschlagen setze ich mich auf den Boden. Es ist acht Uhr abends. Janni liegt draußen auf der Couch und all das Seroquel und Depakote, das sie den Tag über geschluckt hat, macht sie endlich etwas müde. Undenkbar, dass sie jetzt auch nur die Hälfte dieser Aufgaben erledigt. Ich hole tief Luft und versuche ruhig zu bleiben.

»Komm her, Janni. Hausaufgaben.«

»Ich bin müde«, ruft Janni aus dem Wohnzimmer.

Ich starre auf die nicht erledigten Aufgaben. Auf einem Blatt gilt es, Substantive und Verben zu unterscheiden. Janni konnte das, da war sie noch keine zwei. Ich weiß noch, wie ich sie beim Autofahren immer abfragte. Sie hat nie einen Fehler gemacht.

Ich gehe aus Jannis Zimmer ins Elternschlafzimmer, wo Susan völlig erledigt auf dem Bett liegt.

»Es könnte nichts schaden, wenn du sie dazu anhalten würdest, gleich nach der Schule ihre Hausaufgaben zu machen, solange sie noch nicht komplett groggy von den Medikamenten ist.«

»Wenn ich sie abhole, muss ich mit ihr zuallererst irgendwohin, wo sie sich abreagieren kann. Hast du vergessen, dass es Janni daheim nicht aushält? Wie soll ich sie denn die fünf Stunden, bis du heimkommst, beschäftigen und gleichzeitig aufpassen, dass Bodhi nichts passiert?«

»Lass sie ihre Hausaufgaben machen.«

»Mit einem Baby im Arm?«

»Leg Bodhi ab und arbeite mit ihr.«

»Du hast ja keine Ahnung, was ich mit den beiden durchmache, während du in der Arbeit bist. Du hast es komplett vergessen.«

»Solange du gearbeitet hast, habe ich mich um die beiden gekümmert.« Susan hat kürzlich erst ihren Job verloren.

»Das war nur an zwei Tagen! Aber jetzt bin ich mit den beiden permanent auf Achse, sobald Janni aus der Schule kommt. Ich muss mir dauernd was ausdenken, wo es Janni gefallen könnte. Ich komme gerade einmal ein paar Minuten vor dir heim.«

Genervt seufze ich. »Und dann bleibt alles an mir hängen. Du musst strenger mit ihr sein.«

»Ich bin fix und fertig!«

»Ich genauso. Ich habe den ganzen Tag unterrichtet.«

Wütend setzt sich Susan auf. »Das ist etwas völlig anderes. Du brauchst keine Angst zu haben, dass Janni dir davonrennt. Was soll ich denn machen, wenn sie das irgendwann tut? Ihr mit Bodhi im Arm hinterherrennen? Oder ihn einfach irgendwo liegen lassen?«

»Du musst ihr nur ruhig sagen, dass du gehst, wenn sie nicht gleich zurückkommt. Wenn du endlich einmal konsequent wärst, dann würde sie es früher oder später auch kapieren. Aber du setzt die Regeln nicht strikt um. Dauernd fährst du sie irgendwohin, wo sie hinwill, nur weil das einfacher für dich ist.«

»Ja, so ist es.« Susan sieht mich herausfordernd an. »Ich bin allein. Ich tue, was nötig ist, damit ich den Tag überstehe, bis du nach Hause kommst.« Sie legt sich wieder hin. »Und übrigens, es ist nicht so, als hätte ich Freizeit, während sie in der Schule ist. Jeden Tag fahre ich mit Bodhi zu Janni in die Schule.«

»Das solltest du nicht tun.«

»Ich muss aber. Wenn ich Janni nicht hoch und heilig verspreche, sie in der Mittagspause zu besuchen, weigert sie sich strikt, überhaupt in die Schule zu gehen.«

Das stimmt. Jeden Morgen, wenn ich Janni an der Schule absetze, fragt sie mich, wann Mama sie besuchen kommt.

»Sie muss lernen, sich in der Gemeinschaft zurechtzufinden.«

»Mrs. Parris mag sie nicht und das spürt Janni.«

»Nein, du magst Mrs. Parris nicht, weil sie Janni nicht beibringt, was ihr deiner Meinung nach beigebracht werden müsste.«

»Ja! Sie ist ein Genie!«

»Das wird nur niemanden je interessieren, solange sie nicht lernt, sich an Regeln zu halten.« Ich kehre Susan den Rücken zu und gehe ins Wohnzimmer, wo Janni auf der Couch döst. »Komm, Janni. Ich weiß, dass du müde bist. Mama hätte früher mit dir Hausaufgaben machen müssen, aber das hat sie nicht.«

»Ich mag nicht«, brummelt Janni. »Ich bin zu müde.«

»Nur ein bisschen«, entgegne ich. »Ich helfe dir.«

Janni stolpert in ihr Zimmer und setzt sich an den Schreibtisch, den wir eigens für sie angeschafft haben.

»Ich bin müde«, jammert sie.

»Ich weiß. Nur drei Aufgaben. Was sollen wir zuerst machen?«

»Das da.« Sie deutet auf ein Hausaufgabenblatt mit einer Katze.

»Fein.« Ich lese die Aufgabenstellung. »Schreibe einen Absatz und kringle die Hauptwörter ein. Das ist nicht schwer.« Ich drücke ihr den Bleistift in die Hand.

»Was soll ich schreiben?«, fragt sie.

»Erzähle etwas über eine Katze«, sage ich.

Ich habe eine Katze. Sie heißt 400. Sie ist hellrot getigert. Beim zweiten »g« in »getigert« zieht sie den Unterstrich weit hinab, so als könne sie nicht aufhören. Sie zieht ihn bis zum Blattrand.

»Das ist falsch«, sagt sie, mehr zu sich als zu mir.

»Das macht nichts«, beruhige ich und gebe ihr den Radiergummi. Aber Janni nimmt den Radiergummi, wirft ihn fort und zerreißt das Blatt.

»Janni, du warst doch schon fertig! Jetzt müssen wir noch einmal von vorn anfangen!« Ich schließe die Augen und bemühe mich, ruhig zu bleiben.

»Ich will aber nicht.« Janni starrt an die leere Wand.

Ich atme durch und streiche mir das Haar zurück. »Janni, du musst deine Aufgaben machen.« Janni schaut mich an und boxt mir auf den Arm.

»Okay, Janni. Das gibt zehn Minuten Auszeit wegen Schlagen.« Ich gehe zur Tür. Janni hechtet sich zu Boden, will mich an den Knöcheln packen, damit ich nicht zur Tür komme, aber ich gehe einfach aus dem Zimmer und sperre hinter mir ab.

Drinnen knallt etwas Schweres an die Tür. Wahrscheinlich der Stuhl. Das ist der einzig größere Gegenstand, der noch im Zimmer verblieben und leicht genug ist, damit sie ihn werfen kann. Wann immer sie eine Auszeit bekommt, schleudert sie alles, was sie in die Hand nehmen kann, gegen die Tür.

»Jetzt sind es 15 Minuten«, rufe ich.

Sie schleudert den Stuhl noch einmal. Sie wird ihn kaputt machen.

»20 Minuten«, rufe ich und komme mir vor wie ein Richter, der einem renitenten Angeklagten das Strafmaß sukzessive erhöht.

Ich warte, was noch alles gegen die Tür fliegen wird, aber es kommt nichts mehr. Ich lege das Ohr an die Tür und horche auf das Kratzen des Stifts an der Wand. Sobald Janni nichts Werfbares mehr hat, fängt sie damit an, die Wände vollzukritzeln. Beispielsweise mit dem Wort »Löwe«, mit den Namen ihrer Fantasiefreunde und Ausdrücken ohne Sinn, wie »Von Dog«.

»Janni«, rufe ich hinein. »Du weißt, wenn du wieder die Wände vollschreibst, musst du alles abwaschen, ehe du aus dem Zimmer darfst.« Ich sage das, obwohl ich weiß, dass sich die Schrift unmöglich abwaschen lässt, egal, wie fest man schrubbt, vor allem, wenn sie roten Marker nimmt.

Keine Reaktion.

»Janni?«

Ich öffne die Tür und blicke ins totale Chaos, alles ist voller Blätter. Die Lampe liegt auf dem Boden.

Nur von Janni ist nichts zu sehen.

»Janni?«

Im begehbaren Kleiderschrank brennt Licht. Dort sitzt Janni auf dem Boden und wickelt sich die Ärmel einer Bluse um den Hals, dazu knirscht sie laut mit den Zähnen.

»Was soll denn das?«, frage ich und reiße die Bluse an mich. »Lass das! Du leierst deine Sachen ja völlig aus und am Ende passt dir nichts mehr.«

»Ich will mir den Hals brechen«, erwidert sie in einem Ton, der zugleich träumerisch und energisch ist. Sie zerrt eine andere Bluse vom Bügel und schlingt sie so fest um ihren Hals, dass ihre Hände zittern.

»Janni, lass das!« Ich greife nach der zweiten Bluse, will sie ihr entreißen, aber sie klammert sich daran wie an eine lebensrettende Boje.

»So was tut man nicht«, sage ich. Das hört sich selbst in meinen Ohren verrückt an. Will ich ihr gerade verbieten, sich umzubringen?

»Ich will aber wissen, wie man sich den Hals bricht!«, kreischt Janni.

Ich müsste nachfragen, weshalb um alles in der Welt sie das will, lasse es aber sein. In den letzten neun Monaten hat sich unser Leben in einer Weise verändert, wie ich es niemals hätte vorhersehen können. Ich bin abgestumpft. Mich schockiert nichts mehr. Es geht nicht. Nicht einmal das.

»Das geht nicht«, sage ich nur.

Janni legt sich die Hände an die Gurgel und drückt zu.

»Janni, lass das«, brülle ich und will die Finger unter ihre Hände zwängen, um sie wegzustemmen.

»Was macht sie denn?«, ruft Susan, die ins Zimmer gelaufen kommt.

»Sie sagt, sie will sich den Hals brechen«, erwidere ich und drehe mich zu ihr um. Ich weiß, das müsste mich in Todesangst versetzen, aber alles, was ich fühle, ist eine leichte Irritation.

»Oh mein Gott! Janni!« Susan stürzt zu Janni. »Wieso willst du dir denn etwas antun?«

»Ich will mir den Hals brechen.«

»Das klappt nicht, Janni«, sage ich über die Schulter nach hinten. »Egal, wie fest du zudrückst. Irgendwann fällst du in Ohnmacht und lässt automatisch los.« Ich kann meine Überheblichkeit selbst kaum glauben. Irgendetwas stimmt mit mir ganz und gar nicht. Oder ich bin es einfach leid, ständig mit ihr zu kämpfen. Aber sie ist meine Tochter!

»Und wie kann ich mir den Hals brechen?«, will Janni wissen, die sich heftig dagegen wehrt, die Hände von der Kehle zu nehmen.

Susan sieht mich an. »Hilf mir!«

»Ihr fehlt nichts«, behaupte ich. Meine Stimme klingt, als gehöre sie einem anderen.

»Sie stranguliert sich!«, brüllt Susan.

»Solange sie reden kann, kriegt sie auch Luft.«

Endlich gelingt es Susan, Jannis Hände zu lösen. Janni schlägt sie.

»Warum?«, fragt Susan tränenerstickt. »Warum willst du dir den Hals brechen?«

»Ich will nicht mehr leben«, antwortet Janni und drückt sich wieder die Luft ab.

Noch einmal befreit Susan sie aus ihrem eigenen Würgegriff, dann sieht sie mich mit einem Blick voll Zorn und Furcht an. »Sie muss ins Krankenhaus!«

»Was soll das bringen?«, entgegne ich. »Da wird sie nur wieder entlassen, ohne dass sich irgendwas geändert hat.«

»Hier stimmt etwas nicht!«, schreit Susan mich an. »Siehst du das nicht?«

Doch, aber ich musste vor sechs Monaten aufhören, etwas zu empfinden, um weiter funktionieren zu können. Und offenbar kann ich jetzt nicht mehr damit anfangen.

»Wir müssen Dr. Howe anrufen! Sie braucht stärkere Medikamente!«

Ich schaue Janni und Susan an. Ich habe keine Ahnung, was ich tun soll.

»Es ist spät. Die Praxis ist zu«, sage ich blöde.

»Sie muss ins Krankenhaus.«

»Welches denn? Alhambra?«, platzt es aus mir heraus. »Sie kommt nicht ins Krankenhaus. Kinder machen nun einmal Blödsinn. Ich habe als Kind am Zahnfleisch gepult, bis es blutete.«

»Das ist etwas völlig anderes!«, weint Susan. »Sie will sich umbringen.«

»Du sollst das nicht sagen!«, schreie ich sie an.

»Was soll ich denn sagen?«, fragt Susan und schlingt die Arme um Janni. Im anderen Zimmer weint Bodhi.

»Leg sie in die Wanne und dann bring sie ins Bett. Ich spreche Dr. Howe eine Nachricht auf die Mailbox.«

Ich gehe aus dem Kinderzimmer, suche das Telefon und rufe bei

Dr. Howe an. Die Bandansage springt an und rät mir: »Wenn es sich um einen lebensbedrohlichen Notfall handelt, legen Sie auf und wählen Sie den Notruf. In anderen Fällen hinterlassen Sie eine Nachricht auf dem Band, wir rufen Sie am folgenden Werktag zurück.«

Der Anrufbeantworter piepst mir zu. Ich mache den Mund auf, doch es kommt nichts heraus. Was soll ich sagen? *Äh, ja, hallo. Hier ist Michael Schofield. Der Vater von January Schofield. Sie versucht sich den Hals zu brechen. Ob Dr. Howe mich wohl möglichst umgehend zurückrufen könnte?*

Ich lege auf.

»Wählen Sie den Notruf«, lautete die Anweisung.

Aber das haben wir schon versucht, und es hat auch nicht geholfen.

Ich weiß nicht weiter.

Oktober 2008

Ich rede mir ein, Jannis Versuch, sich zu strangulieren, sei nicht weiter ernst zu nehmen, sondern nur der Versuch, die Auszeit zu umgehen. Sobald sie droht, sich etwas anzutun, lässt Susan sie umgehend aus dem Zimmer und untergräbt damit den Sinn der Maßnahme, der ja darin liegt, dass Janni sich Gedanken machen soll, weshalb sie die Auszeit bekommen hat. Ich dagegen versuche, meinen Worten Taten folgen zu lassen.

Also erhöhe ich den Einsatz. Wenn ich von der Arbeit komme, muss ich im Normalfall zwei Abendessen machen: eins für Susan und mich und ein zweites für Janni, denn Janni isst nicht, was wir essen. Sie isst ausschließlich Käsepasta und Käsepizza.

Das muss sich ändern.

Heute gibt es ein Essen für alle, ein Reisgericht, das ich Janni vorsetze.

Sie glotzt es an wie einen Teller Maden. »Dass esse ich nicht.«

»Ein anderes Abendessen gibt es nicht, Janni.«

»Ich will Käsepasta.«

»Du isst zu viel Käsepasta.«

»Was anderes esse ich nicht.«

»Du isst, was auf den Tisch kommt«, weise ich sie zurecht. Es klingt unnatürlich, wenn ich das sage.

Janni sieht Susan an. »Mama, mach mir Käsepasta.«

Susan will aufstehen.

»Nein«, sage ich mit großem Nachdruck. »Keine Käsepasta. Sie isst dasselbe wie wir.«

Susan beachtet mich nicht und nimmt ein Päckchen Tiefkühl-Käsepasta aus dem Gefrierschrank. »Mach doch kein Theater.«

»Doch! Sie muss endlich lernen zu kuschen.«

»Ich hab als Kind auch nicht alles gegessen. Genau wie du. Ich weiß noch, wie dein Vater mir erzählte, dass man dir alles im Mixer pürieren musste, damit du es isst.«

»Das war nur ein Auswuchs des Irrsinns meiner Mutter.«

Susan schiebt die Pasta in die Mikrowelle. »Vielleicht auch nicht. Vielleicht warst es du.«

Jetzt sehe ich rot. »Das steht hier nicht zur Debatte. Hier geht es darum, dass du zulässt, dass sie einen Keil zwischen uns treibt. Wir müssen eine geschlossene Front bilden. Sie muss essen, was wir auf den Tisch bringen. Wir sind die Erwachsenen, nicht sie. Wenn sie das nicht isst, dann isst sie eben nicht. Irgendwann ist der Hunger groß genug.«

»Ich esse das nicht«, mischt sich Janni ein.

»Dann gibt es eben nichts«, lasse ich sie wissen.

»Du benimmst dich wie deine Mutter. Ich lasse nicht zu, dass sie hungrig bleibt«, entgegnet Susan.

Ich wende mich ab, damit mir kein unbedachtes Schimpfwort herausrutscht. »Janni, setz dich zu Tisch«, befehle ich.

»Ich esse keinen Reis.«

»Wenn du Käsepasta willst, musst du erst etwas Reis essen.«

Janni nimmt den Löffel, schiebt sich ein wenig in den Mund, krümmt sich augenblicklich vornüber und speit es auf den Boden.

»Das reicht«, sage ich. »Auszeit. Auf dein Zimmer.«

»Ich hab Hunger!«

»Raus!«

Janni nimmt den Reisteller und knallt ihn auf den Boden. Ich packe sie am Arm. »Los jetzt«, sage ich. Janni lässt sämtliche Muskeln erschlaffen. Verdammt, sie ist gewitzter als ihr guttut. Sie weiß, dass es schwerer ist, sie auf ihr Zimmer zu bringen, wenn sie sich schlaff macht, weil ich dann ihr volles Körpergewicht tragen muss. Aus Angst, ihr den Arm auszukugeln, greife ich sie an den Beinen und schleife sie über den Teppich.

»Du bist nicht Gandhi«, weise ich sie zurecht. Ich habe ihr von Gandhi und dem gewaltlosen Widerstand erzählt. »Das ist kein gewaltloser Widerstand gegen ein unterdrückerisches Regime.« Wieder spreche ich mit ihr wie mit einer Erwachsenen, doch das liegt nur an der »Kluft« zwischen ihrem Verstand und ihrem Körper. Andere dagegen werden nur auf ihr Betragen schauen, wenn ich sie für ihre Wutausbrüche nicht bestrafe.

Nachdem ich Janni erfolgreich auf ihr Zimmer geschafft habe, lasse ich los. »Zehn Minuten. Denk darüber nach, wieso du diese Auszeit bekommen hast.«

Als ich an ihr vorbei zur Tür gehe, holt sie aus und boxt mich mit voller Wucht ans Schienbein. »Jetzt hast du 20 Minuten.« Ich sperre die Tür hinter mir zu.

Nichts fliegt an die Tür. Allerdings gibt es in ihrem Zimmer mittlerweile auch nicht mehr viel. Das schöne Kinderzimmer, das ich ihr eingerichtet hatte, während sie im Alhambra war, ist praktisch völlig zerstört.

Ich lege das Ohr an die Tür, um mich zu vergewissern, dass sie nicht wieder versucht, sich zu strangulieren. Nichts.

Ich bin bereit, sie sofort rauszulassen, sie muss mir nur sagen, was sie getan hat, sich dazu bekennen und sich reuig zeigen.

»Janni, weshalb hast du eine Auszeit?«

Langes Schweigen. Ich rechne schon nicht mehr mit einer Antwort. Das ist das Problem. Sie muss die Verknüpfung zwischen Ursache und Wirkung herstellen. Trotz ihres überragenden Intellekts scheint sie dazu seltsam unfähig.

»Ich habe Bodhi gehauen.«

Das kommt unerwartet, denn das hat sie eben nicht getan.

»Es ist zwar meistens der Grund für deine Auszeiten, dass du *versucht* hast, Bodhi zu schlagen, aber diesmal war es etwas anderes.«

»Ich hab Mama gehauen.«

Ich werde langsam böse. »Nein, du hast Mama nicht geschlagen«, sage ich. »Hör jetzt auf mit dem Blödsinn, Janni. Je eher du einsiehst, was du angestellt hast, desto eher darfst du wieder raus.«

»Ich hab geschrien«, meint Janni hinter der geschlossenen Tür.

»Ja, schon, aber das ist nicht der eigentliche Grund. Janni, was hast du gerade eben gemacht, weshalb du eine Auszeit bekommen hast? Sag es mir und ich lasse dich raus.«

»Ich hab gehauen«, sagt Janni noch einmal.

»Wen? Wen hast du geschlagen?«

»Bodhi.«

»Nein.«

»Mama.«

»Nein, Janni!«, entgegne ich frustriert. »Janni, du kannst das auf der Stelle beenden. Du brauchst nur die Verantwortung für dein Tun zu übernehmen.«

»Sag's du mir.«

»Nein, ich werde es dir nicht vorsagen. Die ganze Auszeit hätte keinen Sinn, wenn ich es dir vorsage.«

»Sag's mir. Ich weiß es nicht mehr.«

»Das ist doch Unfug. Es ist keine zwei Minuten her. Es geht um das, was du zuletzt getan hast.«

»Lass sie raus«, verlangt Susan.

»Nein«, widerspreche ich und habe das Gefühl, eine Schlacht zu verlieren. »Sie muss die Konsequenzen spüren.«

»Ich weiß es nicht mehr«, sagt Janni hinter der Tür noch einmal. »Du musst mir sagen, was ich getan habe.«

Ich mache die Tür auf. Janni sitzt auf dem Bett. »Du hast absichtlich den Reis runtergeworfen und mich geschlagen.«

»Ach«, erwidert Janni. »Darf ich jetzt raus?«

Ich schüttle den Kopf und gehe.

Es ist ein brütend heißer Samstag Mitte Oktober und Honey darf sich auf Jannis Schulhof austoben. Janni wollte nicht mitkommen, aber ich musste ihr erklären, dass sie da kein Mitspracherecht hat. Völlig ausgeschlossen, dass ich Susan und Bodhi mit ihr allein lasse.

Plötzlich kommen mehrere Kinder auf Fahrrädern auf den Schulhof und ich sehe, wie Honey Tempo aufnimmt und auf sie zurennt. Das ist nicht gut. Honey ist nicht bissig, aber sie hat die Instinkte eines Hirtenhundes. Wenn die Kinder keine Hunde gewohnt sind, werden sie sich fürchten, wenn plötzlich einer auf sie zurennt.

»Keine Angst«, rufe ich ihnen über den Spielplatz zu, während Honey immer näher kommt. »Sie beißt nicht.«

»Vorsicht vor Mittwoch«, ruft Janni plötzlich. »Die beißt.«

Verängstigt schauen die Kinder auf Honey und mir wird klar, sie halten Honey für Mittwoch, Jannis eingebildete Ratte.

»Janni, das hättest du nicht tun dürfen. Jetzt meinen sie, Honey ist Mittwoch, und fürchten sich.«

»Aber ich musste sie doch vor Mittwoch warnen«, protestiert Janni.

»Janni, Mittwoch kann ihnen nichts tun«, erwidere ich genervt. »Honey! Bei Fuß!«

»Kann sie wohl. Sie beißt. Mich beißt sie.«

»Verdammt, Janni. Glaub mir, Mittwoch kann ihnen nichts tun.«

»Doch, kann sie wohl. Sie kann ihnen im Kopf wehtun.«

Das kommt derart unerwartet, dass ich die anderen Kinder und ihre Angst vor Honey völlig vergesse. Ich schaue Janni an. Sie sieht mich an, als hörte ich ihr endlich einmal zu.

»Sie beißt mich im Kopf, wenn ich nicht mache, was sie will. Deswegen muss ich Bodhi hauen. Wenn ich es nicht tue, beißt sie.«

Sie sagt das mit größtem Ernst. Es ist so weit. Sie hat keine Macht mehr über ihre Fantasie. Jetzt beherrscht die Fantasie sie.

»Janni, du bestimmst, was Mittwoch macht, nicht andersrum. Wenn sie verlangt, dass du Bodhi schlägst, musst du ihr das verbieten.«

»Mach ich ja, aber sie hört nicht auf mich und dann kratzt und beißt sie mich, bis ich es tue.«

Das ist doch lachhaft. »Janni, du hast Mittwoch erschaffen! Sie ist Teil deiner Fantasie. Du kannst ihr vorschreiben, was sie zu tun hat!«

»Nein, kann ich nicht.«

Langsam verliere ich die Nerven. »Janni, Mittwoch ist nicht wirklich, okay? Es gibt sie nur in deiner Einbildung. Du kannst sie ganz einfach verschwinden lassen. Du brauchst ihr nur zu befehlen, dass sie verschwindet!«

Janni schüttelt den Kopf. »Das kann ich nicht.«

»Nein. Du willst es nicht. Du willst es nicht, weil … was weiß ich, wieso.« Ich halte inne und überlege, wie ich fortfahren soll. Seit sie laufen kann, rede ich mit ihr wie mit einer Erwachsenen. Ich weiß, dass sie geistig in der Lage ist nachzuvollziehen, was ich ihr sagen will. »Weil du über Mittwoch bestimmen kannst und weil sie tun muss, was du willst, wohingegen das Spielen mit echten Kindern ein gegenseitiges Geben und Nehmen ist. Deine eingebildeten Freunde sind dir lieber als echte Kinder, weil du echte Kinder nicht kontrollieren kannst, deine Fantasiefreunde aber schon. Du kannst die echte Welt nicht kontrollieren und das macht dir Angst. Ich versteh dich, Janni. Die echte Welt kann einem Angst machen. Aber du bist jetzt sechs Jahre alt. Es wird Zeit, dass du deine eingebildeten Freunde aufgibst.«

»Sie sind nicht eingebildet. Sie sind echt.«

»Ich will davon nichts mehr hören, haben wir uns verstanden?« Ich drohe ihr mit dem Finger. »Ich habe die Schnauze voll von Calilini und deinen angeblichen Freunden. Ich will nie wieder etwas von ihnen hören. Ab sofort will ich nur noch von echten Menschen und echten Orten hören.« Ich schnaufe tief durch. Drei

Jahre habe ich dieses Spiel mitgespielt. Das ist vorbei. Ab jetzt muss sie sich der Realität stellen.

Janni sieht mich mit ausdruckslosem Gesicht an.

»Sie sind echt«, erwidert sie ungerührt und geht zum Auto.

»Janni, komm sofort zurück!«

Sie hört nicht auf mich.

Leise Schuldgefühle durchwabern mich. Das ist meine Schuld. Aus Angst, ihre Genialität könne Schaden nehmen, habe ich mich mit Händen und Füßen dagegen gewehrt, ihrer Fantasie Schranken zu setzen. Ich habe Janni zu dem gemacht, was sie jetzt ist, und nun muss sie sich grundlos von mir zurückgewiesen fühlen.

Kürzlich erst erzählte Susan mir, wie Janni ihr gestand: »Ich wünschte, ich wäre blöd.«

Ich laufe ihr nach. »Janni, warte!« Ich muss etliche Male rufen, bis sie sich umdreht. »Vergiss Mittwoch nicht.«

Janni schaut einen Moment verständnislos drein und sagt dann: »Da ist sie doch. Siehst du?« Sie hebt die leere Handfläche. »Quiek!«

»Ich seh sie.« Da war kein Lächeln, aber in ihren Augen konnte ich ihn sehen, einen kurzen, flüchtigen Glücksmoment.

November 2008

Meine heutigen Seminare sage ich ab, um gemeinsam mit Susan an der Besprechung zu Jannis IEP, ihrem »individualisierten Erziehungs-Programm«, an der Schule teilzunehmen. Das IEP dient in erster Linie dazu, zu eruieren, ob ein Kind die Anforderungen für eine Spezialschule erfüllt. Als wir vor einem Monat den Antrag stellten, hofften wir, Janni würde nun nach einem anspruchsvolleren Lehrplan unterrichtet, um ihr Interesse zu wecken und sie zu eigenständigem Lernen anzuregen.

Wir sind in einem Besprechungszimmer mit dem Rektor, der Vizerektorin Mrs. Fitzgerald, Wendy, der Schulpsychologin für den Bezirk Oak Hill und Jannis Erstklasslehrerin, Mrs. Parris. Normalerweise werden IEPs im Anschluss an den regulären Unterricht abgehalten, aber da wir niemanden haben, der auf Janni aufpassen könnte, baten wir darum, das Ganze während des normalen Unterrichts mit einer Aushilfslehrerin durchzuführen.

Unweigerlich fällt mir auf, dass sich alle auf einer Tischseite aufgereiht haben. Susan und ich nehmen auf den Stühlen ihnen gegenüber Platz, zwischen uns der schlafende Bodhi im Kindersitz. Ich weiß nicht, ob diese Sitzordnung rein zufällig ist, jedenfalls verstärkt sie das Gefühl, hier stehen wir gegen die.

»Janni berichtet uns, dass sie nicht in die Pause darf«, klagt Susan.

Ich stöhne genervt auf. So macht Susan das bei jedem Gesprächstermin in der Schule. Immer schaltet sie automatisch auf Angriff.

»Geben wir doch Mrs. Parris die Gelegenheit, sich zu äußern«, schlage ich vor.

»Hin und wieder schicke ich sie auf die Strafbank«, antwortet Mrs. Parris geradeheraus.

»Was heißt Strafbank?«, frage ich.

»Verstößt ein Schüler gegen eine Regel, gibt es eine Verwarnung. Beim zweiten Verstoß wird die Pause gestrichen und der Schüler muss im Klassenzimmer sitzen bleiben und darüber nachdenken, was er angestellt hat.«

Vor meinem inneren Auge sehe ich Janni in der Bank sitzen und den anderen Kindern beim Spielen zusehen.

»Und das funktioniert?«

Eine rein rhetorische Frage, denn ich weiß natürlich, dass es nicht funktioniert. Ich versuche das seit sechs Monaten ohne jeden Erfolg zu Hause.

»Nein, es funktioniert nicht«, sagt sie und seufzt. »Mrs. Schofield, darf ich Sie etwas fragen?« Ohne die Antwort abzuwarten fährt sie fort: »Jedes Mal, wenn ich ihr ein Privileg streiche ...«

»Die Pause ist für Janni kein Privileg«, unterbricht Susan sie. »Ich weiß nicht, ob Ihnen das bewusst ist, aber Janni hat einen nicht zu stillenden Bewegungsdrang. Ihr die Pause zu streichen, ist schlicht Folter. Sie spielt ja nicht einmal mit den anderen Kindern.«

»Lassen wir das doch kurz außen vor«, fährt Mrs. Parris fort. »Jannis einzige Reaktion ist: ›Das macht nichts, meine Mama bringt mich zu Pizza Kitchen.‹ Ist das wahr?«

»Ja, das ist wahr«, erwidert Susan. »Ich tue das, weil das das Einzige ist, was sie isst. Ich lasse nicht zu, dass sie hungert.«

Mrs. Parris stöhnt. »Es macht es mir nicht gerade leichter, Janni zu disziplinieren, wenn sie weiß, sie darf zur Belohnung zu Pizza Kitchen, ganz gleich, was sie angestellt hat.«

»Bringen Sie sie dazu, dass sie isst, was ich ihr mitgebe?«, wirft Susan ihr an den Kopf.

»Nein«, räumt sie ein.

»Sie kann nichts dagegen tun!«, schreit Susan und blickt die Schulvertreter der Reihe nach an. »Sie ist psychisch krank!«

Ich seufze. »Das ist nicht gesichert.«

Susan sieht mich wutentbrannt an wie einen Idioten. »Sie hat versucht, sich zu erwürgen.«

»Aber nur, weil sie weiß, dass sie so die Auszeit umgehen kann.«

Susan schnaubt verächtlich und wendet sich angeekelt von mir ab. »Glaub doch, was du willst. Wenn du dich bei diesen Trotteln hier einreihen willst, bitte.«

Ich beiße die Zähne zusammen. Mich öffentlich zu beleidigen, bringt uns auch nicht weiter. »Wir versuchen hier, eine Lösung zu finden.«

»Wir kennen die Lösung, aber die wird uns verweigert«, gibt Susan zurück. »Janni braucht anspruchsvollere Aufgaben! Sie ist ein Genie, aber das geht diesen Idioten ja nicht ins Hirn.«

Ich wende mich ab und ringe um Gelassenheit. Susan sitzt da wie eine Irre.

»Mrs. Schofield, wir sind ja um Hilfe bemüht«, sagt der Rektor, »aber wenn Sie mein Lehrpersonal beleidigen, hilft das niemandem. Ich darf Ihnen versichern«, fährt er fort, »dass Mrs. Parris eine hervorragende Pädagogin ist. Ich habe meine Lehrer allesamt persönlich ausgewählt. Es sind die besten.«

Im Kindersitz rührt sich Bodhi und Susan nimmt ihn heraus und wiegt ihn in den Armen, wahrscheinlich, weil er der Einzige ist, der sie in diesem Augenblick zu trösten vermag.

»Nun«, sage ich und lege Susan die Hand auf den Arm, ehe sie den Rektor ebenfalls als Idioten tituliert, »ich bin überzeugt, dass sie unter normalen Umständen eine hervorragende Lehrerin ist.« Ich lüge, und das nicht besonders überzeugend. Die Aufgabe einer Lehrerin ist es, Begeisterung zu wecken. Parris aber hat so gar nichts Mitreißendes an sich. »Janni ist äußerst sensibel. Wenn sie den Eindruck gewinnt, dass Mrs. Parris sie nicht mag, ist die Beziehung gestorben.«

»Das ist keine Frage des Eindrucks«, setzt Susan die nächste Spitze.

»Das ist nicht wahr«, erwidert Mrs. Parris emotionslos. »Ich mag January sehr gerne. Wenn ich im Einzelunterricht mit ihr arbeite, ist sie eine bezaubernde Schülerin. Aber ich habe 16 weitere Schüler, die meine Hilfe brauchen. Das ist frustrierend für mich, denn im Gegensatz zu Janni verstehen die meisten ihrer Mitschüler den Stoff nicht sofort. Sie haben meine Hilfe nötiger als Janni. Aber sobald ich mich einem anderen Kind zuwende, weigert Janni sich, ihre Aufgaben zu machen, Aufgaben, von denen ich weiß, dass sie sie beherrscht. Und was noch schlimmer ist, sie fängt an zu stören, sie schreit herum und wirft mit Sachen.«

»Sie hat einen IQ von 146.« Es reißt Susan geradezu vom Sitz und sie weckt damit Bodhi, der in ihren Armen geschlafen hat.

»Wir wissen, wie klug sie ist«, behauptet der Rektor. »Wir haben im Lauf des IEP-Prozesses umfangreiche Testreihen durchgeführt. Angesichts von Jannis begrenzter Kooperationsbereitschaft bekamen wir zwar nicht ganz so viele Daten, wie uns lieb gewesen wäre, aber wir können zumindest sagen, dass sie die intelligenteste Schülerin der Schule, womöglich sogar des Distrikts ist.«

»Na bitte«, triumphiert Susan.

»Aber«, fährt der Rektor fort, »all das ist völlig bedeutungslos, solange sie sich nicht in den Klassenverband einfügen kann.«

Sie kann sich nicht einfügen. Wie vor zwei Jahren auf Violets Geburtstagsparty schon, sehe ich künftig eine völlig isolierte Janni vor meinem geistigen Auge.

»Ich wollte das eigentlich nicht sagen«, übernimmt Mrs. Parris, »aber ich habe gerade den Elternsprechtag hinter mir und es gab von Elternseite wiederholt Klagen über Janni. Die Eltern sind besorgt, weil die Kinder sich bei ihnen beschweren, sie könnten in der Schule nicht lernen, weil Janni dauernd herumschreit und den Unterricht stört.«

Ich bebe vor kalter Wut. *Andere Eltern beklagen sich über mein Kind?* Schlagartig erwacht mein väterlicher Beschützerinstinkt. »Und was haben Sie geantwortet?«, frage ich eisig.

Mrs. Parris zuckt die Achseln. »Ich sagte, ich tue, was ich kann, damit jede Schülerin und jeder Schüler die nötige Förderung erhält. Aber ganz ehrlich: Das ist nicht der Fall. Janni beansprucht meine Zeit mehr, als der Klasse gegenüber vertretbar ist. Inzwischen wird sie selbst von den Mitschülern zunehmend gemieden.«

»Aber doch nur, weil sie Ihrem Beispiel folgen«, wirft Susan ihr an den Kopf.

Mrs. Parris schüttelt den Kopf. »Ich gebe mir die größte denkbare Mühe, die restlichen Schüler anzuregen, Janni in ihre Mitte zu nehmen. Aber Janni ist so vollkommen unberechenbar, dass das nicht leicht ist. Sie wollen mit ihr spielen. Sie mögen sie. Aber ganz offen und ehrlich, ich fürchte, sie haben es aufgegeben, sie weiter einzubeziehen.«

Ich wende den Blick ab. Eine Flut von Emotionen bricht über mich herein: All meine Zweifel, Ängste und Enttäuschungen drohen mich mit sich zu reißen.

»Kann sie nicht einfach eine Klassenstufe überspringen?«, schlage ich schließlich vor.

»Ich glaube nicht, dass das eine gute Idee wäre«, erwidert der Rektor.

»Meine größte Schwierigkeit besteht darin, sie zum Schreiben zu bewegen«, ergänzt Parris. »Sie kann es, sie will nur nicht. In den höheren Klassen wird das Schreibpensum aber immer höher.«

»Und es bleibt die Frage der Eingliederung«, fährt der Rektor fort. »Wir sind nicht überzeugt, dass sie sich in einen älteren Klassenverbund gut einfügen würde.«

»Aber sie braucht Kinder, die näher an ihrem Niveau sind«, sagt Susan.

»Mag sein, dass sie sich intellektuell auf deren Niveau befindet, emotionell aber ganz sicher nicht«, hält der Rektor dagegen. »Sie war oft in meinem Zimmer und ich kenne sie inzwischen recht gut. Die meiste Zeit erzählt sie von ihren eingebildeten Freunden. Ich befürchte, wenn wir sie älteren Kindern aussetzen, würde sie das nur noch weiter isolieren als ohnehin schon.

»Wir haben alle dasselbe Ziel«, fährt der Rektor fort: »Janni soll Erfolg haben und sich in ihrer Umgebung wohlfühlen. Ich weiß, dass Sie glauben, das ließe sich in einer höheren Jahrgangsstufe oder mit einer anderen Lehrerin leichter erreichen, aber in Anbetracht von Jannis Verhaltensauffälligkeiten und ihrem dauernden Stören des Unterrichts sehe ich dafür keine Veranlassung.«

»Sie wollen also einfach gar nichts tun«, fasst Susan höhnisch zusammen, »und zusehen, wie es ihr schlechter und schlechter geht. Dann warten wir doch einfach ab, bis sie aus dem Klassenzimmer rennt und auf dem Parkplatz von einem Auto überfahren wird, vielleicht werden Sie dann ja etwas unternehmen.«

»Susan«, mahne ich. »Das bringt uns nicht weiter.«

Sie sieht mich an. »Sie hat schon versucht, wegzulaufen. Man konnte sie auf dem Parkplatz gerade noch einholen. Aber was, wenn man sie irgendwann nicht mehr rechtzeitig erwischt? Du meinst immer noch, hier interessiert sich jemand für sie. Aber das stimmt nicht. Wenn sie stirbt, wird es nur heißen: ›Oh wie furchtbar! Hätten wir doch nur etwas tun können.‹ Aber wir sind es, die dann eine tote Tochter haben!«

»Du sollst nicht so reden«, erwidere ich so ruhig es geht. »Das klingt ja, als ob es unausweichlich wäre.«

»Aber das ist es! Ich kann es sehen!«

Der Rektor hebt die Hand. »Unsere Reaktion ist nicht Nichtstun. Wir sind uns einig, dass Janni mehr braucht, als ein normaler Klassenverband zu leisten vermag ...«

Ich brauche nur *normaler Klassenverband* zu hören, um zu wissen, worauf das abzielt.

Der Rektor beugt sich vor. »Unserer Ansicht nach wäre Janni unter den augenblicklichen Umständen in einer SES-Klasse am besten aufgehoben.«

»Was heißt SES?«, will ich wissen. Diese verdammte Abkürzungswut im Bildungswesen.

»Schwere emotionale Störung«, erklärt der Rektor.

Totenstille im Besprechungszimmer. Mir fällt wieder ein, was Tom, mein Therapeut, letztes Jahr gesagt hat: *Ich habe den Eindruck, dass sie ganz schön gestört ist.*

Ich schüttle vehement den Kopf. »Nein. Niemals. Ich kenne diese Klassen. Sie wollen sie mit Kindern zusammenpferchen, die rauchen und die Lehrerin beschimpfen. Ausgeschlossen. Das wirft sie zurück, statt sie voranzubringen. Sie muss auf ihrem Niveau unterrichtet werden.« In mir kochen Wut und Schmerz und alle Emotionen hoch, die ich mir seit Monaten versage. Diese Leute wollen ihr nicht helfen. Sie schätzen sie nicht. Sie wollen sie nur loswerden. »Sie wollen sie loswerden, weil sich irgendwelche anderen Eltern beschwert haben! Aber Janni hat ein Anrecht auf exakt dieselbe Bildung!« Endlich kämpfe ich um Jannis Zukunft. Wenn Susan und ich jetzt kapitulieren und Janni in diese Klasse gesteckt wird, ist das der Anfang vom Ende. »Sie braucht jemanden, der sie unterrichtet!«, sage ich und schleudere Blicke wie Speere auf Mrs. Parris. Wenn ich doch nur die Zeit hätte, Janni selbst zu unterrichten. Diese Schwachköpfe sind nicht fähig, ihr Potenzial zu erkennen. Die sehen nur ihr Betragen.

Der Rektor hebt die Hand. »Das ist nicht wahr, Mr. Schofield. Es handelt sich um eine Klasse für Schüler, deren emotionale und verhaltensbedingte Probleme ein Maß an Aufmerksamkeit verlangen, welches im normalen Klassenzimmer nicht erbracht werden kann. Dort bekäme sie den Einzelunterricht, den wir ihr nicht bieten können.«

»Warum keinen Einzelunterricht hier?«, hake ich nach.

»Wir glauben nicht, dass das ausreichen würde.«

»Sie haben es ja nie probiert!« Ich schreie inzwischen. »Versuchen Sie es. Laut Gesetz dürfen Sie sie erst in eine SES-Klasse versetzen, nachdem alles unternommen wurde, um sie weiter in einer Regelklasse zu unterrichten.«

Der Rektor und seine Mannschaft sehen sich an. »Da haben Sie recht«, entgegnet er schließlich.

»Also müssen Sie es mit Einzelunterricht versuchen, aber das ist bis jetzt nicht geschehen. Wir verlangen Einzelunterricht in der Klasse von Mrs. Parris.«

»Aber sie fühlt sich in einer Regelklasse nicht wohl«, hält uns der Rektor entgegen. »Warum wollen Sie sie leiden lassen?«

Ich schüttle den Kopf. *Nein. Du willst sie loswerden.* »Tun Sie das, was Susan und ich Tag für Tag tun: Nicht aufgeben. Ermöglichen Sie ihr den Einzelunterricht.«

Der Rektor sieht Mrs. Parris an, dann uns. »Nun gut.«

Ich erhebe mich. Ich werde nicht zulassen, dass Jannis Potenzial verkümmert, nur weil sie »schwierig« ist. Einstein war auch »schwierig«.

Dezember 2008

Es sind Winterferien und Janni muss drei Wochen nicht in die Schule, womit auch wir vor Mrs. Parris und den ständigen Anrufen vom Rektorat wegen Jannis Betragen Ruhe haben.

Wieder bin ich mit Honey aufs Schulgelände gefahren, damit sie sich austoben kann, und habe Janni mitgenommen. Es ist schon dunkel und niemand ist zu sehen. Der Sportplatz ist eingezäunt und ich kann Honey von der Leine lassen.

»Honey!« Ich halte einen Tennisball hoch. Honey soll sich endlich einmal bis zur Erschöpfung verausgaben.

Honey kommt zu mir, aber ich werfe den Ball nicht. Sie soll so heiß auf den Ball werden, dass sie ihm auch wirklich hinterherrennt.

»Na los, Honey! Spring!« Ich halte ihr den Ball hin und sie will ihn schnappen. Aber dann halte ich ihn höher, sodass sie ihn nicht erreicht und springen muss. Ich mache das ein paarmal, bis Honey absolut wild ist, dann schleudere ich den Ball in die Nacht hinaus und Honey flitzt hintendrein.

Janni schaukelt für sich allein. Während der Schulzeit kann sie kaum schaukeln, weil alle 20 Sekunden gewechselt werden muss. Es tut mir weh, sie so allein schaukeln zu sehen.

Janni hüpft von der Schaukel und geht zu den Ballspielplätzen.

Ich schaue nach Honey, die den Ball nicht findet. Sie trottet zu Janni.

In der vagen Hoffnung, den Ball im Dunklen wiederzufinden, gehe ich auf das Spielfeld.

»Aua!«, höre ich Janni schreien.

»Was ist?«, rufe ich und laufe beunruhigt zu ihr. Ist sie hingefallen?

»Honey ist mir auf den Fuß getreten.«

Ich entspanne mich. »Ach.« Das ist nicht weiter schlimm. Honey wiegt nur gute 20 Kilo, außerdem hat sie längst eine Witterung aufgenommen, der sie jetzt folgt.

Aber dann sehe ich, dass Janni ihr mit erhobenem Arm hinterherrennt.

»Janni«, rufe ich. »Was soll das?«

»Ich muss sie hauen.« Es klingt wie eine sachliche Feststellung.

»Janni, das war doch nicht böse gemeint. Honey hat das nicht mit Absicht gemacht.«

»Hat sie doch.«

»Sie kann das gar nicht absichtlich machen. Sie ist ein Hund.«

Honey trottet weiter schnüffelnd vor sich hin und hat Janni, die mit hoch erhobener Faust hinter ihr herkommt, noch gar nicht bemerkt.

»Janni!«, schreie ich aus 30 Metern Entfernung. »Du schlägst Honey nicht!«

»Ich muss aber«, ruft sie zurück, als habe sie Schmerzen, die sich nur so lindern lassen.

»Honey!«, brülle ich. »Lauf!« Ich renne auf Honey zu. Ich weiß nicht, wie fest Janni auf Honey einschlagen wird, ob es nur ein Klaps wird, oder ob sie auf sie einprügelt. Aber das spielt keine Rolle. Ich darf nicht zulassen, dass sie einem Tier wehtut. Früher wäre es völlig undenkbar gewesen, dass Janni einem Tier etwas antut, aber darüber kann ich jetzt nicht nachdenken.

Honey blickt auf und sieht mich in vollem Lauf auf sie zukommen. Sie hält es für ein Spiel und rennt los, sodass Jannis Faust sie nur um Zentimeter verfehlt.

Janni will zu Honeys Verfolgung ansetzen, aber ich bin bei ihr und packe sie am Arm.

»Lass los«, fordert sie ausdruckslos.

»Janni, das war ein Versehen.«

»Ich muss sie hauen.«

»Nein, das musst du nicht.«

»Doch, muss ich.« Janni will sich von mir losreißen und Honey schnüffelt keine sechs Meter entfernt am Gras.

»Janni, ich lasse nicht zu, dass du Honey schlägst.«

Janni dreht sich zu mir um, als würde ihr eben erst bewusst, dass ich sie da festhalte, doch dabei sieht sie mir nicht ins Gesicht, nur auf den Brustkorb.

Sie boxt mir auf Arm und Brust, ein wahres Trommelfeuer aus Fausthieben. Ich bin das mittlerweile so gewöhnt, dass ich den Schmerz kaum noch wahrnehme.

»Ich muss sie hauen«, sagt Janni wie zu einem geistig Beschränkten.

Ich stehe zwischen ihr und Honey. »Dazu musst du erst an mir vorbei«, sage ich neckisch, als sei dies ein Kinderspiel und nicht der Versuch meiner Tochter, ihrem geliebten Hund etwas anzutun.

Ich biete mich ihr als alternatives Zielobjekt dar. Lieber ich als Honey. Das Letzte, was ich will, ist, dass Honey sich vor Janni fürchtet oder das Vertrauen zu ihr verliert. Damit könnte ich nicht umgehen. »Wetten, dass du mich nicht kriegst?«, versuche ich sie abzulenken.

Vielleicht wird sie so zornig auf mich, dass sie von Honey ablässt. Wenn ich sie dazu bringe, statt hinter Honey hinter mir herzulaufen, werde ich so lange rennen, bis ihr die Puste ausgeht. Ich ziehe sie auf und bete, dass es klappt. Janni holt mit der Faust nach mir aus, aber ich mache einen Satz zurück. »Na los«, stachle ich sie an, »versuch doch, mich zu kriegen.«

Sie läuft mir nach. Ich bin erleichtert. Der Plan geht auf. Sie kommt bis auf einen Meter an mich heran, so dicht, dass ich ihre seelenlosen Augen sehe. Das sind nicht die Augen meiner Tochter, aber auch darüber kann ich jetzt nicht nachdenken. Ihre Faust rast auf mich zu. Ich mache einen Schritt zurück, sodass sie mich nicht erwischt, und trabe dann ein kleines Stück rückwärts, sie immer fest im Blick.

»War das alles, was du draufhast?«

Sobald sie bei mir ist, mache ich eine schnelle Ausweichbewegung. Ihre Faust gleitet an meiner Seite ab. Ich lache. »Ha, ha. Nicht getroffen!«

Ich flitze ein paar Schritte davon und schaue über die Schulter zurück, um mich zu vergewissern, dass sie immer noch hinter mir und nicht hinter Honey herläuft, die mittlerweile über den Sportplatz stromert.

Janni entdeckt sie ebenfalls und lässt augenblicklich von mir ab, um auf Honey loszugehen. Sie hat es nicht vergessen. Es ist, als hätte Honey ihre Familie ausgelöscht und sie müsse sich jetzt rächen.

Mit schnellen Schritten renne ich zu Honey und werfe mich zwischen sie und Janni.

»Janni. Schlag mich!«

»Ich muss Honey hauen.«

»Du sollst mich hauen.« Ich komme ganz dicht an sie heran. »Na los, schlag mich.«

Janni holt aus und ich tänzle zur Seite wie ein Boxkämpfer. »Los doch«, rufe ich. »Einen Schlag hast du frei. Keine Auszeit. Aber erst musst du mich kriegen.«

Ich laufe immer im Kreis um sie herum und warte nur darauf, wann sie endlich merkt, dass sie mich einholen kann, wenn sie quer durch den Kreis läuft, doch sie folgt stur meinen Schritten.

Aber irgendetwas stimmt nicht. Sie wird nicht müde. Sondern ich. Ich breche aus dem Kreis aus, trabe rückwärts und hole das Handy aus der Tasche, um nachzusehen, wie viel Zeit vergangen ist. 20 Minuten. Ich drehe mich um und lege einen Sprint ein, bis ich sie weit genug abgehängt habe, dass ich kurz anhalten und Luft holen kann.

Am Ende des Spielfelds bleibe ich schwer keuchend stehen. Meine Schenkel brennen vor Schmerz. Viel länger halte ich das nicht durch. Ich schaue zu Janni, die weiter auf mich zurennt. *Sie bleibt nicht stehen.*

Plötzlich lässt sie von mir ab und läuft wieder Honey nach. Ohne auf den Schmerz in den Beinen und das zunehmende Seitenstechen zu achten, setze ich zum Spurt an, bis ich mich wieder zwischen ihr und Honey befinde.

»Ha!«, keuche ich. »Ich lasse das nicht zu.« Sofort geht sie mit erhobener Faust auf mich los. Aber ich bin zu erschöpft, um fortzulaufen. Reglos ertrage ich die Schläge auf Arm und Bauch.

»Mach doch! Du schlägst ja wie ein Mädchen!«

Aber schon wieder ändert sich ihr Fokus und sie rennt hinter Honey her.

»Honey!«, ruft Janni. »Komm her zu mir, Honey!« Es klingt wie »*Hier ist Jacky!*« aus dem Film *Shining*.

Gehorsam dreht Honey um.

»Nein, Honey!« Ich keuche hinter Janni her.

»Komm, Honey, komm«, lockt Janni.

Nein. Jetzt versucht sie Honey dicht genug heranzulocken, um sie zu schlagen.

Wieder verdränge ich den Gedanken, dass das in seiner puren Bösartigkeit so überhaupt nicht zu ihr passen will.

Ich hole Janni ein und schlinge die Arme um sie. Wir fallen rückwärts zu Boden und sie landet auf meinem Bauch.

Sie will sich befreien.

»Ich muss Honey hauen.«

»Nein, musst du nicht.«

»Doch, muss ich.«

Ob mit Absicht oder aus Versehen, kann ich nicht sagen, aber sie rammt ihren Hinterkopf gegen meine Nase. Vor Schreck lasse ich los und sofort ist sie wieder auf den Beinen und hinter Honey her.

»Janni!«, rufe ich ihr matt nach. »Komm und schlag mich. Schlag mich statt Honey.«

Aber Janni achtet überhaupt nicht auf mich, und Honey kommt angelaufen, um zu sehen, was wir da treiben.

Ich rapple mich hoch und nehme die Verfolgung auf, bis ich Janni um die Hüfte zu fassen bekomme und umreißen kann. Ich schlinge die Arme um sie. Sie tritt nach meinen Beinen und schlägt mir den Hinterkopf ins Gesicht.

»Lass mich Honey hauen!«

»Das geht nicht, Janni. Sie ist ein unschuldiger Hund.«

»Lass mich!«

Sie windet sich aus meiner Umklammerung, aber ich komme auf die Knie und kann sie packen und wieder ins Gras drücken. Ich klemme ihre Arme fest.

Sie wird nicht aufhören. Wie in Gottes Namen soll ich die beiden nach Hause schaffen, ohne dass Janni auf Honey einprügelt? Wir sind hierhergekommen, um ein bisschen Spaß zu haben, und nun muss ich Susan anrufen, damit sie Honey in ihrem Wagen heimbringt, während Janni bei mir mitfährt. Aber Bodhi ist bei Susan. Ich will nicht, dass Bodhi hinaus in die kalte Nacht muss.

Ich rapple mich hoch und mache mich auf den langen Weg zum Parkplatz, wo das Auto steht. Dabei trage ich Janni, um sie nicht über den Betonboden schleifen zu müssen, was sie mir dankt, indem sie ununterbrochen auf meinen Kopf einschlägt. Ich bin bar jeder Emotion und habe nur einen Gedanken: *Ich muss sie zum Wagen schaffen.*

Als wir am Auto sind, stecke ich sie auf die Rückbank. Ich kann Honey besser beschützen, wenn ausnahmsweise sie auf dem Beifahrersitz ist. Ich kann schützend den Arm vor sie halten. Janni landet einen letzten Boxhieb, diesmal auf meinen Mund. Es tut weh, aber ich drücke nur die Tür zu.

Ich habe nicht die geringste Ahnung, wo Honey gerade steckt. Es ist so dunkel, dass ich sie nicht sehen kann, und ich verfluche mich insgeheim, weil ich hergekommen bin.

Ich muss etliche Male »Honey!« in die Nacht rufen, ehe sie auftaucht.

Ich nehme sie an die Leine und mache die Beifahrertür auf. Honey springt hinein und ich schließe die Tür.

Ich gehe vorne um den Wagen herum und weil die Innenbeleuchtung nach dem Öffnen der Tür noch brennt, sehe ich, wie Janni sich auf der Rückbank nach vorne beugt. Sie holt aus und hat Honey mit der Faust auf die Schnauze geschlagen, ehe ich die Fahrertür erreiche.

Honey zuckt, zeigt aber ansonsten keine Reaktion.

Ich reiße die Tür auf und will mich schon zwischen Janni und Honey werfen. Aber Janni hat erreicht, was sie wollte. Sie glotzt vor sich hin und ist bereit, sich nach Hause kutschieren zu lassen, als sei nicht das Geringste passiert.

Es hat gestimmt. Sie musste Honey hauen.

Ich konnte nicht verhindern, dass Janni Honey schlägt. Diesmal war es nur ein einziger Schlag, aber wie wird es beim nächsten Mal sein? Was soll ich tun? Janni zu Hause lassen, wo Bodhi ihr ausgeliefert ist? Oder sie mitnehmen, auf die Gefahr hin, dass sie Honey schlägt?

Ich blicke in die sternlose Nacht. Ich weiß nicht weiter. Ich will einfach nur heim, Janni ins Bett bringen und einen weiteren Tag in unserer unentrinnbaren Hölle abhaken.

Weihnachten 2008

An Weihnachten kommt unser Freund Dave mit seinem elfjährigen Sohn Cameron zu Besuch. Dave arbeitet bei KFI Radio, wo auch ich meinen ersten Job hatte, als ich Mitte der 90er nach L.A. zog. Dave war dabei, als Susan und ich uns vor 13 Jahren, einer scheinbaren Ewigkeit, kennenlernten. Susan hat den Kontakt zu Dave kürzlich per Internet wieder aufgefrischt und sich mit ihm über unsere Probleme mit Janni ausgetauscht.

Wir hatten ihn seit Jahren nicht gesehen, aber er kann sich in unsere Lage einfühlen, weil sein Sohn Cameron ebenfalls »schwierig« ist und wegen des Asperger-Syndroms und einer bipolaren Störung behandelt wird. Ich habe den Eindruck, dass es Susan leichter fällt, mit Dave zu sprechen als mit mir. Außerdem weint sie sich bei ihrer Freundin und ehemaligen Kollegin Tracy aus, deren Kinder autistisch sind. Zu dritt stecken sie die Köpfe bei Facebook zusammen. Susan glaubt immer noch, dass wir es mit einer psychischen Krankheit zu tun haben, aber ich will davon nichts hören. Wozu auch? Selbst wenn Janni psychisch krank sein sollte, es gibt niemanden, der ihr helfen könnte – außer uns.

Trotzdem freut es mich, dass Dave mit seinem Sohn zu uns kommt, denn er zuckt nicht einmal mit der Wimper, als Janni wieder durchdreht. Er ist weder entsetzt noch entrüstet. Er weiß, wie es ist, wenn das eigene Kind auf einen losgeht.

Wir wollen essen gehen, doch erst muss Honey noch hinaus,

und so lange Dave da ist, kann ich wirklich und wahrhaftig mit ihr Gassi gehen, statt sie wie sonst nur schnell ihr Geschäft machen zu lassen. Dave wird einschreiten, falls Janni Bodhi attackiert. Bei niemandem sonst könnte ich Susan und Bodhi guten Gewissens mit Janni allein lassen.

Nur dass Janni diesmal mitkommen will und Cameron sich ihr anschließt, weshalb auch Dave uns begleiten will. Ich sollte ablehnen. Honey kommt zwar großartig mit anderen Hunden klar, mit anderen Menschen dagegen hat sie so ihre Schwierigkeiten.

Aber ich lasse mich darauf ein, weil ich dem Tobsuchtsanfall, den Janni bei einem Nein entfesseln wird, einfach nichts entgegenzusetzen habe.

Ich gehe ein paar Schritt vor den anderen her, damit Honey ungestört von Dave und Cameron am Boden entlangschnüffeln kann.

Wir sind kaum 100 Meter weit gekommen, als Janni plötzlich stehen bleibt.

»Ich kann nicht mehr.« Sie sackt auf dem Asphalt des Parkplatzes zusammen und bleibt liegen.

Verdammt. Ich kann sie nicht zurücktragen und gleichzeitig Honey an der Leine führen, ich kann Honey aber auch nicht an Dave übergeben, weil sie ihn anspringen wird. Sie beißt zwar nicht ernstlich zu, aber sie schnappt.

»Jetzt komm schon, Janni. Nur ein Stückchen.«

»Nein.«

»Janni, du wolltest unbedingt mitkommen. Wir müssen noch ein Stück gehen. Honey muss ihr Geschäft machen.«

»Nein.«

Ich kenne das mittlerweile zur Genüge. Das Beste ist, einfach abzuwarten und so zu tun, als kümmere mich das alles nicht. Janni hält es nie lange an einem Fleck aus. Über kurz oder lang wird es ihr langweilig und sie steht auf und läuft weiter.

»Ich warte.«

»Ich bleibe hier.«

»Wie du willst.«

»Für immer.«

»Fein.«

Ich warte und halte dabei Ausschau nach Autos, die womöglich mit überhöhter Geschwindigkeit über den Parkplatz rasen.

Als läse er meine Gedanken, stellt Dave sich instinktiv als menschlicher Schutzschild an die Biegung des Parkplatzes. Sollte ein Wagen angerast kommen, überfährt er ihn zuerst.

»Janni, lass uns wenigstens vom Parkplatz weggehen. Du weißt genau, wie schnell die Autos hier oft sind.«

»Nein.«

»Wir wollen doch nicht, dass du überfahren wirst.«

Janni rührt sich nicht. Normalerweise dauert das nicht so lang. Sei es, weil ich hungrig bin, sei es, weil ich mich auf einen ausnahmsweise einmal friedlichen Abend freue: Diesmal reißt mir der Geduldsfaden.

»Janni, wenn du nicht aufstehst, gehen wir nicht ins Red Lobster.«

Janni setzt sich auf und rappelt sich auf die Beine. Ich entspanne mich und glaube schon, ich habe sie überredet. Aber sie nähert sich Honey mit gesenktem, seelenlosen Blick. Sie reißt die Faust hoch.

Nein, nicht schon wieder. Honey ist an der Leine und kann nicht fliehen. Ich baue mich vor Janni auf, um ihr den Weg zu versperren, aber dabei verheddere ich mich in der Leine und zerre Honey noch näher zu uns. Janni prügelt mit einer solchen Wucht auf Honey ein, dass der Schlag zu hören ist.

»Janni!« Ich flüchte mit Honey über den Parkplatz, aber Janni lässt nicht ab. Sie drischt auf Honey ein. Honey zieht nur den Kopf ein, als hätte sie etwas Unrechtes getan. Niemand würde auf die Idee kommen, dass dies derselbe Hund ist, den ich letztes Frühjahr vor den Polizeibeamten des Sheriffs abhalten musste.

Vielleicht spürt Honey insgeheim, dass das nicht die wahre Janni ist.

Janni schlägt weiter auf Honey ein, die ich nicht beschützen kann, solange sie an der Leine ist. Am liebsten würde ich Honey von der Leine lassen, aber dann würde sie sich auf Dave und Cameron stürzen.

Dave kommt zu uns und will helfen, aber Honey reißt an der Leine und wirft sich ihm bellend und knurrend entgegen, ohne auf Janni und ihre Schläge zu achten.

»Janni«, ruft Dave freundlich. »Komm zu mir und Cameron.«

»Janni, hör auf damit«, sagt Cameron, der mit ansehen muss, wie sie Honey schlägt. Das macht mir erst richtig Angst. Wenn es ihn bestürzt, was Janni Honey antut, dann heißt das, Janni ist schlimmer als er.

Aber Janni hört nicht auf, auf Honey einzuprügeln. Ich versuche unverdrossen, mich zwischen Janni und Honey zu drängen, aber da Honey an der Leine ist, bleibt ihr nichts übrig, als immer im Kreis um mich herumzulaufen. Wie in einem infernalischen Ringelspiel läuft Janni ihr nach.

»Soll ich sie nehmen?«, fragt Dave.

Ich wünschte, ich könnte ihm Honey übergeben, aber das ist völlig ausgeschlossen. Aber vielleicht ist Janni ihm gegenüber friedlich.

»Okay, schnapp sie dir.«

Dave packt Janni, die sofort nach seinem Kopf schlägt.

»Janni, stopp!«, befehle ich.

»Lass nur«, entgegnet Dave gelassen. »Ich bin's gewohnt. Das macht mir nichts.«

Den ganzen Weg zurück in die Wohnung traktiert Janni Dave mit Fausthieben und Fußtritten. Cameron läuft neben seinem Vater her und versucht Janni zur Vernunft zu bringen.

»Beruhige dich, Janni«, sagt er. »Du willst doch ins Red Lobster. Du willst doch Käsepasta.« Während das eine psychisch kranke

Kind das andere zu beruhigen versucht, will Honey sich kläffend auf sie stürzen und ich kann sie nur mit Mühe an der Leine halten.

Endlich sind wir wieder in der Wohnung.

»Was war los?«, fragt Susan, als Dave an ihr vorbeigeht. Immer noch hämmert Janni auf seinen Kopf ein.

»Sie hat Honey ohne jeden Grund geschlagen.« Honey, die Dave und Cameron als Eindringlinge betrachtet, kläfft unablässig in einer Lautstärke, die eine Unterhaltung unmöglich macht.

»Wo soll ich sie hinbringen?«, fragt Dave. Janni bearbeitet weiter seinen Kopf, bis ihm die Brille von der Nase fällt.

»Susan, leg Bodhi weg, damit du Honey nehmen kannst«, ordne ich an.

Ich übernehme Janni von Dave und sofort prasseln die Hiebe auf meinen Kopf ein. Ich trage sie in ihr Zimmer und setze sie ab.

»Also gut. Auszeit. Du bleibst hier, bis du dich beruhigt hast.«

»Ich hab Hunger!«, brüllt sie mich an.

»Wir gehen erst, wenn du dich beruhigt hast.« Ich will die Tür hinter mir zumachen, aber Janni wirft sich dazwischen. Ich strecke die Hand aus und drücke Janni zurück, damit ich absperren kann. Mir ist bewusst, dass die Auszeiten keinen Einfluss auf ihr Benehmen haben, aber ich muss sie irgendwo verstauen, damit ich mit Honey Gassi gehen kann.

Im nächsten Augenblick knallt etwas gegen die Tür, wahrscheinlich wieder der Stuhl.

»Und nun?«, fragt Dave.

»Hat Honey ihr Geschäft gemacht?«, fragt Susan.

»Keine Chance. Wir sind nicht mal über den Parkplatz hinausgekommen. Honey muss noch mal raus.«

»Ich gehe mit ihr«, schlägt Susan vor.

Schon wieder knallt etwas mit voller Wucht gegen Jannis Tür. Ich kann das nicht mit anhören.

»Nein, ich gehe mit Honey.«

Gemächlich umrunde ich mit Honey die Wohnanlage, nur um nicht wieder nach Hause zu müssen, auch wenn Janni sich mittlerweile beruhigt haben dürfte. Aber inzwischen wird es langsam spät, also bringe ich Honey in die Garage und gehe hinauf.

Als ich in die Wohnung komme, steht Cameron an der offenen Tür zu Jannis Zimmer. Mit tränenüberströmtem Gesicht sieht er mich an.

»Sie hat aufgehört, mit Sachen zu werfen, und ich hab gefragt, ob ich reingehen darf, und Susan hat Ja gesagt und da bin ich rein und dann ist Janni aus dem Fenster gefallen …«

Ich stürze an ihm vorbei in Jannis Zimmer. Dort steht Susan, mit Bodhi im Arm, und weint. »Janni, bitte komm wieder rein!«, fleht sie.

Wie in Zeitlupe folge ich Susans Blick zum Fenster.

Es steht offen.

Mit seinem ganzen Körpergewicht wird Dave gegen den feststehenden Teil des Schiebefensters gepresst. Schwitzend und mit hochrotem Kopf, die wiedererlangte Brille am Gesicht baumelnd, hält er Janni mit letzter Kraft an den Beinen, die unter seiner linken Achsel klemmen.

»Ich muss hier weg«, brüllt Janni vor dem offenen Fenster in die Nacht hinaus. »Lass mich los! Du sollst loslassen!«

Mein Verstand ist gelähmt. *Janni … will … aus … dem … Fenster … springen.* Meine Tochter, mein kleines Mädchen, die ich als Baby nie aus den Augen ließ und vor anderen Kindern beschützte, will vor meinen Augen aus dem Fenster springen, und ich bin unfähig, etwas zu tun. Ich weiß nicht mehr, was ich tun soll.

»Janni!«, sage ich matt, als Dave sie durch das Fenster hereinzieht. Mit knallrotem Gesicht schließt er das Fenster, ehe er fix und fertig zu Boden gleitet.

»Janni, was sollte das denn?«, will ich wissen. Janni versucht das Fenster wieder aufzuschieben. Dave rappelt sich hoch und hält es zu.

»Ich will hier weg.«

»Janni, du hättest auf den Kopf fallen und tot sein können.« Meine Stimme ist ohne jede Kraft, als löste ich mich auf.

»Ich muss hier weg.«

»Wovor willst du weg?«

Plötzlich wendet Janni sich vom Fenster ab. »Ich habe Hunger. Gehen wir ins Red Lobster?«

Natürlich müsste ich jetzt nachhaken, um herauszubekommen, was um Gottes willen sie da vorhatte, aber ich lasse es bleiben. Ich habe Angst. Ich habe Angst, weil sie »hier weg« wollte. Und weil dieses Etwas, dem sie, die doch ganz allein hier in ihrem Zimmer war, entfliehen wollte, schlimmer war als ein Sturz aus dem zweiten Stock.

29. Dezember 2008

Ich sitze in Dr. Howes Sprechzimmer auf der Couch, während Susan von Jannis versuchtem Sprung aus dem Fenster berichtet.

Ich denke nach, wenn auch über etwas anderes. Ich bringe es nicht über mich, über *das* nachzudenken. Täte ich es, es wäre mein Ende. Ich bin doch Jannis Beschützer. Ich würde mein Leben für sie geben. Doch als es dazu kam, war ich so gelähmt, dass ich nicht reagieren konnte. Dabei ist diese Erstarrung die einzige Gewähr dafür, dass ich weiter funktioniere.

Also denke ich an meine Kindheit. Mein Vater hatte einen Flugschein und hat mich öfter zum Fliegen mitgenommen. Er gab mir stets das Gefühl, ich sei ein richtiger Kopilot, indem er mir verschiedene Aufgaben zuwies. Zu den wichtigsten Aufgaben eines Kopiloten gehört es, dem kommandierenden Flugzeugführer die diversen Checklisten vorzulesen. Das soll gewährleisten, dass der Pilot auch wirklich jeden Punkt abarbeitet.

Ich weiß noch, wie ich ihm die Checklisten vorlas. Er wiederholte alles, was ich sagte, um auch ja auf Nummer sicher zu gehen.

Treibstofftanks gefüllt?
Treibstofftanks gefüllt.
Mischung angereichert?
Mischung angereichert.
Motorklappen offen?
Motorklappen offen.

Hauptschalter an?
Hauptschalter an.

Ich muss daran denken, wie ich Janni den Zusammenhang zwischen ihrem Tun und den daraus folgenden Konsequenzen begreiflich zu machen versuche.

Was hast du getan?
Bodhi gehauen.
Nein. Was hast du getan?
Geschrien.
Nein.

Es scheint, als würde sie die Antwort raten ...
Oh mein Gott.

»Sie rät nur«, platzt es unvermittelt aus mir heraus.

»Was?«, erwidern Dr. Howe und Susan unisono.

Ich starre zu Boden. »Wann immer ich sie für eine Auszeit auf ihr Zimmer schicke, sage ich ihr, sie darf raus, sobald sie die Verantwortung übernimmt und das Fehlverhalten eingesteht, das zu dieser Auszeit geführt hat. Aber sie rät die Antwort nur völlig zusammenhanglos. Anfangen tut sie immer mit »Ich habe Bodhi gehauen«, dann kommt: »Ich habe geschrien«, und so arbeitet sie eine ganze Checkliste von möglichen Vergehen ab, bis sie irgendwann die richtige Antwort erwischt.«

Ich rubble meine Augen. »Ich habe das immer für ein Spielchen gehalten, aber jetzt wird mir klar, dass sie es wirklich nicht weiß.« Ich sehe Dr. Howe an. »Sie macht keine Spielchen. Sie kann sich wirklich nicht daran erinnern.«

Dr. Howe ist in Gedanken versunken. Sie sieht uns kurz an und mir scheint, sie ringt mit sich, ob sie uns etwas mitteilen soll.

»Sie erinnert sich nicht«, konstatiert sie schließlich, »weil sie sich dissoziiert.«

Sie *dissoziiert* sich. Ärztesprech. Das ist Teil ihrer ganz eigenen »Sprache«. Zum ersten Mal begegnete mir dieser Ausdruck im Psychologiekurs auf dem College. Wie die meisten psychiatrischen Ausdrücke klingt er zunächst nicht sonderlich bedrohlich. Allerdings nur, weil Dr. Howe den Schluss des Satzes unterschlägt: *von der Realität.*

Ein dissoziativer Mensch ist einer, der zwischen zwei Realitäten hin und her wechselt: der seinen und der unseren.

»Was bedeutet das?«, fragt Susan. Ich höre die Angst in ihrer Stimme.

Dr. Howe betrachtet Janni. »Ich fürchte, wir haben es womöglich doch nicht mit einer Affektstörung zu tun«, räumt sie schließlich ein. »Ich ging bislang davon aus, dass die Psychose eine Folge ihrer Stimmungsschwankungen ist.« Jetzt sieht sie wieder uns an. »Inzwischen halte ich es für denkbar, dass es sich genau entgegengesetzt verhält. Ihre Stimmungen sind die Folge ihrer Psychose.«

»Und was soll das heißen?«, hakt Susan nach und lässt den Blick zwischen Dr. Howe und mir hin und her schnellen.

»Für eine abschließende Bewertung ist es noch zu früh«, antwortet Dr. Howe. »Es wäre eindeutig das Beste, wenn sie ins UCLA käme, wo man sie über einen längeren Zeitraum beobachten kann.« *Beobachten im Hinblick auf was?* Das sagt sie nicht.

»Was wollen Sie damit sagen?« Susan ist klar, dass sich gerade etwas Schlimmes herauskristallisiert hat, sie weiß nur nicht, was. Ich schaue auf Janni, mein kleines Mädchen.

»Es kann ganz verschiedene Ursachen haben«, erwidert Dr. Howe. »Eben deshalb muss sie ins UCLA.«

Susan sieht mich an. Sie weiß, dass ich es weiß.

Ich seufze. »Die eine Möglichkeit ist eine bipolare Störung mit psychotischen Schüben. Die andere ist Schizophrenie.«

Susan starrt mich einen Moment lang an. Ich senke den Blick, kann ihr nicht in die Augen sehen.

»Sie ist also schizophren«, sagt Susan leise, als stünde das nun fest.

Dr. Howe stellt ein Rezept aus und schüttelt den Kopf. »Das habe ich nicht gesagt.«

»Aber was kann es sonst sein?«

Dr. Howe sieht uns an. »Wissen Sie noch, was ich Ihnen sagte, als Sie vor einem Jahr zum ersten Mal hier waren? Die Symptome sind wichtiger als die Diagnose.«

Sie reißt das Rezept vom Block und gibt es mir. »Ich würde gerne eine niedrige Dosis Haldol verabreichen.«

Haldol. Ich kenne Haldol. Ich habe über Haldol gelesen. Diese Patienten, die im Film immer sabbernd in der Ecke sitzen und ins Leere starren? Das ist Haldol.

»Haldol gibt man bei Schizophrenie«, sage ich.

»Es ist ein Mittel gegen Psychosen allgemein«, erwidert Dr. Howe und weicht meinem Blick aus.

»Ich habe darüber gelesen. Es wird nur in Fällen extremster Schizophrenie verwendet, wenn der Patient auf absolut kein anderes Medikament anspricht.«

Beunruhigt wendet sich Susan an Dr. Howe: »Sie sprachen von Zeldox.« Sie lallt beinahe vor Angst. »Das haben wir noch nicht probiert.«

Dr. Howes Miene bleibt teilnahmslos. »Ich glaube nicht, dass das etwas bringt. Janni zeigt keinerlei Reaktion auf Risperdal, und Zeldox ist Risperdal chemisch sehr ähnlich.«

»Es ist Schizophrenie, nicht wahr?«, sagt Susan mit verweinten Augen. »Ich wusste es.«

»Wir können das nicht mit Sicherheit sagen«, entgegnet Dr. Howe.

Aber der Deich hat einen Riss. Dr. Howe kann den Finger in den Deich stecken, so lange sie will, die Flut lässt sich nicht aufhalten.

»Warum nicht?«, frage ich. »Was bleibt noch übrig?« Warum will Dr. Howe es nicht einfach zugeben? Wozu die falsche Hoffnung aufrechterhalten? Von Anfang an war Schizophrenie der potenzielle 400-Kilo-Gorilla im Raum, das schlimmste denkbare Szenario. Aber wenn Janni schizophren ist, dann soll sie uns das bitte sagen. Dann wüssten wir wenigstens Bescheid. Ich schaue auf Janni, die mit dem Puppenhaus spielt. Freuen wir uns an dem, was uns von ihr noch geblieben ist.

»Schizophrenie lässt sich nicht einfach diagnostizieren«, behauptet Dr. Howe.

»Wieso nicht?«, will ich wissen.

»Weil es eben nicht geht!«, fährt mich Dr. Howe an. Ich bin geschockt, habe sie noch nie so aufgebracht erlebt. »Für eine solche Diagnose braucht es eine ausgiebige Beobachtungsphase, mehr als ein Jahr.«

Sie gewinnt ihre Fassung zurück und schreibt etwas auf den Rezeptblock. »Sie rufen besser vorab bei Ihrer Apotheke an, ob sie Haldol vorrätig haben. Es ist mittlerweile kein gängiges Neuroleptikum mehr.«

»Haben Sie es je zuvor verschrieben?«, fragt Susan.

Dr. Howe hält im Schreiben inne.

»Nicht bei einem so jungen Kind«, gibt sie zu.

»Wieso?«, frage ich, obwohl ich mir die Antwort denken kann.

Dr. Howe sieht mich an. »Weil es nie einen Grund dafür gab.«

Dr. Howe bringt uns zur Tür. Susan geht mit Bodhi im Kinderwagen voran. Dann kommt Janni, dahinter ich und zum Schluss Dr. Howe.

»Rufen Sie mich in drei Tagen an und lassen Sie mich wissen, wie das Haldol wirkt«, sagt sie.

Ich nicke.

Sie beugt sich ein Stück heran und flüstert: »Und tun Sie weiterhin, was Sie können, damit sie ins UCLA kommt.«

Während ich mich bemühe, all dies zu verarbeiten, glotze ich sie kopfnickend an.

12. Januar 2009

Ich werfe einen Blick auf Janni. Es ist der erste Schultag nach den Ferien. Sie ist heute Morgen sehr still. Kein Wort über 400 oder die anderen Einwohner von Calilini.

Ich biege auf den Parkplatz ein. »Wir sind nur fünf Minuten zu spät dran. Wenn wir uns beeilen, schaffen wir es ins Klassenzimmer, bevor Mrs. Parris die Anwesenheitsliste durchgeht.« Ich halte vor der Schultür und schnalle mich ab.

»Ich kann selber gehen«, meint Janni nur und steigt aus.

»Ganz bestimmt?«, frage ich nach, steige aus und hole den Schulranzen von der Rückbank.

Ich habe das Bedürfnis, sie zu begleiten, und sei es nur, um Mrs. Parris zu erinnern, dass ich immer noch da bin und darauf achte, wie sie mit Janni umgeht.

»Das passt schon.« Janni nimmt den Ranzen. Sie wirkt nicht besorgt, im Gegenteil, sie wirkt wie ein ganz normales Kind ihres Alters auf dem Weg zur Schule. Mir geht auf, dass ich das zum allerersten Mal beobachte.

»Warte kurz«, rufe ich ihr nach.

Sie bleibt stehen. Ich laufe ihr nach und drücke ihr einen Kuss auf den Scheitel. »Ich hab dich lieb.«

Sie erwidert den Kuss. »Hab dich lieb.« Sie dreht sich um und stapft davon, den Schulranzen im Schlepp.

Ich setze mich ins Auto und rufe Susan an.

»Wie hat Janni sich benommen, als du sie abgesetzt hast?«, will sie wissen.

»Gut. Sie jammerte nicht einmal, dass sie zur Schule muss.«

»Vielleicht wirkt das Haldol ja«, sagt sie vorsichtig optimistisch.

»Es ist zu früh, um das zu sagen«, entgegne ich, da ich mir keine wirkliche Hoffnung gestatten will. »Aber sie hat noch nie so lange nichts von ihren eingebildeten Freunden erzählt.«

Unbehaglich rutsche ich auf dem Sitz herum. »Aber wenn das Haldol ihr die eingebildeten Freunde genommen hat …«

»Dann heißt das, dass sie nie nur eingebildet waren«, beendet Susan den Satz.

Janni hat die Wahrheit gesagt, als sie uns in Loma Linda erklärte, die Ratten fürchteten sich vor Bodhi. Für Janni sind sie echt, weil es Halluzinationen sind.

Ich bin bei Walmart, Putzmittel kaufen. Das Handy klingelt. Ich schaue auf das Display: die Zentralnummer des Schulbezirks.

Ich seufze. Ich habe sie vor gerade einmal 20 Minuten abgesetzt.

»Hallo, Mr. Schofield? Hier ist Nancy von der Oak Hills Schule. Janni musste gerade auf die Krankenstation.«

Bestimmt hat Janni sich gelangweilt und verlangt, dass man sie auf die Krankenstation schickt. Es wird mir nichts übrig bleiben, als Nancy in das Geheimnis einzuweihen.

»Da mache ich mir keine Sorgen. Wir haben ihr gesagt, sie soll das machen, wenn es ihr im Unterricht zu viel wird. Sie wird da ein paar Minuten herumsitzen, bis ihr langweilig wird und sie zurück in die Klasse geht.«

»Ich mache mir durchaus etwas Sorgen, Mr. Schofield. Es geht ihr gar nicht gut. Und ihr läuft Speichel aus dem Mund.«

»Das sind die Medikamente«, entgegne ich leicht genervt. Ich weiß genau, worum es hier geht. Ich soll kommen und sie ihnen abnehmen. »Sie bekommt ein Medikament, das zu erhöhter Speichelbildung führt«, füge ich hinzu. »Kein Grund, sich Sorgen zu machen.«

»Sie sagt, sie kann die Beine nicht bewegen.«

Jetzt werde ich wütend. Ich glaube keinen Moment, dass Janni die Beine nicht bewegen kann. Sie ist ein schlaues Mädchen. Sie weiß genau, was sie sagen muss, um auf die Krankenstation geschickt zu werden. Wie sie auch wusste, was sie anstellen muss, um zurück ins Alhambra zu kommen.

»Die Medikamente machen sie müde. Das legt sich. Geben Sie mir Bescheid, falls es schlimmer werden sollte.«

Ich lege auf. Wenn ich das Gespräch fortsetzte, bewegten wir uns nur im Kreis und Nancy würde fortwährend versuchen, mich dazu zu bringen, Janni abzuholen. Aber ich brauche die Zeit, um Putzmittel zu kaufen. Mit Janni kann ich nicht einkaufen gehen.

Ich stehe im Walmart und versuche mich zu erinnern, was ich alles besorgen muss, als das Handy ein zweites Mal klingelt. Diesmal ist es Susan.

»Rehlein?«

»Die Schule hat angerufen!«, berichtet sie panisch, unterlegt vom Fahrtwind ihres Autos.

»Ja, ich weiß«, erwidere ich. »Mich haben sie auch angerufen.«

»Sie hat einen Schlaganfall!«

»Was?«

»Sie sagen, ihr läuft der Speichel aus dem Mund und sie kann nicht laufen!«

Ich verdrehe die Augen und staune, dass Susan darauf hereinfällt. »Das ist kein Schlaganfall. Dasselbe haben sie mir auch erzählt. Die wollen nur, dass wir kommen und sie ihnen abnehmen.«

»Sie haben die Sanitäter gerufen!«, schreit Susan ins Handy.

Mein Ärger auf die Schule weicht purer Angst.

»Das ist eine Überreaktion«, versuche ich Susan ebenso zu überzeugen wie mich. »Das ist nichts Ernstes.«

»Sie kann die linke Seite nicht bewegen! Die Sanitäter bringen sie ins Krankenhaus!«

Ich schüttle den Kopf. Ich kann das nicht glauben. Ich weigere mich, das zu glauben.

»Wir treffen uns an der Schule. Du musst mir Bodhi abnehmen! Ich komme mit ins Krankenhaus. Wo steckst du?«

»Walmart. Ich bin in fünf Minuten da.«

Der Fahrtwind ist verstummt. Susan hat aufgelegt.

Das ist eine Überreaktion. Janni fehlt nichts. Es ist ganz sicher alles in Ordnung, sage ich mir, während ich zum Ausgang renne und den halb vollen Einkaufswagen im Gang stehen lasse.

Ich kann den Krankenwagen in der Schulzufahrt schon vom Hügel aus sehen. Die Sanitäter schieben Janni auf einer Trage aus dem Gebäude. Einer hält einen Infusionsbeutel hoch.

Ich drücke das Gaspedal bis zum Anschlag durch und komme mit einem Tempo in die Kurve, dass die Räder vom Asphalt abheben. Dabei schießt mir immer nur ein Gedanke durch den Kopf: Ich bin nicht gleich gekommen. Ich habe es nicht ernst genommen. Ich dachte, es ist nichts.

Ich lasse den Wagen mit laufendem Motor mitten auf dem Parkplatz stehen und laufe zu Janni. Man schiebt sie eben in den Krankenwagen. Ich bin jetzt nahe genug dran, um die Sauerstoffmaske auf ihrem Gesicht zu erkennen. Susan, die Bodhi im Arm hält, steigt hinter ihr ein.

Der Rektor fängt mich ab. »Es wird alles gut werden, Mr. Schofield«, sagt er und hält abwiegelnd die Hände in die Höhe.

Ich laufe einfach an ihm vorbei. Susan sieht mich kommen. In ihrem Blick liegt Wut, weil ich nicht reagiert habe. Als ich den Wagen erreiche, steigt gerade einer der Sanitäter, der Fahrer, aus, um die Türen zu schließen.

»Was geschieht hier?!«, frage ich voller Panik.

Susan steht auf und reicht mir Bodhi. »Sie bekam keine Luft

mehr«, sagt sie und sieht mich voller Hass an. »Sie wäre gestorben, wenn die Schule nicht die Rettungssanitäter gerufen hätte.«

Der Sanitäter hält die Hand hoch. »Es kommt alles in Ordnung. Sie hat eine Dystonie. Ihrer Frau zufolge nimmt sie Haldol, das kann Dystonie auslösen. Wir haben eine Diphenhydramin-Infusion gelegt. Damit sollte alles in Ordnung sein, zur Sicherheit bringen wir sie trotzdem ins Henry Mayo.«

Als der Arzt in der Notaufnahme zu uns kommt, sieht Janni schon wieder halbwegs erholt aus.

»Was ist passiert?«, erkundige ich mich.

»Sie hat eine sogenannte Dystonie entwickelt.« Er betrachtet Jannis Augen. »Das ist keine Seltenheit bei Neuroleptika, besonders bei Haldol.« Er hebt Jannis Arme an und prüft ihre Muskelspannung.

»Kann das tödlich sein?«, will ich wissen. Wenn er jetzt Ja sagt, müsste ich tot umfallen. Ich hätte bei ihr sein müssen.

»Nein, ganz und gar nicht«, erwidert er. »Der Anblick kann einem Angst machen, aber es besteht keine Lebensgefahr. Es fängt mit Krämpfen im Hals- und Gesichtsbereich an. Die Zunge fällt aus dem Mund, daher der Speichelfluss. Es lässt sich problemlos mit Diphenhydramin, einem Muskelrelaxans, behandeln. Wir werden die Diphenhydramin-Infusion noch ein, zwei Stunden aufrechterhalten und sie beobachten, aber im Grunde sollte alles in Ordnung sein.« Er betrachtet ihre Pupillen. »Sie macht schon einen besseren Eindruck als bei der Einlieferung.« Er wendet sich uns zu. »Ihre Frau sagte, sie nimmt Haldol?«

»Ja«, erwidere ich tonlos.

»Wie lautet die Diagnose?«

»Unspezifische Psychose.«

Er nickt. »Und der Psychiater hat ihr kein Cogentin verschrieben?«

»Nein.«

Er runzelt die Stirn. »Es überrascht mich, dass man ihr nicht Cogentin oder zumindest eine regelmäßige Dosis Diphenhydramin verschrieben hat. Das geschieht bei Haldol eigentlich immer, weil eben mit genau diesem Effekt zu rechnen ist.«

»Sie hatte eine Dystonie!«, brülle ich Dr. Howe durchs Telefon an. Ich habe ein furchtbar schlechtes Gewissen, aber da Dr. Howe es unterlassen hat, Cogentin zu verschreiben, kann ich mich bei ihr abreagieren.

»Das überrascht mich«, entgegnet Dr. Howe gelassen.

»Der Notarzt sagt, man muss ihr Cogentin geben! Wieso haben Sie ihr das nicht verschrieben? Wussten Sie das etwa nicht?« Wieder einmal traue ich Dr. Howe nicht. Sie ist überfordert. Sie kann mit Janni nicht umgehen. Wir lassen uns jetzt seit über einem Jahr von ihr an der Nase herumführen, obwohl sie ganz offensichtlich keinen blassen Schimmer hat. Ich hätte schon längst einen anderen Psychiater suchen müssen. Ich habe es nicht getan, weil ich mir den sinnlosen Versuch ersparen wollte, schon wieder jemandem zu erklären, was wir durchmachen müssen. Ich war zu müde.

»Ich weiß, was Cogentin ist«, erwidert Howe. »Man gibt es in der Regel flankierend zu Haldol, um das Auftreten einer Dystonie zu verhindern.«

»Und wieso haben Sie es dann nicht verschrieben?«, brülle ich ins Telefon.

»Weil ich Janni mehrfach starke Medikamente in Dosierungen verabreicht habe, die viel zu hoch für sie hätten sein müssen, die aber keinerlei Wirkung zeigten«, erklärt sie freundlich.

Meine Wut erstirbt wie nach einem Blattschuss.

»Ich habe noch nie jemanden therapiert, der auch nur annähernd so resistent gegen Medikamente ist wie Janni«, fährt Dr. Howe fort. »Bei jedem anderen Patienten hätte ich eine Dystonie befürchtet, nur bei Janni hielt ich es nicht für ein Problem. Ich habe mich geirrt.«

Ich schließe die Augen und denke an die 99,9 Prozent auf Jannis IQ-Testergebnis. Mir war immer klar, dass Janni einzigartig ist. Aber diese Art von Einzigartigkeit habe ich mir nicht gewünscht.

Freitag, 16. Januar 2009

Das Handy klingelt. Ich schaue auf das Display und erwarte, dass es Susan sein wird, die mich auf den neuesten Stand zu Bodhi bringen will. Sie ist mit Bodhi zur jährlichen Routineuntersuchung und Impfung beim Kinderarzt.

Aber es ist wieder einmal die Zentrale des Schulbezirks.

Es ist der erste Anruf von der Schule seit Jannis Dystonie-Anfall vor ein paar Tagen. Die Haldol-Dosis wurde am Dienstag gesenkt. Mrs. Parris hat uns berichtet, Janni wäre am Montag, unmittelbar vor dem Dystonie-Anfall, so gut zu haben gewesen wie nie zuvor. Am Dienstag hatte sich Janni im Unterricht noch achtbar geschlagen. Am Mittwoch ging es so. Am Donnerstag war es, als habe sie nie Haldol genommen.

»Mr. Schofield, hier ist Mrs. Fitzgerald. Sie müssen kommen und Janni holen.«

»Wenn sie Anzeichen von Dystonie zeigt, geben Sie ihr Diphenhydramin«, teile ich ihr mit. »Sie haben das Schreiben von Dr. Howe, das Sie dazu ermächtigt.«

»Darum geht es nicht. Janni benimmt sich in einer Weise, die wir als äußerst beunruhigend empfinden.«

Ich frage nicht, was für eine Weise das ist. Ich bin mir sicher, es ist das, womit wir es Tag für Tag zu tun haben.

»Wir haben schon Ihre Frau verständigt, aber sie weigert sich, sie abzuholen.«

Ich weiß genau, warum Susan sich weigert zu kommen, und das hat nichts mit Bodhis Schutzimpfung zu tun. Es ist derselbe Grund, weshalb auch ich nicht kommen will. Niemand ist bereit, Janni zu helfen. Nicht einmal im Krankenhaus konnten wir am Montag jemanden auftreiben, der willens war, unsere Optionen mit uns zu besprechen. Wir wollten Janni wegen des Haldols zur stationären Beobachtung ins UCLA bringen, aber die Sozialarbeiterin beschied uns, dass dort wieder einmal kein Bett frei sei. Selbst der behandelnde Arzt riet zur stationären Unterbringung, doch es hieß nur, man könne leider nichts für uns tun.

»Sie ist mit unserem Sohn beim Arzt.«

»Das mag sein, aber es muss sofort jemand kommen und Janni abholen.«

»Ist sie verletzt?«

»Nein, aber sie benimmt sich wie eine Berserkerin.«

Ich grinse böse ins Handy. *Willkommen in unserer Welt.*

»Zu Hause wird sie auch toben.«

»Mr. Schofield, sie muss sofort abgeholt werden.«

Nein, finde ich. *So einfach kommst du nicht davon.* »Sind Sie nicht gesetzlich verpflichtet, während der Unterrichtszeit die Verantwortung für sie zu übernehmen?«

»Nein, Mr. Schofield, nicht, wenn ihr Verhalten den normalen Schulbetrieb unmöglich macht.«

Das ist wieder mal typisch, dass nicht einmal das Gesetz auf unserer Seite ist. Aber wenn ich sie jetzt abhole, was mache ich dann mit ihr? Sie nach Hause bringen? Und dann? Plötzlich wird mir klar, dass ich so nicht weiterleben kann. Das bringt uns alle um, Janni eingeschlossen. Wir kämpfen seit mehr als einem Jahr auf verlorenem Posten. Das geht so nicht weiter.

»Und wenn ich nicht komme?«

»Dann verständigen wir die Polizei, weil die Eltern ihrer Aufsichtspflicht nicht nachkommen.«

Ich bin schockiert. Ich frage mich, ob sie blufft. Soll das eine infame Drohung sein, um mich dazu zu bringen, sie von Janni zu erlösen? »Das würden Sie tatsächlich machen?«

»Wenn wir dazu gezwungen sind, ja. Ich zöge es aber bei Weitem vor, wenn Sie kommen und sie holen.«

Ich halte das Handy auf Abstand zum Ohr und rubble mir das Gesicht. Zu meinem eigenen Entsetzen wäre es mir nicht einmal unrecht, wenn Mrs. Fitzgerald die Polizei holt. Was wäre die Folge? Janni würde in staatliche Obhut genommen. Dann müsste der Staat sich mit ihr herumschlagen, ob es ihm passt oder nicht. Vielleicht bekäme sie dann endlich die Hilfe, die sie braucht. Aber sie hätte uns nicht mehr. Sie ist meine Tochter. Ich bezweifle zwar, dass sie noch Furcht empfinden kann, aber ich werde sie mir nicht vom Staat wegnehmen lassen, solange zumindest die minimale Chance besteht, dass sie eines Tages aus diesem Albtraum erwacht und dann ohne Mama, Papa und Brüderchen dasteht.

»Mr. Schofield, sind Sie noch dran?«

»Ja, ich bin noch dran.«

»Werden Sie kommen?«

»Ich bin unterwegs.«

Beim Aussteigen läuft mir Mrs. Fitzgerald aus der Schule entgegen. »Ich hatte schon Angst, Sie kämen nicht.«

»Ich sagte doch, dass ich komme«, entgegne ich ohne falsche Freundlichkeit.

»Nach unserem Telefonat war ich mir da nicht ganz sicher«, sagt sie, als wir das Gebäude betreten.

Ich komme immer. Ich bin ihr Vater.

»Was war los?«

Sie öffnet die Tür zum Rektorat. »Sie rannte durch die ganze Schule und wollte sich durch Türen und Fenster werfen.«

Durch Türen und Fenster?, überlege ich skeptisch. Die gute Frau hat wirklich Sinn für Melodramatik. Wahrscheinlich ist sie nur mit einem solchen Koller aus dem Klassenzimmer gerannt, dass sie ihre Motorik nicht mehr ausreichend unter Kontrolle hatte, um die Tür ordentlich zu öffnen. So ist es daheim, wenn sie eine Auszeit bekommt.

Mrs. Fitzgerald fährt indessen fort: »... als wenn es sie gar nicht gäbe. Wir hatten größte Sorge, dass sie sich ernsthaft verletzt.«

»Wo ist sie jetzt?«, frage ich beim Betreten des Rektorats. Aber noch bevor Mrs. Fitzgerald etwas erwidern kann, entdecke ich Janni hinter dem Sichtfenster zu ihrem Büro, respektive dem, was einmal ihr Büro gewesen war.

»Es war nicht leicht, aber schließlich konnten wir sie in mein Büro locken. Wir haben alles Werfbare in Sicherheit gebracht, damit sie sich nicht verletzen kann. Für den Augenblick kann ihr nichts passieren, aber wir müssen dringend darüber reden, wie das in Zukunft weitergehen soll.«

Ich spähe hinein. Janni steht neben dem Schreibtisch und gestikuliert zu einer mir unbekannten Frau, die auf Mrs. Fitzgeralds Stuhl sitzt und etwas zeichnet. Eine zweite mir ebenfalls unbekannte Frau lehnt an der rückwärtigen Bürotür. Ich sehe mich im Zimmer um. Das ansonsten mit Büchern und Spielzeug angefüllte Büro ist öd und leer wie das Ruhezimmer im Alhambra.

Automatisch greife ich nach dem Türknauf, doch der lässt sich nicht bewegen.

Mit dem Schlüssel in der Hand kommt Mrs. Fitzgerald zu mir. »Wir mussten die Tür zu ihrem Schutz absperren.«

Das ist keine Übertreibung. Das passiert wirklich und wahrhaftig. Sie haben eine solche Angst um Janni oder sich selbst, dass sie sie tatsächlich in ein Bürozimmer sperren.

Sie schließt die Tür auf und ich laufe hinein. »Janni, geht es dir gut?«

Die Frau, die bei Janni sitzt und zeichnet, blickt auf und lächelt. »Hallo, ich bin Karen, vom schulpsychologischen Dienst.«

»Ich habe dauerhaft zwei Personen für Janni abgestellt«, erläutert Mrs. Fitzgerald.

»Wir zeichnen gerade 400«, berichtet Janni und reibt sich aufgeregt die Hände. Ich starre sie an und versuche das fröhliche Mädchen zu verstehen, das mir in diesem öden, bewachten Büro gegenübersteht.

»Hier ist alles bestens.« Karen lächelt mich an und zeigt keine Spur der Angst, die Mrs. Fitzgerald umtreibt. »Sie beschreibt mir, wie 400, die Katze, und Zauber 61 aussehen, damit ich sie zeichnen kann.«

»Zauber 61 ist hier«, erzählt Janni glücklich. »Sie ist mich besuchen gekommen.«

Himmelherrgott, Janni. Die haben dich in ein Büro gesperrt. Verstehst du das nicht? Sie benimmt sich, als sei hier alles völlig normal.

»Magst du Zauber 61 mal sehen?«, fragt mich Janni. »Sie ist ein Mädchen, wie ich, aber sie ist schon acht.«

Ein Mädchen wie ich. *Aber es gibt niemanden, der ist wie du. Das ist ja das Problem.*

»Sie steht gleich da.« Sie deutet hinter mich, aber ich drehe mich nicht um.

»Wir sollten uns unterhalten«, flüstert Mrs. Fitzgerald mir ins Ohr.

»Ich möchte Janni nicht allein lassen.«

»Keine Sorge«, sagt Karen, »Janni macht mich mit all ihren Freunden bekannt.«

Ich bin verblüfft. Sie sagt nicht »eingebildete Freunde«. Schlicht »Freunde«. Außer mir hat sie noch nie jemand als real behandelt.

»Wir können uns im Rektorat unterhalten«, sagt Mrs. Fitzgerald.

»Janni, falls du mich brauchst, ich bin im Zimmer nebenan, okay?«

»Okay.« Sie konzentriert sich ganz auf Karens Zeichnung.

Benommen stapfe ich ins Rektorat. Mir nach folgen Mrs. Fitzgerald und Wendy, die Schulpsychologin von Oak Hills, die die Tür schließt.

Ich stehe da und weiß nicht, was ich tun soll.

»Setzen Sie sich doch«, sagt Mrs. Fitzgerald und nimmt auf dem Rektorenstuhl Platz.

»Jetzt scheint ja alles in Ordnung zu sein«, sage ich.

»Wir haben jeden Schulpsychologen aus dem ganzen Distrikt hier«, sagt Mrs. Fitzgerald.

»Dann können die ja mit ins Klassenzimmer gehen und Janni für den Rest des Tages beistehen. Genau das braucht sie nämlich. Daheim macht sie keinerlei Probleme, solange ich mich ausschließlich um sie kümmere«, murmle ich.

»Sie kann nicht zurück in den Unterricht, Mr. Schofield.«

Ihr Ton ist wie eine eiskalte Dusche über den Rücken.

»Ich kann sie in diesem Zustand nicht an der Schule dulden.«

Ich starre sie verständnislos an. Ich soll Janni nicht nur mit nach Hause nehmen. Ich soll sie dort behalten.

»Wann darf sie wieder zurück?«, frage ich.

»Sobald sie keine Gefahr mehr für sich oder andere darstellt.«

Ich glotze auf meine Beine. Ich kann nicht glauben, was hier geschieht. Ich fühle mich wie irrtümlich in einen anderen Körper versetzt.

»Sie kann nicht am Unterricht teilnehmen, solange sie so instabil ist«, fährt Mrs. Fitzgerald fort. »Das gesamte Personal war nötig, um sie einzufangen. Die Lehrkräfte mussten ihre Klassen allein lassen, um uns zu helfen. Wir mussten die Klassenzimmer absperren. Wir können so nicht weitermachen.«

»Wir doch auch nicht.« Ich möchte weinen, aber die Tränen bleiben aus.

»Ich schließe Janni von Oak Hill aus, bis ihr Zustand stabil ist oder sie in die SES-Klasse überwechseln kann«, erklärt Mrs. Fitzgerald.

Ich lege meinen Kopf in die Hände. »Wie lange wird das wohl dauern?«

»Wir müssen ein neues IEP ansetzen«, entgegnet sie.

Das ist alles meine Schuld. Ich hatte solche Angst davor, dass

Janni stigmatisiert und an den Rand gedrängt wird, dass ich ihr den Übertritt verweigert habe. Und das ist nun daraus geworden.

Ich hebe den Kopf. »Was Sie da gerade miterlebt haben? So geht es bei uns jeden Tag. Letzten Monat erst wollte sie sich aus dem Fenster stürzen. Nur weil zufällig ein Freund von mir da war, hat sie es nicht geschafft.«

Mrs. Fitzgerald sagt nichts. Ich merke, dass ich sie anflehe. Ich weiß nur nicht, um was. *Hilfe. Bitte, helft uns doch.*

»Wenn ich sie mitnehme, wird sich nichts ändern«, sage ich leise. »Wir werden heimfahren und alles bleibt, wie es ist.«

»Soll das heißen, dass Sie sie nicht mitnehmen?«, hakt Mrs. Fitzgerald entsetzt nach. »Ihnen ist doch bewusst, dass wir dann die Polizei rufen müssen?«

Ich senke den Kopf, denn ich ertrage nicht, worüber ich gerade nachdenke. »Was geschieht mit ihr, wenn die Polizei sie mitnimmt?«

Ich spüre, wie Mrs. Fitzgerald und Wendy einander ansehen. Darauf waren sie nicht gefasst.

»Ich weiß es nicht«, sagt Mrs. Fitzgerald. »Ich vermute, man nimmt sie in staatliche Obhut. Was dann wird, weiß ich nicht.«

Ich bringe es nicht über mich, ihnen in die Augen zu sehen. Vielleicht aus Scham. In meinen wüstesten Träumen konnte ich mir nicht vorstellen, dass es einmal so weit kommt. Ich dachte, ich bin immer für sie da.

Auch jetzt bin ich ja gekommen, um sie nach Hause zu holen, doch nun, da es so weit ist, kann ich es nicht. Ich schaffe es nicht, sie heimzubringen und einfach weiterzumachen. *Wir sind gestört.*

»Mr. Schofield, was möchten Sie jetzt tun?«

Alles in mir fordert mich auf, aufzustehen und mit Janni heimzufahren. Aber wenn ich das tue, wird sich nicht das Geringste ändern. Ihr Leben lang habe ich versucht, Janni zu retten. Ich kann es nicht. Ich bin nicht genug. Sie braucht mehr.

»Rufen Sie die Polizei«, sage ich leise.

Ich bin erstarrt.

Hinter der offenen Tür des Rektorats spricht der Beamte vom L. A. County Sheriff mit Mrs. Fitzgerald.

»Sie ist sechs Jahre alt!«, protestiert er. »Ich wusste nicht, dass sie erst sechs ist! Ich kann eine Sechsjährige nicht in meinen Wagen sperren. Der ist für Kriminelle ausgelegt! Der ist nicht einmal gepolstert!«

»Der Vater will sie nicht nach Hause nehmen. Er meint, sie in seinem Auto nicht sicher befördern zu können.«

Der Polizist kommt ins Zimmer. »Mr. Schofield, ich bin Deputy Dorman. Wie ich höre, wollen Sie Ihre Tochter nicht befördern, weil Sie Sicherheitsbedenken haben. Ich könnte Ihnen daher einen Krankenwagen rufen.«

Langsam wandert mein Blick von der 9 mm Beretta an seinem Gürtel hinauf zu seinem Gesicht. »Wenn Sie den Krankenwagen rufen, bringt man sie wieder ins nächstgelegene Krankenhaus, und das ist Henry Mayo. Henry Mayo hat keine Psychiatrie. Ich weiß das. Wir waren am Montag erst dort.« Meine Stimme ist tonlos, roboterhaft.

Entnervt sieht er von Mrs. Fitzgerald zu mir und wieder zurück. Er hat keine Ahnung, was er tun soll. Ich verstehe das. Ich weiß es auch nicht.

Er seufzt. »Okay. Ich will ehrlich sein. Ich habe keine Ahnung, was in dieser Situation zu tun ist. Ein derartiger Fall ist mir noch nie untergekommen.«

Ich ahne, dass auch er uns in unserem Kampf allein lassen wird, so wie alle vor ihm.

Dorman greift zum Handy. »Na schön. Ich werde etwas herumtelefonieren. Wir lassen uns schon was einfallen.« Er hält sich das Telefon ans Ohr. »Ich gehe hier nicht weg, bis nicht eine Lösung gefunden ist, okay?«

Ich unterdrücke den Impuls, aufzuspringen und ihn zu umarmen. Er lässt uns nicht allein. Er gibt den Schwarzen Peter nicht weiter. Vor neun Monaten stand ich kurz davor, von zwei Polizisten des L. A. County Sheriffs wegen des vermeintlichen Missbrauchs an Janni verhaftet zu werden. Und nun ist dieser Polizist meine einzige Hoffnung.

Janni hüpft ins Zimmer, gefolgt von Karen.

»Sie wollte unbedingt zu Ihnen«, sagt Karen.

»Schon gut.« Ich strecke den Arm nach Janni aus und versuche mir den Anschein zu geben, als suchte ich nicht gerade verzweifelt nach jemandem, der sie mir abnimmt. »Hallo, Süße.«

Karen setzt sich zu mir. »Wie geht es Ihnen?«

»Nicht gut.«

»Das glaube ich gern.«

Janni lacht zum Büroteppich hin. »Zauber 61 ist so lustig. Sie tanzt im Büro. Zauber 61, du kannst doch hier nicht tanzen!«

Einen Augenblick lang vergisst Deputy Dorman sein Telefonat. »Hallo, Janni. Wer ist Zauber 61?«

Janni sieht ihn an, als würde sie ihn jetzt erst bemerken. »Meine Freundin.«

»Wo ist sie denn?«

Janni dreht sich um und zeigt in eine leere Zimmerecke. »Da drüben.«

»Gibt es Zauber 61 wirklich?«

Jannis Lächeln löst sich in Luft auf. »Nein.«

»Es gibt sie also nicht wirklich?«

»Nein.«

Karen beugt sich zu mir heran. »Haben Sie ihr das beigebracht?«, flüstert sie.

»Was beigebracht?« Ich bin kaum noch fähig zu verstehen, was um mich herum vorgeht.

»So zu antworten, wenn jemand fragt, ob ihre Freunde wirklich existieren.«

Unwillkürlich lache ich laut auf. »Niemand kann beeinflussen, was Janni sagt.«

»Ich hatte mich nur gefragt, ob sie das von Ihnen hat.«

»Nein«, kichere ich. »Wieso?«

Karen spricht immer leiser: »Weil es sich nach einer auswendig gelernten Antwort anhört. Als würde sie exakt das sagen, wovon sie glaubt, dass man es in dieser Situation von ihr erwartet. Was hat man bei ihr diagnostiziert?«

»Anfangs eine bipolare Störung mit psychotischen Schüben, mittlerweile eine unspezifische Psychose.«

Sie beugt sich noch näher heran. »Das überrascht mich.«

»Wieso?«

»Weil ich mit Erwachsenen gearbeitet habe, die sind wie sie, und für mich weist Jannis Verhalten auf eine klassische Schizophrenie hin.«

Ich glotze sie an. Mir ist, als hätten die Wolken sich geteilt und Gott habe gesprochen. Nicht einmal Dr. Howe brachte es fertig, das Wort unmittelbar auf Janni anzuwenden, so als redeten wir uns alle ein, wenn wir es nicht aussprechen, existiert es auch nicht.

»Danke, Bert«, sagt Deputy Dorman ins Handy. »Du hast mir echt geholfen.« Er legt auf und kommt zu uns. »Das County hat ein psychiatrisches Krisenassistenzteam. Ich hatte mit denen noch nie zu tun, aber jedenfalls rücken die bei nicht kriminellen, psychiatrischen Fällen aus. Es gibt eine Zentralnummer, aber da läuft nur eine Bandansage. Ich musste so ziemlich jeden anrufen, mit dem ich je gearbeitet habe.« Er grinst. »Und ich habe die Handynummer von einem Teammitglied bekommen.«

Das County von Los Angeles ist der am dichtesten besiedelte Landkreis der Vereinigten Staaten. Auf einer Fläche, die größer als Delaware und Rhode Island zusammengenommen ist, leben mehr als neun Millionen Menschen. Für das gesamte County stehen acht psychiatrische Kriseninterventionsteams zu je zwei Personen bereit, ein Paar pro 1,2 Millionen Einwohner also. Ich wusste nicht einmal, dass es so etwas überhaupt gibt.

30 Minuten später ist Maria da, eine kleine Latinofrau in Begleitung eines hünenhaften, bulligen Weißen mit Namen Paul. Beide tragen eine County-Dienstmarke um den Hals.

Maria verschwindet in Mrs. Fitzgeralds Büro, um sich mit Janni zu unterhalten, während Paul bei mir wartet.

Pauls rechtes Auge ist geschwollen und blutunterlaufen. Tiefrot prangt auf seiner rechten Gesichtshälfte der größte Bluterguss, den ich je gesehen habe.

»Was ist mit Ihrem Auge?«, frage ich.

Paul sieht auf mich herab. »Bin gegen eine Tür gelaufen«, sagt er, ohne mit der Wimper zu zucken.

Das Kriseninterventionsteam soll Menschen auch gegen ihren Willen in psychiatrische Obhut bringen, wird mir klar.

»Die Tür scheint sich gewehrt zu haben.«

Sein Gesicht bleibt ausdruckslos. »Soll vorkommen.«

Maria kehrt zurück.

»Wie sieht es nun aus?«, frage ich besorgt. Wenn man nach dem Zustand von Pauls Gesicht geht, haben sie es gewöhnlich mit tobsüchtigen Irren zu tun. Ich bin nicht sicher, dass sie Jannis Lage ernst nehmen.

»Wir nehmen sie mit«, erklärt sie.

Ich stoße einen Seufzer der Erleichterung aus.

»Wo geht's hin?«, erkundigt sich Paul.

Maria sieht mich an. »Im Normalfall bringen wir sie in die nächstgelegene, geeignete Einrichtung.«

»Das Alhambra«, konstatiere ich.

»Wahrscheinlich.«

»Nein. Ich will nicht, dass sie dorthin kommt. Wenn, dann kommt nur UCLA infrage.« Diesmal bin ich felsenfest entschlossen. Vor zwei Stunden noch war ich gewillt, sie der Obhut des Countys zu übergeben. Aber vielleicht, vielleicht bricht ja jetzt gerade die Sonne durch die Wolken. »Jedes Mal, wenn wir beim UCLA anfragen, heißt es, es ist kein Bett frei.«

Maria grinst. »UCLA hat Betten.«

»Wie können Sie das wissen?«

»Ich weiß es eben.«

Janni kommt mit Karen ins Büro. Sie spielt immer noch deutlich sichtbar mit Zauber 61.

»Hallo, Janni«, hallt Pauls Bassstimme zu ihr herab.

»Tag«, entgegnet Janni. »Magst du meine Freundin Zauber 61 kennenlernen?« Pauls Gesicht erschüttert Janni nicht im Geringsten. Sie zeigt keinerlei Furcht.

»Sollen wir einen Ausflug machen?«, fragt Paul.

Janni ist plötzlich verunsichert und erstarrt. »Kann Zauber 61 auch mitkommen?«

»Wenn es ihr nichts ausmacht, sich mit uns auf die Rückbank zu quetschen«, erwidert Maria.

»Macht ihr nichts aus.«

»Na dann.«

Draußen sehe ich ihr Auto. Es sieht aus wie ein ziviler Polizeiwagen mit einer Absperrung zwischen Vorder- und Rücksitzen.

»Janni, ich fahre euch nach«, rufe ich ihr zu, als sie unmittelbar vor Maria einsteigt.

Seit April, als wir zuletzt hier waren, hat man die Notaufnahme verlegt. Inzwischen wurde das neue Ronald Reagan UCLA Medical Center eröffnet. Von außen wirkt es mehr wie ein Hyatt-Hotel als ein Krankenhaus. Ich finde den Wagen von Maria und Paul wieder.

Ich lasse mein Auto in der Spur für den Parkservice stehen, ohne mich um einen Parkschein zu kümmern. Wenn es jemand klauen will, bitte sehr. Ich habe andere Sorgen.

Ich stürze ins Wartezimmer der Notaufnahme und bin mir sicher, dass sie mittlerweile schon im Behandlungszimmer sind.

»Hier«, ruft Paul mir vom Wartezimmer aus zu.

»Was ist denn los?«, frage ich.

»Wir warten.«

Das ist doch absurd. Ich schaue rüber zur Triagestation. Eine alte Frau im Rollstuhl beklagt sich, sie warte schon seit Stunden. Eine Notaufnahme-Ärztin und die Triageschwester bemühen sich gemeinsam, sie zu beruhigen.

»January?«, ruft die Triageschwester.

Janni kreischt: »Ich bin nicht January!« Sie schlägt auf die Triageschwester ein.

»Janni …« Ich will einschreiten, aber Janni prügelt unablässig auf sie ein.

Paul schließt die Arme um sie und hebt sie hoch. »Wir müssen sie nach hinten bringen«, sagt er.

Die Schwester ist so geschockt, dass sie nur nickt. »Gut.«

Paul trägt Janni, die ihn wild mit Füßen und Fäusten traktiert. Er zeigt keine Reaktion. Zuletzt folge ich. Die Schwester führt uns durch die Notaufnahme-Station. Ich erwarte jeden Moment, in ein Zimmer abzuzweigen, aber sie führt uns tiefer und tiefer in die Station, bis ans äußerste Ende, wo sie uns in das hinterste Zimmer bringt.

Darin befinden sich zwei Kammern. Im Vorbeigehen sehe ich in der ersten einen Mann liegen, der mit Handschellen ans Bett gefesselt ist.

»Das ist ihr Zimmer«, sagt die Schwester und führt uns in die zweite Kammer gleich daneben. Paul setzt Janni ab und sie versucht augenblicklich fortzulaufen.

»Immer mit der Ruhe, Janni.« Sachte holt er sie zurück. »Setz dich erst mal aufs Bett.«

Vom Bett abgesehen ist die Kammer völlig kahl. Kein EKG. Kein automatischer Blutdruckmesser. Dies ist ein Raum für Psychiatriepatienten. Damit die Patienten sich selbst oder dem Personal nicht gefährlich werden können, wurde alles entfernt.

»Die Schwesternklingel ist dort an der Wand, falls Sie etwas brauchen.« Die Schwester sieht Paul an. »Soll ich die Tür zumachen?«

»Kann nichts schaden«, findet er.

Die Schwester schließt die Tür und wir vier sind allein.

Maria kommt zu mir. »Wir müssen jetzt gehen.«

Was?

»Aber sie ist noch nicht auf Station«, protestiere ich. Ich dachte, sie würden Janni und mich durch das Aufnahmeverfahren begleiten und begründen, weshalb Janni stationär untergebracht werden muss.

»Das kann noch Stunden dauern und wir müssen los.«

Marias Handy klingelt ununterbrochen. Ich weiß, da sind andere, überall in der Stadt, die sie brauchen. Aber ich brauche sie auch.

»Müssen Sie nicht mit dem Arzt reden?«, stammle ich.

»Die Schwester hat meinen Bericht.«

Ich bin entsetzt. Wir waren schon einmal hier, ohne dass Janni aufgenommen worden wäre. Die beiden müssen dafür sorgen, dass diesmal nichts schiefgeht.

»Bitte«, flehe ich. »Gehen Sie nicht.«

Maria legt mir die Hand auf die Schulter. »Es wird alles gut. Versprochen.«

Paul nimmt seine Hand von Jannis Schulter. »Also dann, Janni. Mach deinem Paps keinen Ärger, ja?«

»Okay«, erwidert sie eigentümlich ruhig, während ich noch immer in Panik bin und die beiden sich zum Gehen wenden.

»Passen Sie auf sich auf«, ermahnt mich Maria.

Und dann sind sie weg.

Der Raum hat keine Fenster. Ich habe jedes Zeitgefühl verloren. Ich möchte mit Susan sprechen, aber das Handy hat kein Netz. Ich bin allein. Janni ist zwar körperlich anwesend, geistig aber ist sie meilenweit entfernt.

Inzwischen ist der Gefesselte im Nebenraum aufgewacht und brüllt unflätig.

»Fickt euch doch ... ihr verfickten Schlampen! Ich weiß genau, was ihr Schlampen treibt! Ihr fummelt an meinem Schwanz rum! Ihr verfickten Nutten!«

Bei jedem Wort zucke ich zusammen. Janni tanzt derweil im Kreis und spielt, ganz in ihrer eigenen Welt, mit Zauber 61. Zum ersten Mal bin ich froh um diese eigene Welt, schützt sie Janni doch vor der unsrigen.

Seit sechs Stunden geht das jetzt so. Der permanente Strom an Unflat aus dem Nebenraum mag an Janni vorbeigehen, mich aber wühlt er zutiefst auf. Mir ist, als wären wir nun in den tiefsten Kreis der Hölle hinabgestiegen. Das war ein Fehler. Ich will sie heimbringen. Ich will, dass sie sicher in ihrem Bettchen liegt, mit Hero, dem Teddy, im Arm.

Gleich neben diesen Kammern ist der Sicherheitsdienst. Ich verlasse Jannis Zimmer und spreche einen Wachmann an.

»Wir warten schon seit Stunden auf einen Psychiater.«

»Manchmal dauert es eben«, erwidert er träge. Bestimmt erlebt er das jeden Tag. Aber ich muss hier raus. Es gibt hier keine Menschlichkeit und auch die meine kommt mir mehr und mehr abhanden.

»Wir gehen. Ich nehme meine Tochter und wir gehen. Ich lasse nicht zu, dass sie auch nur eine Minute länger in dieser Umgebung bleibt.«

»Sie können nicht gehen«, erklärt der Wachmann und steht auf. Er überragt mich um gut 30 Zentimeter.

Entsetzt blicke ich zu ihm auf. »Selbstverständlich können wir gehen. Sie können uns nicht festhalten! Wir sind freiwillig hier!«

»Sie vielleicht«, entgegnet er. »Aber das Kind ist in Gewahrsam.«

In Gewahrsam? So etwas ist uns noch nie widerfahren. »Wie lange?«

»Bis der Arzt sie untersucht hat, dann darf sie unter Umständen gehen.«

»Es bleibt uns also nichts übrig, als zu warten?«

Der Wachmann nimmt wieder Platz. »Genau.«

Jetzt verstehe ich endlich, was passiert ist. Maria und Paul haben sie in unfreiwilligen Gewahrsam genommen. So war es möglich, sie ins UCLA einzuweisen. Der gewöhnliche Gewahrsam gilt für drei Tage.

Als ich zurück zu Janni komme, kehrt auch sie für einen Augenblick in die Realität zurück.

»Gehen wir?«

Ich sehe sie an. Was habe ich nur getan? Warum habe ich sie nicht einfach nach Hause gebracht?

»Noch nicht.«

»Ich habe Hunger«, mault Janni.

Ich gehe noch einmal zum Wachmann. »Ich will jetzt endlich den Arzt sprechen, verdammt!« Ich habe mich nicht mehr im Griff. Ich will heim.

»Der Arzt kommt schon noch«, erwidert der Wachmann seelenruhig.

Zurück zu Janni. »Janni, du bleibst hier. Ich bin gleich wieder da.« Ich lasse sie an diesem Ort nur widerwillig allein, aber mir bleibt keine Wahl.

Auf der Suche nach dem Arzt, der Janni in der Notaufnahme kurz untersucht hat, renne ich durch die Schwesternstation.

Ich finde ihn, er lehnt am Stationstisch und schwatzt mit einem anderen Arzt.

»Wo ist der Psychiater?«, brülle ich ihn von hinten an.

Er dreht sich nach mir um. »Ich habe gerade Bescheid gegeben. Momentan sind alle schwer beschäftigt.«

»Meine Tochter ist in dem Zimmer neben dem Kerl, der mit Handschellen ans Bett gefesselt ist und mit Schimpfworten um sich schmeißt.«

»Ich kann gut nachvollziehen ...«

»Nichts können Sie nachvollziehen!«, falle ich ihm ins Wort.

»Keiner kann hier irgendwas nachvollziehen! Es geht hier um meine sechsjährige Tochter, die ich hergebracht habe, damit ihr geholfen wird, aber das interessiert überhaupt niemanden! Es ist ja nicht Ihr Kind, was schert es Sie also?! Hier kümmert sich keiner einen Scheiß um irgendwas!« Ich kreische, mein Atem kommt stoßweise, ich stehe kurz vor dem Kollaps. Ich will kollabieren. Ich will, dass man mich wegträgt. Aber das geht nicht. Janni braucht mich.

Es wird totenstill in der Notaufnahme. Ich spüre, dass jedes aufnahmefähige Auge auf mich gerichtet ist. Der Notaufnahme-Arzt verzieht keine Miene.

»Doch, ich kann das nachvollziehen«, sagt er leise. »Ich kann Ihnen nachfühlen, wie sehr Sie Ihre Tochter lieben und ihr helfen wollen, aber was Sie jetzt gerade veranstalten, hilft niemandem. Sie helfen ihr mehr, wenn Sie die Ruhe bewahren.«

»Ich habe die ganze Zeit die Ruhe bewahrt, und das hat nichts geholfen!«, brülle ich zurück.

»Im Augenblick erreichen Sie nur, dass Sie den anderen Patienten Angst machen.«

Ich mache den Mund auf, doch es kommt kein Ton heraus. Ich kämpfe gegen die Tränen an, die mir in die Augenwinkel treten. Ich bin dabei, zusammenzubrechen.

»Entschuldigen Sie«, schniefe ich. »Ich habe solche Angst.«

Er nickt. »Ich piepse den Psychiater noch einmal an.«

Ich nicke mit dem Kopf und trockne mir die Augen. »Sie hat Hunger. Ich muss ihr etwas zu essen bringen. Wo finde ich hier die Cafeteria?«

Er fasst mich sanft am Arm und deutet zum Flur.

»Durch die Tür und dann rechts.« Er sieht mir in die Augen. »Halten Sie durch. Sie müssen für sie stark sein. Es wird alles gut.«

Ich nicke. Ich glaube ihm kein Wort, wie ich auch Maria kein Wort geglaubt habe, dennoch wünsche ich mir, dass er mir weiter versichert, alles werde gut werden.

Ich weiß nicht, was ich Janni bringen soll. Es gibt Grillkäse, den isst sie, aber nur manchmal. Ich nehme Verschiedenes mit und hoffe, dass ihr etwas davon zusagt. Grillkäse, Zwiebelringe, Mais, Reis. Ich breite alles vor ihr aus. Sie knabbert an den Zwiebelringen.

Ein junger Mann streckt den Kopf zur Tür herein und schaut auf seine Karte. »Bist du January?«

»Nicht January!«, kreischt Janni, ohne den Blick zu heben und ganz auf die Zwiebelringe fokussiert.

»Entschuldige«, bittet er. »Ich bin der Psychiatriemensch«, erklärt er mir, wenngleich er eher den Eindruck macht, als sei er auf dem Weg in einen Nachtklub. Ich erzähle ihm von Janni. Von ihrer Geburt an lasse ich nichts aus. Ich weiß nicht, ob das noch irgendeine Rolle spielt.

Er nickt und macht sich Notizen. »Fein, Janni. Kann ich kurz mit dir reden?«

»Magst du meine zahme Ratte sehen?« Janni streckt ihm die leere Handfläche entgegen.

»Ich warte draußen«, sage ich. Er soll nicht glauben, ich würde sie beeinflussen. Er muss mit eigenen Augen sehen, womit wir es Tag für Tag zu tun haben. Ich bete, dass es klappt.

Nach fünf Minuten kommt er zu mir nach draußen. Immer noch macht er fleißig Notizen.

»Und, was ist Ihre Meinung?«

»Nun ...«, setzt er an. Mir wird flau im Magen. Er sieht es nicht. Ausgerechnet jetzt ist Janni nicht gewalttätig. Sie wirkt nur »fantasievoll«. Ich finde mich damit ab, dass wir völlig umsonst hier sind. Wenigstens kann sie heute Nacht in ihrem eigenen Bettchen schlafen. Und das ist auch alles, was ich jetzt will. Schlafen.

»... sie gibt da definitiv einige Seltsamkeiten von sich. Sie ist geradezu besessen von ihrer Welt. Sie hat mir ausführlich von den Tieren und Mädchen erzählt, die dort leben. ›Calilini‹ nannte sie es wohl.«

»Werden Sie sie hierbehalten?«

»Ich muss mich kurz mit meinem Chef besprechen, dann komme ich auf Sie zurück.«

»Wann?«

»Bald.«

»Bald« ist 90 Minuten später. Er hat ein Formblatt dabei.

»Was ist das?«, will ich wissen.

»Die Einverständniserklärung zur Behandlung.«

»Sie behalten sie also hier?«

»Ja, wir behalten sie hier. Was sie da so von sich gibt, klingt zum Teil doch ein wenig beunruhigend.«

Aufzustehen ist alles, wozu ich im Moment fähig bin. Ich fasse es kaum.

Es ist so weit. Ich habe es geschafft. Ich habe sie ins UCLA gebracht. Jetzt wird alles gut. Hier wird man wissen, wie ihr zu helfen ist.

Februar 2009

Achtung: Legen Sie alle Metallgegenstände ab.

Ich blicke auf meinen Ehering. Er ist aus Gold, ein Metall, das keinerlei magnetische Eigenschaften aufweist. Ich erinnere mich, wie ich ihn vor neun Jahren kaufte. Er war nicht teuer. Susan und ich besorgten die Ringe bei Sears an der Schmucktheke. Das war nicht romantisch, aber es hat Spaß gemacht, weil wir es gemeinsam taten. Damals taten wir alles gemeinsam. Susan war meine Partnerin, meine beste Freundin. Heute ist es, als hätte es eine gemeinsame Zeit vor Janni nie gegeben. Heute sind wir Soldaten auf dem Schlachtfeld. Die Krise, die unser Leben bestimmt, dieser Krieg gegen einen Feind, der in Janni wütet und bis heute offiziell unbenannt ist, hat eine gänzlich neue Beziehung entstehen lassen.

Dennoch ziehe ich den Ring ab und lege ihn ins Schließfach. Wie ein Soldat, der, wenn er in eine Schlacht zieht, aus der er nicht heimzukehren fürchtet, sein persönliches Hab und Gut ablegt und nur die Hundemarke am Leib behält. Jeden Tag habe ich das Gefühl, tiefer und tiefer in ein Loch hinabzusteigen, aus dem ich nie wieder ans Licht zurückkehren werde.

Meine Hundemarke trage ich nicht um den Hals, sie sitzt in einem Rollstuhl im MRT-Raum. Janni ist meine Hundemarke, meine Identifikation.

»Ich will da nicht rein«, sagt sie mir.

Ich seufze. Es ist nach elf Uhr nachts und ich bin seit Beginn der Besuchszeit um sieben im UCLA und warte darauf, dass sie für eine Computertomographie in die Radiologie kann. Wenn es jemanden gibt, der sie dazu bringen kann, das mitzumachen, dann ich; und ich muss sie dazu bringen, das mitzumachen, weil wir womöglich heute den Feind zu sehen bekommen, gegen den ich seit über einem Jahr ankämpfe. Wenn ich ihn sehe, kann ich ihn auch besiegen.

»Das tut nicht weh, Janni. Es ist nur laut. Der Krach macht es ein bisschen gruselig.«

»Ich will da nicht rein.«

»Wir haben Ohrenstöpsel.« Der Radiologie-Assistent zieht sie aus seinen Ohren. »Siehst du.«

Es sind diese kleinen Schaumstoffstöpsel, die man zusammenrollt und sich ins Ohr steckt. Ich kenne sie gut. Vor mehr als einem Jahr habe ich sie ausprobiert, in der Hoffnung, Bodhis Weinen ließe sich vollständig ausblenden, wenn man sie mit Ohrenschützern kombiniert.

»Die nimmt sie nicht«, sage ich.

»Andere haben wir nicht«, erklärt der Assistent.

»Ich will da nicht rein.«

Ich gehe neben ihr in die Knie. »Janni, wir müssen rausfinden, was in deinem Gehirn passiert.« Mein Ton ist ruhig, aber in Wahrheit flehe ich sie an. *Das ist wichtig für mich, Janni. Ich muss den »Feind« sehen.*

»Nein.«

»Der Doktor könnte ein Beruhigungsmittel verschreiben«, schlägt Gillian vor. Gillian ist Krankenschwester auf der Kinderpsychiatrie und darf nicht von Jannis Seite weichen, sobald sie die Station verlässt.

Aber dann wird das heute nichts mehr. Der behandelnde Arzt hat längst Feierabend und wir sind nur eine Armlänge von dem Gerät entfernt, das Licht in die Dunkelheit bringen kann, die uns so lange schon umgibt. Ich rede noch einmal mit Janni. Ich muss sie dazu bewegen, sich in den Tomographen zu legen.

»Janni, soll ich dir die Kopfhörer aus dem Auto bringen?«

»Kopfhörer haben wir da«, mischt sich der Radiologie-Assistent ein.

»Was?«

»Wir haben Kopfhörer.« Er holt ein Paar Kopfhörer aus einer Schublade.

Ich bin genervt, dass er das nicht gleich gesagt hat.

»Schau, Janni, es gibt Kopfhörer.«

»Kann ich Musik hören?«, fragt Janni, die das lange Kabel an den Kopfhörern sieht.

»Kann man über das Kabel Musik einspielen?«, frage ich den Assistenten.

»Tut mir leid. Keine Musik. Das Kabel ermöglicht es nur, mit dem Patienten zu sprechen, während er im Gerät ist.«

Verdammt, denke ich. Die Kopfhörer werden den Lärm des Tomographen zwar dämpfen, aber nicht ganz ausblenden. Irgendwie müssen wir es schaffen, sie von dem Lärm in der Röhre abzulenken.

»Janni, ich singe dir was vor. Ich singe so laut, dass du von der Maschine überhaupt nichts mehr hörst.« Verzweifelt sehe ich zu Janni hinab.

Einen Augenblick schweigt Janni, dann sieht sie mich an. »Was singst du mir vor?«

»Was du willst. Wie wäre es mit ›Yellow Submarine‹?«

Vor zwei Jahren hat Susan mir das Album 1 von den Beatles zum Geburtstag geschenkt. Ich hatte nicht gedacht, dass es je möglich sein würde, es im Auto zu hören, aber dann probierte ich es einfach aus und Janni sang sofort mit.

Try to see it my way,
Only time will tell if I am right or I am wrong ...

Das waren Momente, in denen ich Hoffnung verspürte.

Ich sehe Janni an, wie sie überlegt.

»Wir finden schon eine Lösung«, sage ich und lächle.

Sie versteht die Anspielung, reibt sich die Hände und lächelt ebenso.

Der Assistent hilft ihr auf den Tisch des Tomographen, aber sobald er sie dort festschnallen will, richtet sie sich auf.

»Süße«, sagt der Assistent zu ihr, »es tut mir ja leid, dass ich dich festschnallen muss, aber wenn du dich bewegst, kriegen wir keine guten Bilder.«

»Janni, mach dir keine Gedanken.« Ich nehme sie bei der Hand. »Leg dich ruhig hin.«

Ich sehe dem Assistenten dabei zu, wie er ihren Kopf mit Klebeband ruhigstellt.

Janni weint. Die wenigen Male, in denen ich echte Tränen in ihren Augen gesehen habe, kann ich an einer Hand abzählen.

»Es ist alles gut, Janni«, beruhige ich. »Papa ist da.« Ich schließe meine Hand um ihre.

Der Assistent bringt einen Spiegel vor ihrem Gesicht an. »So kannst du deinen Papa die ganze Zeit sehen.« Er wendet sich an mich. »Sind wir so weit?«

Ich nicke.

Er verschwindet im Kontrollraum.

Gleich darauf höre ich ihn über Lautsprecher sagen: »Okay, los geht's.«

Der Tisch verschwindet in der Röhre und Janni winselt wie ein verirrtes Hündchen.

»Alles ist gut, Janni. Papa ist bei dir. Siehst du mich?« Ich winke ihr im Spiegel.

»Ja«, sagt sie in einem kindlichen Ton, den ich von ihr nicht gewöhnt bin. Der Tisch gleitet in das für Erwachsene ausgelegte Gerät. Jannis Hand verschwindet in der Röhre, ohne meine loszulassen, und auch ich lockere den Griff nicht, als mein Arm verschluckt wird. Meine Schulter stößt am Rand der Röhre an, aber ich lasse nicht los. Ich bücke mich und stecke den Kopf zu Janni in die Röhre, lasse mich mit hineinziehen.

Der Tisch zieht mich hinein, bis meine Füße vom Boden abheben, dann hält er an. Ich stecke mit dem ganzen Oberkörper in der Röhre. Ich stütze mich über Jannis Beinen auf und hebe den Kopf, bis Janni mich im Spiegel sieht.

Sie winselt.

»Das ist wie in einem unterirdischen Bau«, sage ich und meine Stimme hallt von den Röhrenwänden wider. »Wie bei den Präriehunden. Weißt du noch, wie wir im Zoo Präriehunde angeschaut haben? Genauso sieht es bei den Präriehunden im Bau aus.« Ich pfeife wie ein Präriehund.

»Achtung, jetzt geht's los«, sagt der Assistent über die Lautsprecheranlage. Die Maschine jault auf wie ein Düsenflugzeug. Trotz des Lärms höre ich Janni weinen. Seit mittlerweile sechs Jahren, seit sie ein Baby war, bin ich auf ihr Weinen so geeicht, dass ich es wahrscheinlich auch bei einem Hurrikan der Stufe 5 noch hören würde.

»Du brauchst keine Angst zu haben, Janni. Schau mich an, Janni. Schau in den Spiegel.«

Im Spiegel sehe ich, wie ihre Augen sich bewegen und mich schließlich finden. Ihr Kopf ist fixiert, damit der Assistent scharfe Bilder ihres Gehirns bekommt.

»Siehst du mich?« Ich winke in der engen Röhre.

»Ich sehe dich.«

»Schau immer zu mir her, Janni. Schau nicht weg. Achte nur auf mich. Ich werde dir alles erklären. Dieser Lärm kommt von einem riesigen Magneten, der um dich kreist. Durch den Magneten richtet sich das Eisen in deinem Körper nach ...« Ich breche ab, als ich bemerke, dass ein furchtbarer Schrei sich ihrem Mund entringt.

Was zum Teufel treibe ich da? Selbst jetzt noch will ich ihr etwas beibringen. Das müssen die letzten Überreste meines vormaligen Glaubens sein, Auslöser von alldem sei nur ihre Genialität. Aber sie braucht jetzt keinen Lehrer. Sie braucht ihren Vater.

»Janni! Janni! Schau in den Spiegel! Schau immer auf Papa!« Im Spiegel sieht sie mich an. Unsere Blicke treffen sich. Ich singe:

>»In the town where I was born,
Lived a man, who sailed to sea.
And he told us of his life
In the land of submarines.«

Die Maschine wird lauter. »Okay, wir fangen jetzt an, Bilder zu machen.« Die Stimme des Assistenten dringt über die Lautsprecher zu uns. »Nicht bewegen jetzt.«

Die Maschine fängt an, laut zu klicken.

Janni weint.

»Janni!«, überbrülle ich das laute Klicken der Maschine. »Schau immer zu mir her!«

Über den Spiegel sieht sie mich an.

>»So we sailed on to the sun,
Till we found a sea of green.
And we lived beneath the waves,
In our yellow submarine ...«

Ich singe immer lauter, je lauter die Maschine wird, bis ich schließlich aus voller Kehle schreie.

>»And our friends are all aboard,
Many more of them live next door ...«

Zwischen dem Klicken ist ein lautes Dröhnen zu hören. Sobald Janni den Blick abwendet, rufe ich sie zum Spiegel zurück. Sie folgt und ich singe weiter, wobei ich mittlerweile nur noch brülle.

> *»As we live a life of ease,*
> *Every one of us has all we need.«*

»Alles, was wir brauchen!«, brülle ich und wedle in der Röhre mit dem Arm und ruckle mit dem Kopf. Mir ist, als laufe die Zeit rückwärts, als wäre Janni wieder ein Baby und ich hüpfte bei IKEA zu ihr ins Bällebad und tollte herum und scherte mich keinen Deut darum, was die anderen Leute denken, solange sie nur lacht.

»Sky of blue! *Sky of blue!* And sea of green! *Sea of green!*« Ich führe mich auf wie ein Betrunkener in einer Karaokebar. »In our yellow, *in our yellow* ... submarine, *submarine! Ah-hah*!«

Im Spiegel grinst Janni mich an.

> *»We all live in a yellow submarine,*
> *yellow submarine, yellow submarine.*
> *We all live in a yellow submarine,*
> *a yellow submarine, a yellow submarine.«*

Ich arbeite mich durch jedes Lied, dessen Text ich kenne, ohne sie auch nur ein einziges Mal aus den Augen zu lassen. Sie wendet den Blick jetzt immer öfter ab. Ihr Mund öffnet sich zu einem Schrei, den das Donnern der Maschine verschluckt.

Es dauert zu lang. Sie will den Kopf wegdrehen. Ich muss jetzt etwas unternehmen, sonst gerät sie in Panik.

»*Ich bin January Paige*«, brülle ich das Lied, das Susan und ich uns ausgedacht haben, als sie ein Baby war. Sie wird ruhig und richtet den Blick im Spiegel auf mich.

> *»Und das ist mein Lied.*
> *Sei brav und sing es mir vor,*
> *Sonst liegt dir mein Heulen im Ohr.«*

Sie lächelt nicht, aber sie wendet auch den Blick nicht ab. Ich bete, dass sie sich vielleicht, vielleicht daran erinnert. Denn wenn sie sich daran erinnert, dann hat der Feind sie mir noch nicht zur Gänze entrissen.

März 2009

Janni hat einen neuen Namen.

Sie heißt jetzt Jani, ohne zweites »n«.

Hier im UCLA stehen die Namen der Kinder an der Zimmertür, in großen, verrückten Buchstaben aus dem Computer, dazu ein Lieblingsbild, ein Pferd zum Beispiel, ein Hund oder ein Actionheld.

Als Susan und ich es zum ersten Mal sahen, hielten wir es für einen Druckfehler, aber auf derselben Station ist auch der Teenager Dani. Dani lässt sich ohne mit der Wimper zu zucken von Janis Ratten erzählen und lauscht eifrig den Geschichten aus einer Welt, die nur Jani zu sehen vermag. Dani gibt ihr das Gefühl des Normalseins, das sie in Alhambra und Loma Linda erlebt hat.

Für Susan und mich war es schmerzlich, dennoch versuchten wir nicht, es ihr auszureden, waren wir doch froh, dass sie den Namen, den wir ihr vor Jahren gegeben hatten, wenigstens in abgewandelter Form beibehielt.

Selbstverständlich war die Verkürzung von »January« zu »Janni« weit weniger einleuchtend, aber das war nun einmal unser Name für sie, unser ganz eigener Name für unser ganz eigenes kleines Mädchen. Und jetzt war er uns genommen. Zwar haben Susan und ich nie offen darüber gesprochen, ich spürte aber, dass es für uns beide dieselbe Bedeutung hatte: Mit dem Namenswechsel vollzog sie die endgültige Abnabelung.

Jani ist jetzt einen guten Monat im UCLA und wir sind als Teil des »Therapieteams«, dem wir mit Freude angehören, beim Familientreffen. Ebenfalls zugegen sind Dr. Kim, Janis junge, asiatischstämmige Ärztin, und Georgia, unsere Sozialarbeiterin, die kurz vor der Rente steht. Dr. Kim ist Janis behandelnde Psychiaterin, tatsächlich aber befasst sich der komplette Stab der neuropsychiatrischen Resnick-Klinik im UCLA mit Jani – der Chefpsychiater Dr. DeAntonio eingeschlossen. Kim kommt dabei nicht nur die Aufgabe zu, den Kontakt mit Dr. Howe zu halten (womit sie die erste Krankenhausärztin überhaupt ist, die das tut), sondern vor allem, der Krankenversicherung die Mittel abzuringen, um Janis Therapie fortzusetzen, solange es nötig ist.

»Sie ist ein schwieriger Fall«, eröffnet Georgia die Sitzung. »Vor 30, 40 Jahren hätte man sie in die hinterste Station des Camarillo State Hospitals gesteckt.«

Susan nimmt sofort den Faden auf: »Es gab also schon Kinder wie Jani. Was ist aus ihnen geworden?«

»Ich konnte sie natürlich nicht ihr Leben lang begleiten, aber mit der richtigen Medizin hat sich der Zustand bei den meisten im Lauf der Zeit gebessert«, antwortet Georgia. »Aber diese Zeit haben wir heute nicht mehr. Damals wurden Patienten sechs bis zwölf Monate stationär behandelt. So etwas zahlt heute keine Krankenkasse mehr.«

Jani war gerade einmal zwei Wochen hier, als Blue Shield uns brieflich mitteilte, dass die Zahlungen eingestellt würden. Dass Jani immer noch im UCLA ist, verdanken wir nur dem Umstand, dass ich bei meinen verzweifelten Bemühungen, die Fortsetzung ihrer Behandlung zu erreichen, auf das staatliche Amt für institutionalisierte Pflege stieß, das Department of Managed Care, das sein Veto gegen die Entscheidung von Blue Shield einlegte und sich offen entrüstet zeigte, dass eine Krankenkasse die Entlassung eines »so eindeutig nicht stabilen Kindes« fordern konnte. Nach dem kalifornischen Gesetz ist die Entscheidung des Amtsarztes des Department of Managed Care unanfechtbar, sodass Blue Shield die Zahlungen wohl oder übel wieder aufnehmen musste. Was das Gesetz allerdings nicht regelt, ist die Frage, *wie lange* Blue Shield zahlen muss. Wir bekamen einen Brief, in dem man uns mitteilte, die Kosten würden zunächst für drei Tage übernommen, dann wolle man Janis Fall neuerlich »überprüfen«. Wie wir schmerzlich erfahren mussten, ist »überprüfen« ein anderer Ausdruck für »nicht mehr zahlen«. Blue Shield wird weiter auf ihre Entlassung drängen und ich werde weiter dagegen ankämpfen.

»Sie müssen entschuldigen, dass es mit den Tomographieergebnissen so lange gedauert hat«, bittet Dr. Kim und blickt von ihrer Aktenmappe auf, »aber ich wollte die Bilder einem Neurologen zeigen, ehe ich mit Ihnen darüber spreche.«

Susan und ich warten nervös.

»Im Großen und Ganzen ist alles normal«, fährt Kim fort. »Aber es gibt einen hellen Fleck im Thalamus, bei dem für mich Klärungsbedarf bestand.«

»Und was heißt das?«, will ich wissen.

»Nun, wenn bei bildgebenden Verfahren ein Bereich des Gehirns besonders hell erscheint«, sie macht eine Handbewegung, »dann liegt dort in der Regel eine Ischämie vor, eine Sauerstoffunterversorgung also.«

»Und das soll kein Grund zur Beunruhigung sein?«, hake ich nach.

»Es behindert Jani nicht«, erwidert Kim.

»Sie glauben nicht, dass das die Ursache ihres Verhaltens ist?«, fragt Susan.

Kim schüttelt den Kopf. »Wir haben das mehrmals in Teams diskutiert. Es handelt sich um einen winzigen Abschnitt des Thalamus, der höchstwahrscheinlich die Hauptschnittstelle bildet, an der neurologische Befehle und Signale zwischen Gehirn und Körper ausgetauscht werden. Es ist quasi die Schaltzentrale.«

»Und Sie sind sicher, dass es absolut bedeutungslos ist, wenn ein

Teil ihres Thalamus ischämisch ist?«, hake ich verzweifelt nach. Nie zuvor hatten wir einen so tiefen Einblick in Janis Gehirn.

Dr. Kim schüttelt den Kopf. »Es ist zwar ein Stressfaktor für das Gehirn, aber nein, das ist nicht die Ursache. Es ist das Resultat eines Schlaganfalls, wenn auch eines extrem leichten. Das ist während oder gleich nach der Geburt nicht ungewöhnlich.«

Meine Blutgefäße ziehen sich zusammen und ein scharfer Schmerz fährt mir durch den Kopf.

»Was hat ihn ausgelöst?«, stammle ich.

Kim zuckt mit den Schultern. »Das wissen wir nicht. Es kann ebenso gut ein zufälliges Ereignis wie genetische Prädisposition sein.«

»Beispielsweise schütteln?«, fragt Susan und streift mich mit dem Blick.

»Wie bitte?« Kim ist verwirrt und blickt zwischen mir und Susan hin und her.

Ich senke die Augen. Das Traurige ist, dass ich den Vorfall nach allem, was passiert ist, beinahe vergessen habe.

Ich atme tief durch. »Von ihrer Geburt an wollte Jani nicht schlafen. Bis uns klar wurde, dass wir sie permanent beschäftigen müssen, damit sie einschlafen kann, ruhte sie nicht mehr als 20 bis 30 Minuten am Stück, immer nur kurze Nickerchen, insgesamt nicht mehr als vier, höchstens fünf Stunden am Tag. Logischerweise haben wir auch nicht geschlafen. Durchgehalten haben wir nur, weil wir uns in Fünf-Stunden-Schichten abwechselnd um Jani kümmerten. Aber dann musste Susan wieder arbeiten, weil das Geld nicht reichte. Jede Nacht hatte ich das brüllende Kind im Arm, die ganze Nacht, ohne Pause, und sie schrie und schrie.«

Ich halte inne, erinnere mich an die Furcht in Janis großen, blauen Augen. »Eines Nachts dann hielt ich es nicht mehr aus, ich habe sie geschüttelt und angebrüllt: ›Wieso schläfst du nicht?!‹ Sie fing sofort zu weinen an und das hat mich zur Vernunft gebracht.« Ich breche ab, ringe um Worte. »Es war das Schlimmste, was ich je getan habe. Ich wünschte, ich könnte es rückgängig machen, aber das geht nicht. Ich habe es getan.«

Ich sehe Susan an, versuche ihr Gesicht zu interpretieren. Ich sehe keinen Hass. Ich sehe Zweifel, die Frage, ob sich all das wirklich auf mich zurückführen lässt. Ich weiß nicht, was ich sagen soll. Wie sollte ich es je wiedergutmachen, wenn ich wirklich einen Hirnschaden bei Jani ausgelöst habe?

Susan sieht mir für eine kurze Weile in die Augen, dann wendet sie sich an Kim und Georgia. »Ich glaube nicht, dass es seine Schuld ist. Jani war immer anders. Auch im Bauch schon wollte sie nicht schlafen. Aber was meinen Sie?«

Ich sehe Kim an, die in Gedanken versunken scheint. Sie lässt sich viel Zeit, ehe sie antwortet. »Mit Gewissheit werden wir es nie sagen können, aber dass sie sofort nach ... dem, was er getan hat, ... weinte, ist ein gutes Zeichen. Beunruhigender wäre es, hätte sie eine verringerte Reaktion gezeigt.«

»Es gab keine Veränderung«, berichtet Susan. »Ich habe sie mir genau angesehen und wir sind gleich danach beim Arzt gewesen. Wir waren ja andauernd beim Kinderarzt, weil wir doch wissen wollten, wieso sie nicht schläft.«

»Es kann also sein, dass ich ihren Thalamus geschädigt habe?«, frage ich leise.

Kim rutscht sichtlich unbehaglich auf dem Stuhl herum. »Der Thalamus liegt ziemlich tief im Gehirn und mutmaßlich braucht es deutlich mehr, um diese Ischämie auszulösen. Normalerweise passiert das einfach. Wahrscheinlich waren die Blutgefäße in diesem Bereich nicht vollständig ausgebildet und als dann das Blut zu fließen begann, sind sie geplatzt.« Sie hält inne und sieht mich an. »Das ist nicht der Grund für die Schizophrenie. Es ist ein Stressfaktor für das Gehirn, der ein früheres Ausbrechen begünstigt haben könnte, aber es ist nicht die Ursache.«

»Was ist mit ihren Handbewegungen?«, fragt Susan. Jani reibt sich andauernd die Handgelenke, und das in einem solchen Tempo, dass es einfach wehtun muss, dennoch zeigt sie keinen Schmerz. »Könnte das mit dem Thalamus zu tun haben?«

Dr. Kim schüttelt den Kopf. »Das hat keine neurologischen Ursachen, wie ein Krampf zum Beispiel. Sie macht das auch nicht permanent. Wir sehen darin eher eine Art Stereotypie wie beim Autismus.«

Susan seufzt entnervt auf. »Na toll, jetzt sind wir wieder beim Autismus gelandet.«

»Wir gehen nicht davon aus, dass sie an Autismus leidet«, erwidert Dr. Kim beinahe demütig. »Wir haben diese Möglichkeit diskutiert, da viele unserer Ärzte Spezialisten auf diesem Gebiet sind. Es herrscht die übereinstimmende Ansicht, dass die Bedingungen dafür bei Jani nicht erfüllt sind, da ihre beiden dominanten Symptome in der Bevorzugung und Interaktion mit ihren unsichtbaren Freunden und der damit einhergehenden Aggression gegen reale Personen bestehen. Autistische Kinder dagegen werden von Dingen aus der Bahn geworfen, die für andere durchaus erkennbar, nur eben nicht annähernd so beunruhigend sind. Was Jani dagegen explodieren lässt, wissen wir nicht.«

»Aber was hat sie denn nun?«, drängt Susan.

»Es ist noch sehr früh«, sagt Kim. Sie blickt auf und räuspert sich, »aber ich kann Ihnen immerhin so viel sagen, dass wir alles außer einer frühkindlichen Schizophrenie ausschließen konnten.«

Mit einem Schlag ist es so still im Raum, dass ich das Blut in den Ohren rauschen höre. Ich drücke den Rücken durch und sehe Susan an, die mich ansieht.

Es ist kein Schock. Susan ist schon lange überzeugt, dass Jani schizophren ist, nur ich wollte davon nichts hören. Ich wollte etwas, das man heilen kann. Schizophrenie ist nicht heilbar. Es gibt keine Heilung.

Trotz allem, was passiert ist und was ich im Lauf der Zeit zu hören bekam, habe ich die Hoffnung nicht fahren lassen. Als ich Dr. Howe dazu drängte, endlich einzugestehen, dass es Schizophrenie ist, geschah das nicht, weil ich das als wirkliche Diagnose anerkennen wollte, sondern weil ihr Widerstreben mich hoffen ließ. Aber da Kim es nun tatsächlich ausgesprochen hat, kann ich die Realität nicht mehr leugnen.

Ich denke daran, wie das Leben für einen Schizophrenen ist, und bin entsetzt.

Jani wird höchstwahrscheinlich nie zur Schule gehen können, vom College ganz zu schweigen. Sie wird nie einen Freund haben oder heiraten. Traurig fällt mir ein, wie andere Väter, wenn sie sahen, wie hübsch sie ist, zu mir sagten: »Wenn die mal groß ist, werden Sie eine Flinte brauchen!« Nein, die werde ich nicht brauchen.

Ich schaue zu Bodhi hinunter. Er wird nie eine normale große Schwester haben. Immer habe ich mir eingeredet, irgendwann wird Jani aus diesem Irrsinn erwachen und ihren Bruder so lieb haben, wie ich es mir von Anfang an wünschte. Aber jetzt muss ich erkennen, dass das nie geschehen wird, weil sie dazu nicht in der Lage ist. So wie sie jetzt mit ihm umgeht, so wird sie sein Leben lang mit ihm umgehen. Wenn Susan und ich nicht mehr sind, wird er sie pflegen und sich weiter von ihr beschimpfen und beleidigen lassen. Das ist seine Zukunft.

Ich weine. Ein tiefes Ächzen entfährt Susan, dann ein Schluchzen. Sie fasst mich am Arm. Ich lege die Hand auf ihre, sehe Kim an und trockne mir mit der anderen Hand die Tränen. Ich verdränge den Schmerz. Ich muss mich konzentrieren. Ich muss jetzt Janis künftiges Leben planen.

»Es ist also Schizophrenie?«, frage ich.

Dr. Kim macht ein so trauriges Gesicht, als wolle sie mit Susan weinen. Sie bemüht sich, ihre professionelle Abgeklärtheit aufrechtzuerhalten, doch es will ihr nicht ganz gelingen.

»Äh«, sagt sie und sieht dabei wie ein Mädchen auf der Highschool und so gar nicht wie eine promovierte Ärztin am UCLA aus, »eine endgültige Diagnose erfordert mehr Zeit. Um Gewissheit zu haben, müssten wir die Symptome über einen Zeitraum von sechs Monaten beobachten. Da wir Janis Krankengeschichte bereits von Dr. Howe kennen, gehe ich aber davon aus, dass die definitive Diagnose früher feststehen wird.«

Susan muss immer noch weinen und bekommt kein Wort heraus. Auch ich kann kaum sprechen. Mein Schmerz will sich Bahn brechen, aber ich muss ihn wegdrücken, um mich zu konzentrieren. Fragen müssen gestellt und beantwortet werden.

»Wie ist Janis Prognose?«

Kim blickt erst nach unten, ehe sie mir wieder in die Augen sieht.

»Ihre ausgeprägte Resistenz gegen Medikamente ist nicht gut«, stellt sie fest, »aber sie ist überaus intelligent. Ich würde also sagen ... fifty-fifty. Die Chancen stehen 50 Prozent, dass es mit ihr aufwärtsgeht, und 50 Prozent, dass es mit ihr abwärtsgeht.« Sie zögert. »Ich wünschte, ich könnte ihnen mehr Hoffnung machen.«

Mir fällt das Atmen schwer. »Danke, dass Sie ehrlich zu uns sind.«

»Gerne«, erwidert Kim und senkt den Blick.

Georgia beugt sich über den Tisch und greift nach Susans und meiner Hand.

»Sie dürfen jetzt nicht aufgeben.«

»So ist es«, bestätigt Kim. »Wir werden nicht aufgeben. Jani hat auf die Thorazine-Spritzen gut reagiert, die ihr verabreicht werden mussten. Wir haben vor, Ihr Einverständnis vorausgesetzt natürlich, Thorazine als Standardmedikament zu geben. Das tun wir im Normalfall eher nicht, aber angesichts der Schwere von Janis Fall halten wir es für angebracht.«

»Das ist kein Weltuntergang«, sagt Georgia. »Es ist unser Job, Jani zu behandeln. Und Ihre Aufgabe ist es, darauf zu achten, dass es Ihnen beiden gut geht.«

Ich schüttle den Kopf. »Sie hat schon so viele Mittel bekommen und keins davon war das richtige.«

Kim und Georgia sehen sich an. »Durchaus«, erwidert Kim, »aber es kommen andauernd neue Mittel auf den Markt.«

»Und deshalb müssen Sie stark sein«, ergänzt Georgia. »Geben Sie nicht auf.«

»Wir geben nicht auf«, stellt Susan fest. »Das dürfen wir nicht. Sie ist unsere Tochter und wir lieben sie.«

»Ganz ehrlich«, sagt Dr. Kim, »das ist der Grund, weshalb ich wirklich Hoffnung für Jani habe. Weil sie sie beide hat.«

»Wir geben nicht auf«, bestätige ich. Ich räuspere mich, um die eine Frage zu stellen, auf die ich die Antwort wissen muss. »Ich bin kein Arzt, aber die meisten Schizophrenen, die ich kenne, haben Angst vor ihren Halluzinationen.«

Dr. Kim nickt bedächtig. »Die Krankheit äußert sich zwar bei jedem anders, aber im Großen und Ganzen trifft das zu.«

»Jani hat keine Angst vor ihren Halluzinationen. Es sind ihre Freunde, selbst wenn sie beißen und kratzen wie 400.«

Kim nickt wieder. »Das ist allerdings etwas Gutes. Sie würden doch nicht wollen, dass sie in permanenter Furcht lebt.«

»Nein. Nein, das will ich nicht.« Ich ringe darum, zu sagen, was ich sagen muss. »Aber sie üben einen starken Reiz auf sie aus, einen viel stärkeren als irgendetwas in dieser Welt. Was, ... wenn sie eines Tages in ihre Welt hinabtaucht und nicht mehr wiederkehrt?«

Kim scheint etwas die Fassung zu verlieren.

»Besteht die Möglichkeit«, fahre ich fort, »dass sie unter katatoner Schizophrenie leidet?«

Kim sieht Hilfe suchend zu Georgia.

»Das ist doch eine Form der Schizophrenie, nicht? Was, wenn sie die hat?«

Kim findet zu ihrer professionellen Haltung zurück. »Zunächst einmal besteht keine einhellige Übereinstimmung, dass so etwas wie katatone Schizophrenie überhaupt existiert. Es ist definitiv so, dass Patienten in ihre eigenen Fantasiewelten abtauchen, aber ich habe es noch nie erlebt, dass jemand nicht wieder zurückgekommen wäre. Wenn es das ist, wovor Sie sich fürchten, dann kann ich Sie beruhigen.«

Aber genau das ist es, wovor ich mich fürchte. Wir sind jetzt hinter den Spiegeln. Wir haben Dinge erlebt, die ich für absolut unmöglich hielt. Kim mag mir versichern, dass Jani nie und nimmer in Calilini verschwinden wird, bis sie blau im Gesicht ist. Aber wenn doch?

Ende März 2009

»Was hast du zum Essen dabei?«, fragt Jani, als ich die Station betrete.

»Ich habe Käsepasta von Burger King ...« Ich breche die Aufzählung ab, als ich Janis geschienten und bandagierten Mittelfinger bemerke.

»Was ist mit deinem Finger?«

»Adam hat die Tür zugeschmissen, als ich den Finger drin hatte. Schau.« Sie wickelt den Verband ab. Der ganze Finger ist blau und schwarz.

Adam ist ein Junge auf der Station. Er ist ein Jahr jünger als Jani und das erste Kind hier, das Jani noch übertrifft.

Ich hole umgehend eine Krankenschwester.

»Der Finger ist geröntgt und vom Arzt untersucht«, versichert sie mir. »Er ist nicht gebrochen.«

»Was war los?«

»Sie hat ihn einen Hund genannt, da hat er sie geschlagen und sie hat zurückgeschlagen.«

Oh nein. Jani nennt alle und jeden »Hund«, aber dieser Junge ist Afroamerikaner und hat womöglich schlechte Erfahrungen mit dem Wort. Wird so Janis Zukunft aussehen, frage ich mich, wird sie immer wieder unabsichtlich Auseinandersetzungen heraufbeschwören, weil sie die sozialen Hintergründe nicht versteht?

Ich gehe auf ihr Zimmer, wo sie das mitgebrachte Fast Food isst.

Ich lasse die Tür offen stehen und ein schmächtiger Junge erscheint auf der Schwelle.

»Das ist Adam«, sagt Jani.

Mit einem Grinsen im Gesicht, demselben schiefen Grinsen, das ich von Jani kenne, macht Adam einen Schritt ins Zimmer hinein. Eine klare Verletzung der Regeln. Er will Jani offensichtlich provozieren.

Jani geht auf ihn zu und hebt den Arm zum Schlag. Ich packe sie am T-Shirt und ziehe sie zurück. Im selben Moment erscheint ein Pfleger, Adams ständiger Betreuer, an der Tür und holt ihn aus dem Zimmer.

»Entschuldigung«, bittet der Pfleger. »Er ist mir einen Moment ausgebüxt.« Er schließt die Tür.

Umgehend stößt Jani sie wieder auf.

»Jani, wo willst du hin?«, frage ich nervös, obwohl ich eine ziemlich klare Vorstellung habe. »Komm her und iss auf.«

»Ich muss ihn hauen«, erklärt sie mir im selben Tonfall wie damals, als sie auf Honey losging.

Ich stürze auf den Flur. Jani ist schon an Adams Tür. Sie geht hinein. Ich laufe ihr nach und sehe sie mit erhobenem Arm auf ihn zustürzen.

Adam versucht sich aus der Umklammerung des Pflegers zu befreien. Ich packe Jani und zerre sie rückwärts aus dem Zimmer. Der Pfleger und ich sind wie zwei Schiedsrichter beim Boxen, die versuchen, die Kontrahenten auf Distanz zu halten.

»Ich muss ihn hauen«, erklärt Jani noch einmal.

»Nein, das musst du nicht.«

»Er hat mir wehgetan.«

»Aber nur, weil du ihn ›Hund‹ genannt hast. Das mag er nicht. Du musst die Leute so nennen, wie sie heißen.«

Jani wehrt sich gegen mich. »Lass mich, ich muss ihn hauen!«

»Ich muss sie mit irgendetwas ablenken«, rufe ich einer Schwester zu, die sich gerade im Tageszimmer aufhält, dem Gemeinschaftsraum der Station. Ich blicke um mich. Am Flurende ist noch ein Zimmer. Es steckt voller Musikinstrumente, auch ein Schlagzeug ist dabei. Vielleicht reagiert sie sich ab, wenn sie die Trommeln bearbeitet.

»Würden Sie uns das Musikzimmer aufsperren?«

Die Schwester schließt das Musikzimmer auf.

Ich nehme die Stöcke und schlage auf Snare und Standtom.

»Da.« Ich gebe Jani die Trommelstöcke und sie schlägt lustlos auf die Standtom.

Ich schnappe mir ein zweites Paar Stöcke. »Nicht so. So.« Ich haue wie ein Verrückter auf Standtom, Snare und Becken ein. »Du musst voll reinhauen«, schreie ich durch das Getöse. »Da hast du was, wo du draufhauen kannst. Hier darfst du, weil es nicht lebt. Nur keine Hemmungen! Lass deine Aggressionen raus! Schlag so fest du kannst! Trau dich.«

Jani schlägt fester zu.

Plötzlich steht Adam in der Tür, hinter ihm sein Pfleger.

»Entschuldigung«, bittet der Pfleger und will Adam schon weglotsen. »Er hat das Schlagzeug gehört.«

»Ich will auch trommeln!«, ruft Adam.

»Das geht jetzt nicht. Jetzt ist Jani dran«, erwidert der Pfleger und will Adam beiseiteschieben.

»Kein Problem«, rufe ich dem Pfleger zu. »Er kann ruhig rein. Wir haben zwei Paar Stöcke.«

Der Pfleger schaut mich an wie einen Verrückten.

»Ganz sicher?«

Wenn Jani je eine Chance haben soll, in der Welt da draußen zu überleben, muss sie lernen, mit den Leuten auszukommen. Sollte sie es schaffen, sich mit Adam zu arrangieren, obwohl sie ihn schlagen will, wäre das ein gewaltiger Durchbruch.

»Klar«, gebe ich zurück. »Es sind genug Trommeln für alle da.«

Ich lasse die Stöcke kreiseln und halte sie Adam hin.

»Aber erst legen wir die Regeln fest. Die Trommeln sind das

Einzige, was hier geschlagen wird. Aufeinander einhauen ist nicht. Alles klar?«

Adam nickt. Ich gebe ihm die Trommelstöcke und setze ihn ans andere Ende des Schlagzeugs.

»Adam, du schlägst diese Trommel, das ist die Standtom, und du, Jani, schlägst diese Trommel, das ist die Snare.«

Adam haut auf die Standtom.

»Ich mag nicht mehr trommeln«, sagt Jani und schmeißt die Stöcke auf den Boden.

Ich hebe sie auf und gebe sie ihr zurück.

»Nichts da, ich bringe dir und Adam jetzt bei, wie man Schlagzeug spielt.« Mir ist bewusst, dass ich das Schicksal herausfordere, solange sie sich kaum eine Armeslänge voneinander entfernt mit hölzernen Trommelstöcken gegenübersitzen, aber ich bin wild entschlossen, das zu Ende zu bringen.

Jani nimmt die Stöcke, klopft ein paarmal auf die Snare und holt dann mit dem rechten Stock nach Adam aus.

»Nein«, sage ich und packe sie am Arm. »Hier wird nur auf Trommeln gehauen, nicht auf Menschen. Los jetzt, ihr beiden. Schauen wir mal, ob wir einen vernünftigen Rhythmus zuwege bringen.«

Jani fängt wieder zu trommeln an. Auch Adam schlägt auf die Felle ein. Sie sind nicht einmal ansatzweise im Takt, aber das ist mir egal. Wenn es mir gelingt, dass sie Seite an Seite spielen, ohne aufeinander einzuschlagen, habe ich gewonnen.

Dann streckt Jani wieder den Arm aus, hebt den Stock am Becken vorbei über Adams Kopf.

»Nein!«, warne ich und packe sie am Arm. »Jani, wenn du Adam schlägst, verlassen wir auf der Stelle das Musikzimmer.«

Jani zieht den Arm zurück, sie schreit und schlägt sich den Stock mit voller Wucht gegen die Schläfe.

Ich bin starr vor Entsetzen. Schreiend drischt Jani sich den Stock immer wieder mit voller Wucht an die Schläfe.

Endlich durchbricht die Einsicht, dass etwas getan werden muss, die Lähmung und ich werfe mich nach vorn und entwinde ihr den Trommelstock.

Sie schlägt sich den zweiten Stock an den Kopf und schnell nehme ich ihr auch den weg. Ich stehe da und keuche schwer.

»Jani! Was sollte das denn?« Ich will eine Antwort. Ich brauche eine Antwort. Es muss unglaublich wehtun, wenn sie so auf sich einschlägt, und doch zeigt sie kein Anzeichen von Schmerz.

Plötzlich sieht Jani mich an, als bemerke sie mich eben zum ersten Mal. Sie wirkt verschreckt und verwirrt, als wisse sie nicht recht, was gerade geschah.

Oh, mein Gott.

Seit über einem Jahr drängt es mich, dem Feind ins Angesicht zu sehen, und nun sah ich ihn. Das war kein Sich-Verstellen. Etwas hat von Janis Körper Besitz ergriffen, und als es wieder verschwand, hätte sie nicht sagen können, was sich da ereignet hatte. Bis zu diesem Moment hatte ich mir noch den Rest eines Zweifels bewahrt, ob sie nicht doch Macht über all dies hätte, doch nun ist dieser Zweifel erloschen. Der Feind heißt Schizophrenie, und wenn sie nicht tut, was er verlangt, wendet er sich gegen sie, damit sie sich selbst ein Leid zufügt.

Anfang April 2009

Am Wochenende gelten im UCLA verlängerte Besuchszeiten, von zwei bis vier Uhr nachmittags, und nur dann können wir zu dritt zu Jani. Das sind unsere Familiennachmittage, doch es gibt noch einen weiteren Grund, weshalb wir Bodhi mitbringen. Er ist das unverzichtbare Versuchskaninchen. Nur wenn wir die vollen zwei Stunden überstehen, ohne dass Jani Bodhi attackiert, haben wir die Gewissheit, dass die Medikamente wirken.

»Bodhi!«, ruft Jani und läuft auf den Kinderwagen zu, kaum dass wir durch die Tür sind. Sie freut sich, ihn zu sehen, und das ist ein gutes Zeichen, aber ich breche deshalb nicht in Jubeltänze aus. Vor uns liegen zwei Stunden, die es zu bewältigen gilt.

»Hallo, Bodhi.« Sie sieht ihn abwartend an, als rechne sie mit einer Antwort. Vermutlich hofft sie, dass er sie versteht und der Freund aus Fleisch und Blut sein wird, den sie bisher nie hatte.

Susan legt sich wie immer auf Janis Bett. Die Fahrten ins UCLA verlangen ihr das Äußerste ab. Sie unterhält sich mit Jani, erkundigt sich nach den anderen Kindern auf der Station, insbesondere, ob noch andere Mädchen da sind und ob sie gelegentlich mit einem spielt.

Ich hole Bodhi aus dem Kinderwagen und er krabbelt im Zimmer umher. Ich kann beim besten Willen nicht sagen, wann er zu krabbeln begonnen hat. Er ist schon so weit, dass er sich auf die Beinchen hochziehen kann. Er stützt sich am Stuhl vor Janis Tisch ab und greift nach den bunt bemalten Wackelkopf-Tieren, die Jani in der Beschäftigungstherapie macht.

Ich beobachte ihn dabei, wie er die Fingerchen um einen Wackelkopf-Hund schließt. Verstohlen blicke ich zu Jani, die mit Susan plaudert, und bete, dass sie es nicht mitbekommt.

Aber sie bemerkt es. Ich zucke zusammen, als sie zu ihm läuft und ihm den Hund wegnimmt.

»Bodhi, nein!«, schimpft sie ihn wie einen Welpen, der auf den Teppich gemacht hat. Aber sie schlägt ihn nicht. Sie nimmt ihm das Spielzeug weg, sieht zu ihm hinab und verbietet ihm, ihre Sachen zu nehmen. Immerhin hat sie ihn nicht geschlagen. Vielleicht zeigt das Thorazine Wirkung.

Bodhi versteht nicht, wieso er das Hündchen nicht behalten darf, und fängt zu weinen an.

»Jani«, bitte ich sie, »gib es ihm doch. Er will es doch nur anschauen.«

»Nein.« Sie hält den Hund hoch über ihren Kopf, wo Bodhi ihn nicht erreichen kann.

»Jani, er ist doch nur neugierig. So erkunden Babys nun einmal ihre Umwelt, indem sie sie berühren.«

»Aber er wird nur drauf rumbeißen«, jammert sie.

Das ist wahr. Bodhi steckt sich alles in den Mund.

»Aber das gehört nun einmal zur Erkundung dazu. In seinem Alter ist der Mund sensibler als die Hände.«

»Ich mag aber keinen Babysabber auf meinen Sachen.« Sie schaufelt sich all ihr Spielzeug in die Arme.

»Das lässt sich doch alles abwaschen.«

»Er macht es nur kaputt«, hält sie dagegen.

»Wie denn?«

»Mit seinen Zähnen.«

»Jani, dein Spielzeug ist aus massivem Plastik. Das ist doch der Grund, wieso Plastik überhaupt erfunden wurde. Es hält alles aus. Menschen können Plastik nicht zerbeißen. Unmöglich.«

»Bodhi kann.«

»Nein, kann er nicht.«

»Doch, kann er«, sagt sie voller Überzeugung, obwohl sie etwas Derartiges noch nie gesehen hat.

Ich nehme ihr einen Plastikhund aus der Hand und stecke ihn in den Mund. Ich beiße darauf, so fest ich kann, und ziehe daran.

»Siehst du?« Ich halte ihn ihr unter die Nase. »Nicht die kleinste Bissspur ist drauf. Dabei ist mein Gebiss zehnmal stärker als das von Bodhi.«

Jani wacht immer noch eifersüchtig über ihre Spielsachen. »Trotzdem soll er nicht in meine Sachen beißen.«

»Aber wieso darf ich deine Sachen in den Mund stecken und Bodhi nicht?«

»Weil du sie nicht kaputt machst.«

»Jani«, sage ich und bemühe mich, ruhig zu bleiben. »Ich habe dir doch gerade gezeigt, dass man Plastik nicht zerbeißen kann.«

»Er schon.« Jani sieht Bodhi mit einem Blick an, als sei er kein Mensch.

Es ist zwecklos, mit ihr zu diskutieren. Ich sehe es in ihrem Blick. Sie ist wirklich überzeugt, dass Bodhi ihr das Spielzeug zerbeißen wird.

»Na gut. Räum deine Spielsachen weg, dass er nicht drankommt.«

Ich hole seine Modellautos aus dem Netz unter dem Kinderwagen. »Da, Bodhi. Komm, wir spielen.«

Bodhi braucht jemanden, der lieb zu ihm ist. Susan und ich bringen ihn jedes Wochenende zu seiner Schwester, die ihn hätte lieben sollen. Aber das kann sie nicht, schärfe ich mir ein. Die Schizophrenie lässt es nicht zu.

Bodhi krabbelt zu Janis Bett und zieht sich zu Susan hoch, die dort liegt. Er entdeckt eins von Janis Stofftieren, einen Hund, und steckt es in den Mund. Er kaut auf einem Bein herum, wahrscheinlich beruhigt das sein Zahnfleisch.

»Bodhi!« Wie der Blitz ist Jani bei ihm und reißt ihm den Hund mit einer solchen Wucht aus dem Mund, dass ich Angst habe, sie reißt ihm die Zähnchen gleich mit aus.

Ich nehme ihr den Hund weg, kaue auf demselben Bein herum und gebe ihn Jani zurück.

»Siehst du? Ich bin's gewesen«, lüge ich.

Letztes Wochenende warf Bodhi etwas von ihrem Spielzeug herunter. Sie hat es nicht gesehen, nur gehört. Als sie sich umdrehte und das Spielzeug auf dem Boden sah, ging sie mit erhobener Faust auf Bodhi los, aber es gelang mir, einzuschreiten.

»Das ist nicht Bodhi gewesen, Jani«, sagte ich, weil ich unbedingt Bodhi beschützen wollte, ohne den Besuch vorzeitig abzubrechen.

Und dann kam mir ein Gedanke. Vielleicht könnte es mir gelingen, Jani etwas glauben zu machen, was gar nicht passiert war, da ihr Sinn für die Realität doch kaum noch vorhanden ist.

»Jani, hast du denn das Erdbeben nicht gespürt?«, fragte ich, um meine Theorie zu überprüfen.

Natürlich hoffte ich, sie werde Nein sagen und rätseln, was die dumme Frage sollte, doch stattdessen sah sie mich einen Moment lang verdutzt an.

»Doch«, bestätigte sie schließlich.

Ich schluckte meine Verzweiflung hinunter. »Na also. Das Spielzeug ist wegen dem Erdbeben heruntergefallen.« Ich log, um meinen Sohn zu schützen. Und sie glaubte mir.

Ich beiße noch einmal in den Stoffhund. »Siehst du? Ich war's.«

»Nein, das stimmt nicht. Bodhi war's«, hält sie mir entgegen.

Ich sinke in mich zusammen. Diesmal funktionierte es nicht, denn sie konnte sehen, wie er die Zähne in das Stofftier grub. Ich bereite mich darauf vor, sie daran zu hindern, auf ihn einzuprügeln.

Aber sie schnappt sich den Hund, dreht sich um und reißt die Tür zu ihrem Badezimmer auf.

»Vergiss nicht, dich abzuwischen, runterzuspülen und dir die Hände zu waschen«, ruft Susan ihr nach.

Der Wasserhahn läuft.

Plötzlich kommt Jani winselnd und tränenüberströmt aus dem Badezimmer.

»Jani, was ist denn los?« Ich laufe zu ihr.

Sie hält mir den Stoffhund entgegen. »Er ist ganz nass.«

Der Hund ist völlig durchweicht.

»Ich wollte den Babysabber runterwaschen«, berichtet sie weinend, »und da ist er ganz nass geworden!«

In der Hoffnung, ich könne sie am Explodieren hindern, indem ich den Vorfall herunterspiele, ringe ich mir ein Lachen ab.

»Das ist doch nicht schlimm. Wir tun ihn einfach in den Trockner. Das wird schon wieder.«

»Nein, das geht nicht! Er ist hin. Ich muss ihn wegwerfen.« Sie lässt den Hund in den Mülleimer fallen. »Tschüss, Hundi.«

»Jani …« Ich hole den Hund aus dem Kübel. »Wahrscheinlich trocknet er sogar, wenn du ihn einfach in die Sonne legst.«

Aus dem Augenwinkel sehe ich, wie Jani nach Bodhi ausholt. Wie vom Blitz getroffen setzt Susan sich auf, während ich in die andere Zimmerecke stürze. So elektrisiert wir auch sind, wir sind doch zu langsam. Jani schlägt Bodhi die flache Hand mit voller Wucht auf den Rücken.

Ich packe sie am Kragen und zerre sie weg. Ich bin wütend, weil meine Reflexe nachlassen. Es überstieg wohl meine Kräfte, mehr als ein Jahr lang permanent reaktionsbereit zu sein.

»Jani, es ist gut«, rede ich beruhigend auf sie ein. »Wir können ihn trocknen.«

Sie dreht sich um und prügelt auf mich ein.

Ich knie mich hin, lege meine Hände auf ihre Schultern und versuche, zu ihr durchzudringen.

»Jani, wir können ihn trocknen …« Als sie mich ins Gesicht schlägt, bleiben mir die Worte weg.

Ich ziehe scharf die Luft ein und schmecke Blut an der Lippe.

Susan bringt Bodhi raus. Sie benachrichtigt das Personal, berichtet, was gerade passiert ist und dass die Medikamente nicht wirken.

Eine Krankenschwester kommt.

»Jani, was ist hier los?« Sie sieht Jani auf mich einschlagen. »Holla, Jani, so geht das aber nicht!«

»Bodhi hat in ihr Stoffhündchen gebissen und sie wollte es sauber waschen, aber dabei hat sie es durchnässt«, berichte ich der Schwester ruhig unter Janis Fausthieben. »Ich will ihr die ganze Zeit schon klarmachen, dass man es trocknen kann, aber sie glaubt mir nicht.«

Die Krankenschwester stemmt die Hände in die Hüften und sagt streng: »Jani, entweder du beruhigst dich jetzt sofort, oder deine Eltern müssen gehen.«

Das bringt mich auf die Palme. Ich werde nicht gehen, solange Jani in diesem Zustand ist. Jani fängt an, auf die Schwester einzuschlagen, aber die streckt die Hände aus und packt sie an den Handgelenken.

»Jani, Schluss jetzt!«

Jani kreischt, lässt sich auf den Boden fallen und schlägt mit Armen und Beinen wie eine Wilde um sich. Ich kenne das. So lange man außerhalb ihrer Reichweite bleibt, wird man nicht verletzt. Ich rede mir verzweifelt ein, dass sie damit nur versucht, den Menschen in ihrer Umgebung *nicht* wehzutun.

Aber anstatt auf Distanz zu bleiben, wie es Janis Absicht entspricht, geht die Krankenschwester in die Vollen und will Jani festhalten, wobei sie prompt einen Tritt gegen die Schläfe bekommt.

»Okay«, sagt die Schwester, während sie sich bemüht, Janis Beine auf den Boden zu drücken. »Jetzt reicht's. Deine Eltern müssen gehen.«

»Schön!«, schreit Jani zur Antwort. »Sie sollen endlich abhauen!«

Ich bin wie vor den Kopf gestoßen.

Ohne auf die Gefahr für mich zu achten, knie ich im Radius ihrer Schläge nieder.

»Jani, das meinst du doch nicht wirklich ernst«, sage ich zu ihr. Ich habe Angst, dass es nun so weit ist und sie Calilini und ein Leben in der Anstalt uns vorzieht, mir vorzieht.

»Doch, meine ich wohl!«, schreit sie mir entgegen. »Ihr sollt abhauen!«

»Jani, aus dir spricht die Schizophrenie, das bist nicht du.«

»Wohl bin ich das!«, kreischt Jani, die sich windet und mir den Fuß in den Brustkorb rammt. Ich ächze, weiche aber nicht.

»Jani, ich lasse dich nicht allein. Es ist mir egal, wie sehr du mich schlägst, ich lasse dich nicht allein.«

Jani soll wissen, dass sie mich unmöglich dazu bringen wird, von ihrer Seite zu weichen, völlig unabhängig davon, was sie tut. Ich werde niemals aufgeben. Aber zugleich rede ich auf die Schizophrenie ein, denn sie soll wissen, dass ich ihr Jani nicht kampflos überlassen werde.

»Ich will, dass ihr abhaut!«, brüllt Jani.

»Ich gehe nicht«, beharre ich mit einer Seelenruhe, die ich gar nicht empfinde.

Jani stimmt ihr ohrenbetäubendes Kreischen an.

Bodhi weint und ich sehe auf.

An der Tür steht Susan, Bodhi im Arm.

»Bring Bodhi raus aus der Station«, rufe ich ihr zu.

»Nein.«

»Er soll das nicht sehen!«

»Sie ist übrigens auch meine Tochter!«, gibt sie zurück. »Wieso bringst *du* nicht Bodhi raus und *ich* bleibe bei Jani?«

Ich glotze sie an, während Jani meinen Bauch mit ihren Tritten traktiert. »Bring ihn fort. Das ist kein Leben für ein Baby.«

Susan zögert. Ich weiß, sie will nicht weggehen, aber es muss sein. Wir dürfen Bodhi nicht permanent Janis Krankheit aussetzen. Aber es gibt noch einen anderen Grund, weshalb ich möchte, dass Susan Bodhi wegbringt. Jani gehört mir. Ich allein fühle mich für sie verantwortlich. Ich allein bin in der Lage, ihr tief in ihre Welt zu folgen, so tief, wie sie selbst hinabsteigt. Jani steigt noch immer tiefer und ich bin noch immer an ihrer Seite.

Mitte April 2009

Als ich im UCLA eintreffe, liegt Jani mitten auf dem Flur und stiert die Deckenleuchten an.

Ich lege mich zu ihr. »Jani?«

Sie antwortet nicht, sondern starrt weiter auf die Lampen.

Ich halte mein Gesicht vor das ihre und drehe den Kopf nach oben. Als ich das Gleißen nicht mehr aushalte, schaue ich zu Jani zurück. Sie verschwindet hinter den beiden schwarzen Flecken in meinem Blickfeld.

Als ich sie wieder klar erkennen kann, fällt mir auf, dass ihre Pupillen stark geweitet sind, obwohl sie in die grellen Lichter starrt. Daran sind keine Medikamente schuld. Was immer sie gerade sieht, es sind nicht die Lampen.

»Jani, was ist da oben?«, frage ich.

»Fliegende Hunde«, erwidert Jani wie unbeteiligt.

Ich überlege kurz, ob es irgendeinen Sinn hätte, sie darauf hinzuweisen, dass Hunde nicht fliegen können.

»Hunde können nicht fliegen, Jani.« Ich werde sie nicht kampflos preisgeben und konfrontiere sie mit dieser Realität. »Sie haben weder Flügel noch hohle Knochen. Im Gegensatz zu Vögeln, die daher leicht genug sind, um Auftrieb zu bekommen.« Immer noch versuche ich auf die einzige Art zu ihr durchzudringen, die ich beherrsche: Ich unterrichte sie.

»Aber die hier können es.«

»Was für Hunde sind das denn?«, frage ich nach.

»Golden Retriever.«

Nach Ansicht der Krankenhausärzte haben die Halluzinationen Jani nie Angst gemacht, weil sie sie von Anfang an kannte. Wenn man von frühester Kindheit an permanent etwas sieht, dann kommt man selbstverständlich nie im Leben auf den Gedanken, dass das womöglich nicht real sein könnte, vor allem, wenn es sich um etwas Angenehmes handelt, wie Hunde oder Katzen. Sie sind schlicht ein Teil von allem und erst wenn man alt genug ist, um zu erkennen, dass andere Menschen nicht sehen, was man selbst sieht, wird einem der Unterschied zwischen Realität und Halluzination bewusst.

Noch einmal blicke ich zu den Lampen hinauf und versuche mir vorzustellen, was Jani sieht, doch es gelingt mir nicht. Ich wende mich wieder ihr zu. »Was hast du heute gemacht? Hast du in der Kunsttherapie etwas gebastelt?«

»Ich war in Calilini«, erwidert Jani, ohne den Blick von den Deckenlampen zu wenden.

»Wann denn?«

»Heut früh.«

»Jani, du warst den ganzen Tag auf der Station. Du bist nicht weg gewesen.«

»Doch, war ich«, entgegnet sie unbeteiligt, als sei ich nur eine verebbende Stimme in einem Traum.

»Aber warum hat das dann niemand bemerkt?«

»Ich gehe in der Nacht.«

Ich weiß, dass das nicht stimmt. Nachts schläft Jani, wegen der Medikamente. Ich weiß, dass sie unter Beobachtung steht und die Station abgesperrt ist. Gleichzeitig weiß ich aber auch, dass all das für Jani keinerlei Bedeutung hat.

»Willst du sagen, du gehst in deinen Gedanken da hin?«

»Nein, ich gehe in echt.«

»Wie kommst du denn hier raus?«

»Da kommen Hunde, die mich holen. Dänische Doggen.«

»Dänische Doggen sind aber verdammt groß, Jani. Die sind so groß, dass sie garantiert jemand sieht.«

»Sie holen mich ab, damit ich meine Freunde in Calilini besuchen kann. Sie lassen mich auf ihrem Rücken reiten.«

Ich lege mich wieder neben sie, mein Gesicht ganz dicht an ihrem. »Gibst du mir Bescheid, wenn sie das nächste Mal kommen? Ich würde auch gern einmal nach Calilini gehen.«

»Das geht nicht.«

»Wieso darf ich nicht mit? Ich möchte Calilini doch auch einmal sehen.«

»Du bist zu schwer, um auf einer Dänischen Dogge zu reiten. Aber das ist die einzige Art, wie man da hinkommt.«

Bestürzt drehe ich mich zur Seite und setze mich auf. Wenn ich auch nicht sehe, was sie sieht, so soll sie doch meine Führerin sein. Traurig muss ich nun erkennen, dass sie mich mit dieser Welt gleichsetzt. *Ich will aber nicht Teil dieser Welt sein, Jani. Ich will mit dir gehen.*

»Jani?«, frage ich und schiebe meine Emotionen beiseite. Ich brauche Wissen. »Wie warm ist es im Moment in Calilini?«

In den vergangenen Wochen wurde mir klar, dass es einen unmittelbaren Zusammenhang zwischen der Temperatur in Calilini und dem Ausmaß ihrer Psychose gibt. Ist es dort heiß, über 60 Grad, bedeutet das, dass auch Janis Psychose sich akut verschlimmert. Als ihre Thorazine-Dosis vor gut zwei Wochen auf 300 mg am Tag hochgesetzt wurde, fiel die Temperatur: erst auf 50 Grad, dann 45, schließlich 40. Sie ging letztlich bis auf 30 Grad runter. Jani stellte das pseudoautistische Händereiben ein. Aber nach einer abermaligen Dystonie musste die Dosis reduziert werden. Seitdem steigt die Temperatur stetig an.

»80 Grad«, erwidert Jani.

Kurz vorm Kochen.

Ende April 2009

In diesem Semester gebe ich zwei Seminare, das Minimum, wenn ich meinen Krankenversicherungsstatus nicht verlieren will. Ich sitze am Pult und wieder einmal kommt ein Student zu spät. Ich schaue auf die Wanduhr, es ist 16:45 Uhr. Der Kurs hat vor 20 Minuten begonnen, aber ich habe noch nichts getan. Ich sitze einfach nur an meinem Pult.

Er setzt sich dicht vor mir in die erste Reihe.

»Wo haben Sie gesteckt?«, frage ich in einem tiefen, bedrohlichen Ton.

Er greift zum Handy und tippt ungerührt eine Nachricht.

»Hä? Oh, 'tschuldigung.« Er sieht mich an. »Ich war beim Sport und musste noch duschen.« Er tippt weiter.

Für einen Augenblick bleibe ich stumm. »Als ich auf der Uni war«, bringe ich endlich heraus, »hatte ich immerhin noch so viel Achtung vor meinen Profs, mir eine anständige Ausrede auszudenken, wenn ich zu spät kam.«

Dieser Student sieht mich grinsend an und glaubt, ich mache Witze. Ich starre ihn an. *Meine Tochter ist schizophren. Es wird immer schlimmer und niemand kann etwas dagegen tun. Das Bewusstsein meiner Tochter erodiert Stück um Stück wie das sandige Ufer eines Flusses bei Hochwasser.*

»Wenn Sie es nicht einmal schaffen, rechtzeitig zum Beginn eines Seminars zu erscheinen«, ich sehe ihm dabei in die Augen,

»wieso sollte dann jemand annehmen, dass Sie es irgendwann rechtzeitig zum Arbeitsbeginn schaffen werden? Glauben Sie ernsthaft, dass Ihr Leben sich ändern wird, wenn Sie Ihren albernen BWL-Abschluss in der Tasche haben? Das wird es nicht. Und soll ich Ihnen sagen, wieso?«

Er antwortet nicht, das Handy liegt in seinen schlaffen Fingern, die Nachricht ist vergessen.

»Weil Sie«, fahre ich in zunehmend ätzendem Ton fort, »Ihren College-Abschluss zusammen mit Millionen anderen Studenten machen werden, die dann alle denselben Abschluss haben. Wir sind hier nicht in Harvard. Sie haben nichts Besonderes, wodurch Sie sich von den Millionen anderen Versagern mit demselben Abschluss unterscheiden würden. Jeder Trottel kann einen College-Abschluss machen.«

Mein Blick wandert durch den Raum. »Das gilt für jeden hier. Was die Hochschultutoren euch übers College erzählen, ist Schwachsinn. Ein College-Abschluss hat keinerlei Auswirkung darauf, was man ist. Wer vor dem College ein Versager war, wird danach auch noch einer sein ... ein Versager mit einem wertlosen Wisch in der Hand, der einem die irrige Hoffnung gibt, man könne etwas aus seinem Leben machen. Aber soll ich euch verraten, als was ihr nach dem College arbeiten werdet, vorausgesetzt, dass ihr überhaupt einen Job bekommt? Als Versicherungsvertreter oder im Callcenter.«

Ganz leise ist mir bewusst, dass ich gerade dabei bin, völlig auszurasten, aber das ist mir egal. Ich beuge mich über das Pult und glotze in die entgeisterten Gesichter.

»Ihr werdet den Rest eures Lebens in einem Großraumbüro hocken, bis ihr irgendwann tot umfallt. Wenn hier einer unter euch wäre, der einen Funken Verstand im Hirn hätte, dann könnte ich mir vielleicht sogar vorstellen, dass er es schafft, sich nach oben zu boxen. Aber schaut euch doch an! Die Hälfte von euch ist ja nicht einmal fähig, rechtzeitig zu einem Seminar *am Nachmittag* zu erscheinen. Ihr seid bloß eine Nummer unter vielen. Viel Spaß im Großraumbüro.« Ich packe meine Tasche.

»Wollen Sie schon gehen?«, erkundigt sich eine Studentin nervös.

Ich schwinge mir die Tasche über die Schulter. »Ich habe die Schnauze voll davon, mit euch meine Zeit zu vergeuden. Ich habe Besseres zu tun.« Und damit gehe ich ab.

Ich sitze in meinem Auto auf dem Fakultätsparkplatz und will mir eine Zigarette anzünden, aber die Hände zittern mir derart, dass das Feuerzeug andauernd ausgeht.

Beim Hinausgehen sah ich kurz die entsetzten Gesichter der Studenten. Ich habe in den vier Jahren als Dozent nicht ein Mal vor versammelter Mannschaft die Fassung verloren. Ich habe unterrichtet, ohne den Kopf zu verlieren, als Jani ins Alhambra kam und ich wegen sexuellen Missbrauchs angezeigt wurde. Ich habe unterrichtet, ohne den Kopf zu verlieren, als Jani endgültig die Diagnose Schizophrenie bekam. Eineinhalb Jahre machte ich diesen Albtraum mit, ohne auch nur ein einziges Mal den Kopf zu verlieren ... bis heute.

Endlich gelingt es mir, die Zigarette anzuzünden, und ich nehme einen tiefen Zug. Ich habe zwei separate Leben gelebt, eins als Janis Vater und ein zweites als Professor Schofield. Ich halte das nicht länger durch. Ich bin der Vater eines Kindes, dessen Verstand von einer Krankheit aufgezehrt wird, die sich nicht aufhalten lässt. Ich kann nicht länger so tun, als sei ich jener andere.

Ich rufe Susan an und berichte ihr, was vorgefallen ist.

»Komm heim«, rät sie mir zärtlich. »Komm heim zu mir.«

Ich schüttle heftig den Kopf. »Es ist mein Besuchsabend bei Jani. Ich muss ihr das Essen bringen, das sie sich gewünscht hat.«

»Ich habe schon mit der Station telefoniert«, sagt Susan. »Sie schläft.«

Das überrascht mich nicht. Sie ist meistens schon eingeschlafen, wenn ich zur abendlichen Besuchszeit komme. Die Medizin setzt sie früh k. o.

»Es war ein heftiger Tag, aber jetzt geht es ihr gut. Sie schläft friedlich. Komm heim zu mir. Bitte.« Sie fleht mich an, nach Hause zu kommen, aber es klingt nicht so wie früher, als sie den ganzen Tag mit Jani unterwegs war und dauernd bei mir anrief und fragte, wann ich endlich von der Arbeit käme. Jetzt ist es anders. Jani ist nicht da. Ich muss nicht hetzen, damit ich heimkomme und mich um sie kümmern kann.

Susan fleht mich um meinetwillen an, nach Hause zu kommen. Ich stehe am Abgrund und sie versucht mich auf festen Boden zurückzuholen.

»Nein«, entscheide ich. »Ich muss zu Jani, auch wenn sie schläft. Ich muss mich mit eigenen Augen überzeugen, dass ihr nichts fehlt.« Meine Stimme bricht und ich räuspere mich. »Ich rufe dich an, sobald ich mich auf den Heimweg mache.« Damit lege ich auf.

Vor Janis Zimmer sitzt eine Krankenschwester und ich weiß sofort, dass etwas nicht stimmt. Die Anwesenheit der Schwester kann nur einen Grund haben: Jani ist eine Gefahr für sich oder andere und steht deshalb unter Einzelbetreuung. Die Krankenschwester ist mir unbekannt. Sie trägt keinen UCLA-Dienstausweis. Wahrscheinlich eine Aushilfe.

»Sie schläft«, sagt sie mit kräftigem westafrikanischen Akzent.

»Sie wird schon aufwachen, wenn es etwas zu essen gibt«, entgegne ich und betrete das dunkle Zimmer. Auf dem Bett kann ich Janis Umriss ausmachen.

Beim Gehen raschelt Papier unter meinen Schritten. Ich greife hinab und ziehe es unter dem Schuh hervor. Ich knipse das Licht an und sehe, dass es eine ausgerissene Seite aus einem *Dora, die Entdeckerin*-Buch ist, einer Lesefibel. Jani kann lesen, seit sie zwei ist. Damals kauften wir ihr diese Bücher und hoben sie für Bodhi auf, als sie ihren Ansprüchen nicht mehr genügten; aber genau diese Bücher sollen wir ihr jetzt mitbringen. Ich habe keine Ahnung, warum. Ich bringe ihr Bücher mit, von denen sie etwas lernen kann, aber die will sie nicht. Sie will diese einfachen Bücher, in denen auf jeder Seite nur ein Satz steht. Vielleicht versucht sie so die Zeit zurückzudrehen und findet Trost darin, weil sie sie an eine einfachere Zeit erinnern.

Das ganze Zimmer ist voller Papierfetzen. Ich stelle das Essen auf den Schreibtisch und fange an aufzuräumen.

Gillian, die leitende Krankenschwester, die wir inzwischen kennen, kommt ins Zimmer und sieht mich sauber machen.

»Sie hat ihre ganzen Bücher zerfetzt«, berichtet sie traurig. »Sie wollte all ihre Sachen kaputt machen. Wir mussten alles wegsperren.«

Ich hebe ein zerknülltes Blatt auf und die Beine knicken mir weg. Ich falle ungebremst auf den Hintern und starre auf das Stück Papier. Es ist eine leicht angegilbte Seite aus *Pu der Bär*, der Originalausgabe. Mein Vater bekam das Buch 1953 zum fünften Geburtstag geschenkt, es war fast 60 Jahre alt. Er gab es dann mir, als ich klein war. Als Jani alt genug war, vererbte ich es ihr weiter. Ich bin wie betäubt. Bücher, die seit drei Generationen in unserer Familie sind, hat sie vernichtet.

»Ich lasse jemanden rufen, der aufräumt«, sagt Gillian.

»Nein«, erwidere ich. »Schon gut. Ich mache das.«

»Bestimmt?«, hakt Gillian nach. Ich sehe sie an und merke, dass auch sie sich Sorgen um mich macht.

»Bestimmt«, sage ich und sammle hier und dort etwas vom Boden auf.

»Geht es Ihnen gut?«, erkundigt sich Gillian.

»Bestens«, antworte ich automatisch.

Sie zögert. »Gut. Rufen Sie mich, wenn Sie etwas brauchen.«

»Warten Sie.«

Gillian dreht sich um.

»Hat sie ihre letzte Dosis Medizin bekommen?«

Gillian zögert. »Nein«, antwortet sie schließlich. »Sie ist eingeschlafen, bevor sie sie nehmen konnte. Geben Sie mir Bescheid, wenn sie aufwacht, dann gebe ich ihr die Medikamente.«

Sie geht und ich sammle die ausgerissenen Seiten auf. Ich werfe einen letzten Blick auf die *Pu der Bär*-Seiten und stopfe dann alles miteinander in den Abfallkübel. Ich will nicht, dass sie sich beim Aufwachen mit ihrer Tat konfrontiert sieht. Wenn sie aufwacht, will ich mit ihr fröhlich sein.

Ich sehe auf Jani, die voll bekleidet und ohne Bewusstsein auf dem Bett liegt. »Jani!«, rufe ich laut. »Papa ist da!«

Jani schlägt die Augen auf.

Ich bin erleichtert, dass sie sich ohne großen Aufwand wecken lässt. »Hallo, mein Schatz!«, sage ich und setze mich auf die Bettkante.

Sie setzt sich auf und die Haare fallen ihr in Strähnen über die Augen. Sie blickt um sich, als sei sie eben aus einem Traum erwacht und könne sich nicht recht erinnern, wo sie ist.

»Ich habe dir was von Burger King mitgebracht, wie du es dir gewünscht hast.« Ich streiche ihr die Haare aus dem Gesicht.

Sie dreht den Kopf zu mir her und stiert mich kurz an.

»Wer bist du?«, fragt sie.

Das Blut gefriert mir in den Adern. Nein, schießt es mir durch den Kopf, das muss ein Scherz sein. Wir albern schließlich dauernd miteinander herum.

»Wer ich bin?«, wiederhole ich grinsend und warte darauf, dass sie wegen des gelungenen Witzes ebenfalls den Mund verzieht und sich die Hände reibt.

Aber Grinsen und begeistertes Händereiben bleiben aus. Sie stiert mich nur an, als sei sie mir noch nie im Leben begegnet.

Allmählich dringt die Wahrheit zu mir durch und das Lächeln erstirbt. Mein schlimmster Albtraum ist wahr geworden: Sie erkennt mich nicht mehr.

»Ich bin dein Papa«, erkläre ich in erstaunlich gefasstem Ton.

»Ach«, entgegnet sie und sieht sich im Zimmer um.

»Ich habe dir etwas zum Essen mitgebracht.«

»Ich hab keinen Hunger.«

Sie bettet den Kopf auf das Kissen.

Ich strecke die Arme aus und ziehe Jani an mich. Sie soll nicht wieder einschlafen. Sie soll mich nicht verlassen.

»Wollen wir fernsehen?«

»Ich bin müde«, antwortet sie und hängt schlaff in meinen Armen.

»Ach, sei nicht so. Lass uns fernsehen. Vielleicht läuft gerade *Survivorman*.« Sie soll sich an die Vergangenheit erinnern. *Survivorman* haben wir immer gemeinsam angesehen.

»Ich will einfach nur schlafen.« Sie löst sich von mir und sackt auf dem Bett zusammen.

In all den sechs Jahren ihres Lebens wollte Jani noch nie »einfach nur schlafen«.

»Jani?«, frage ich. »Wie warm ist es in Calilini?«

»93 Grad«, nuschelt sie.

Noch sieben Grad.

Auf der Heimfahrt rufe ich Susan an.

»Wie war sie drauf?«, fragt Susan beim Abnehmen. »Offenbar war sie wach, sonst wärst du nicht so lange dort geblieben. Ich habe deinen Anruf schon erwartet.«

»Sie hat mich nicht erkannt.«

Es herrscht Schweigen, ich höre nur den Fahrtwind durch das Fenster. Weit vor mir, sodass ich sie kaum erkennen kann, flackern die Rücklichter der anderen Autos.

»Wie meinst du das, sie hat dich nicht erkannt?«, fragt Susan endlich.

»Als ich kam, hat sie geschlafen. Dann habe ich sie geweckt und … sie … sie hat gefragt, wer ich bin.«

Schweigen.

»Erst dachte ich, sie macht einen Witz und spielt mit mir, aber so war es nicht. Sie starrte mich an. Sie wusste wirklich nicht, wer ich bin.«

Ich höre Susan schluchzen. Sie weint.

»Ist Bodhi bei dir?«

»Er liegt in meinem Arm und schläft.«

»Gut.« *So soll es sein. Halte ihn fest, Susan, und lass ihn niemals los.*

»Er ist so ein liebes Kind«, sagt Susan mit schmerzerstickter Stimme.

»Ja, das stimmt. Ich bin froh, dass er bei dir ist.«

»Weißt du, ich habe mir überlegt …«, setzt Susan an.

»Ja?«

»Könnte es sein, dass Jani sich in Wahrheit für uns ein Geschwisterchen gewünscht hat und nicht für sich?«

Ich bringe kein Wort heraus.

»Vielleicht hat sie es gewusst. Sie wusste, dass sie uns verlässt und wir ohne sie nicht leben können. Sie hat sich Bodhi gewünscht, damit wir etwas haben, was uns am Leben erhält.«

Ich halte es nicht länger aus. Ich fange zu weinen an und vor der Windschutzscheibe fließt alles ineinander. Dabei ist es nicht schwer zu glauben, dass Susan recht hat. Über Jahre haben wir uns gegenseitig versichert, wir könnten nicht weiterleben, wenn Jani etwas zustieße.

»Ich weiß noch«, sagt Susan, »wie sie mir einmal sagte: ›Es kommt mir vor, als wenn ich auf der Grenze zwischen eurer Welt und meiner Welt leben würde.‹«

Und ich denke an einen Traum, den Susan mir kürzlich erzählte. Im Traum brachte sie Bodhi zu seinem ersten Vorschultag in die Schule in San Mateo, südlich von San Francisco, auf die sie selbst gegangen war. Weder Jani noch ich kamen in dem Traum vor. Ich fragte Susan, wo wir waren. Einen Moment lang machte sie ein verdutztes Gesicht. »Ich weiß es nicht«, sagte sie. »Ihr wart nicht da.«

»Was willst du jetzt tun?«, fragt Susan.

»Ich will sie nach Hause holen.«

»Ich verstehe dich. Bring sie heim. Wir finden einen Weg, wie wir damit umgehen. Wir schaffen das.«

Aber Susan versteht nichts.

»Ich kann sie nicht nach Hause holen, solange Bodhi da ist. Sie ist immer noch eine Gefahr für ihn.« Ich atme schneidend ein. Ich weiß, das wird Susan nicht gefallen. »Ich möchte, dass du mit ihm zu deinen Eltern nach San Mateo gehst.«

»Nein!«, schreit Susan und lässt die Tränen fließen.

»Er hat genug gelitten. Er braucht ein eigenes Leben.«

»Aber ich will für sie da sein! Sie ist auch meine Tochter!«

»Das sehe ich ja ein und du hast das bisher auch wirklich toll gemacht. Es gibt niemanden, den ich bei alldem lieber an meiner Seite gehabt hätte. Wir haben sie sechs Jahre lang durchgeboxt. All die Besserwisser, die uns einreden wollten, wir dürften nicht zulassen, dass sie unser Leben bestimmt, hatten unrecht.«

»Es war von Anfang an da«, sagt Susan, »ich weiß noch, sie hat sich als Säugling immer umgesehen und Dinge beobachtet, die wir nicht sehen konnten. Aber wir waren permanent mit ihr auf Achse und so haben wir es gemeinsam geschafft, dass es nicht zu schlimm wurde.«

»Ja, damals haben wir das geschafft, aber jetzt geht es nicht mehr. Es ist zu viel. Bodhi braucht seine Mama. Er braucht dich mehr, als er mich braucht.« In Gedanken kehre ich zurück zu dem Moment, als ich mir vor der Tomographie den Ehering vom Finger zog, wie ein Soldat, der all seine persönliche Habe ablegt, ehe er in eine Schlacht zieht, aus der er womöglich nicht lebend zurückkehrt.

»Das ist nicht wahr! Er braucht seinen Papa!«, weint Susan.

»Er ist noch so jung, er wird sich nicht an mich erinnern. Und auch an Jani nicht. Er wird groß und gesund werden. Besser, er verliert mich jetzt, als später, wenn er sich daran erinnern kann.«

»Er soll dich überhaupt nicht verlieren!«

»Ich weiß doch, dass du das nicht willst. Und ich will ihn ja auch nicht verlieren. Ich will dabei sein, wenn mein Sohn aufwächst. Ich konnte ihn ja bislang gar nicht wirklich kennenlernen. Ich habe mir vorgestellt, wie ich ihm gemeinsam mit Jani all das beibringen würde, was ich Jani gelehrt habe.«

»Ich will meine Tochter nicht verlieren.«

»Wenn Bodhi nicht da ist, kann ich sie nach Hause holen. Ich werde sie pflegen. Und was immer geschieht, geschieht.«

»Und was dann?«

»Erinnerst du dich an deinen Traum? In dem du Bodhi in San Mateo zu seinem ersten Schultag gebracht hast? Jani und ich waren nicht dabei.«

»Das war ein Traum!«, protestiert Susan. »Den hatte ich schon Jahre, bevor Bodhi überhaupt zur Welt kam. Abgesehen davon, Jani und du hätten sonst wo stecken können.«

»Vielleicht war es kein Traum«, halte ich ihr entgegen. »Vielleicht war es eine Vision der Zukunft.«

»Ich kann nicht glauben, was hier geschieht!«, weint Susan. Das sagt sie schon seit Alhambra. Aber es ändert nichts.

»Wenn es uns möglich ist, werden Jani und ich euch besuchen, außerdem kannst du zu uns zu Besuch kommen.« Ich lüge. Ich bezweifle, dass wir je so weit kommen werden. Ich wüsste nicht, wie ich weiterleben soll, wenn Jani sich völlig aus dieser Welt verabschiedet. Ich weiß, da ist immer noch Bodhi und Bodhi wird mich immer noch brauchen. Aber ohne Jani ist mir alles andere egal. Vielleicht ist das Schwäche. Vielleicht ist es Egoismus.

»Nein«, entgegnet Susan mit unerwarteter Stärke.

»Das ist die einzige Möglichkeit«, beharre ich.

»Es ist nicht die einzige Möglichkeit«, hält sie dagegen. »Es kann nicht die einzige sein. Es muss eine andere Möglichkeit geben.«

»Es gibt keine«, erwidere ich zornig und lege auf.

Nach 20 Minuten, ich bin immer noch unterwegs, da ich den weiteren Weg nach Hause fahre, klingelt das Handy. Ich sehe, dass Susan dran ist. Ich will das jetzt nicht noch einmal durchkauen. Meine Entscheidung steht.

»Ja?«, melde ich mich.

»Mir ist eben eine Idee gekommen.« Sie weint nicht. Sie hört sich begeistert an. »Ich habe Gott um eine Eingebung gebeten und er hat mich erhört. Es kommt von Gott. Ich bin ganz sicher.«

Ich seufze. »Und?«

»Das Einzige, was ihrer Heimkehr entgegensteht, ist Bodhi, oder?«

»Ja«, bestätige ich.

»Also nehmen wir uns einfach zwei Wohnungen.«

»Ich kann mir keine zweite Wohnung leisten.«

»Nein, ich meine, wir tauschen unsere Wohnung gegen zwei kleinere, zwei Zweizimmer-Appartements. Das eine wäre Bodhis Wohnung und das andere Janis. Du und ich, wir können jede Nacht tauschen. Einmal bist du bei Jani und ich bei Bodhi, und am nächsten Abend andersrum. Was hältst du davon? Brillant, oder?«

Vor Staunen fehlen mir die Worte.

»Wir können die Kinder auf Distanz zueinander halten«, fährt sie fort, »aber trotzdem als Familie zusammenbleiben. Es ist eine göttliche Eingebung, glaub mir. Gleich morgen gehe ich zur Hausverwaltung und erkundige mich, ob es freie Zweizimmer-Appartements gibt.«

Zum ersten Mal seit langer Zeit regt sich etwas in mir. Ich brauche ein bisschen, bis ich merke, dass es die Hoffnung ist. Ich muss verrückt sein, ausgerechnet jetzt zu hoffen.

»Was hältst du davon?«, will Susan wissen.

»Ganz ehrlich, ich halte es für Wahnsinn.«

»Ganz deiner Meinung. Und genau deshalb glaube ich, dass es funktionieren könnte.«

15. Mai 2009

Der Tag des Umzugs. Ich stehe mit den Möbelpackern in unserer Dreizimmerwohnung und deute auf jedes Einrichtungsstück.

»Der Küchentisch kommt in Bodhis Appartement«, weise ich an. »Die Couch zu Jani.«

Wir teilen unseren Besitz auf, trennen unser Heim.

Susans Eltern halten unser Vorgehen für verrückt, aber Jani zwingt Susan und mich seit ihrer Geburt zu einem getrennten Leben. Was jetzt kommt, ist nur eine Verschärfung dieser Trennung.

Aus Sicherheitsüberlegungen wandern alle Küchenutensilien in Bodhis Wohnung. In Janis Appartement wird es weder Glas noch Keramik geben, nichts, womit sie sich verletzen könnte. Nichts, was sie in die Hand nehmen und werfen könnte.

Unser Ziel ist es, Janis Appartement in eine Miniaturausgabe der kinderpsychiatrischen Station des UCLA zu verwandeln. Wir bemühen uns nicht länger, Jani in unser Leben einzugliedern, wir richten vielmehr unser Dasein so ein, wie es für sie stimmig ist. Im UCLA gibt es in jedem Zimmer eine Tafel, die den Kindern einen »Guten Morgen« wünscht und das aktuell zuständige Personal nennt. Also bringe auch ich eine Tafel an, auf der festgehalten ist, welcher Elternteil gerade Janis »Personal« ist. Eine weitere Tafel im Tagesgemeinschaftsraum des UCLA vermerkt die für die Kinder vorgesehenen Aktivitäten vom Aufstehen bis zum Schlafengehen. Auf einer analogen Tafel, die ich in ihrem Wohnzimmer aufhänge, steht Janis Tagesablauf, der wie im Krankenhaus »Entspannungstherapie« und »Beschäftigungstherapie« umfasst. Entspannungstherapie bedeutet draußen spielen. Um für die Beschäftigungs- respektive Kunsttherapie vorbereitet zu sein, fülle ich die Schränke in Janis Küche mit riesigen Mengen an Mal- und Bastelsachen von Michaels Crafts. Am Ende ist ihre Wohnung umfassend für therapeutische Zwecke gerüstet.

In die Fünf-Uhr-Nachmittagsspalte der Stundentafel schreibe ich: *Abendessen (bei Bodhi).* Wir werden das Essen exakt zur selben Zeit einnehmen, zu der Jani im UCLA isst. Mir ist nicht ganz wohl dabei, sie in Bodhis Wohnung zu holen, auch wenn es nur für eine Stunde ist, aber Susan und mir ist es wichtig, dass wir zusammen sind und uns immer wieder vor Augen führen, dass wir eine Familie sind. Paradoxerweise ist die Trennung der einzige Weg, unsere Familie zusammenzuhalten. So hat Bodhi den nötigen Freiraum, um seine Welt zu erkunden, ohne sich vor Janis Reaktionen fürchten zu müssen, während Jani keine Angst haben muss, Bodhi zu verletzen. Und was das Wichtigste ist: Susan und ich müssen nicht länger in permanenter Furcht leben.

Ich lasse die Hände über die Wände in Janis altem Zimmer gleiten, über die Worte, die sie während ihrer Auszeiten darauf geschrieben hat. Ich habe versucht, sie zu entfernen, stundenlang habe ich geschrubbt, aber sie ließen sich nie ganz auslöschen. Meine Hand verharrt auf der 400, die in riesigen Ziffern über der Stelle steht, wo früher ihr Bett war. *Verzeih mir*, Jani, denke ich. *Ich hatte ja keine Ahnung.*

Froh, diese Wohnung hinter mir zu lassen, gehe ich aus dem Kinderzimmer und lege den Schlüssel aufs Kaminsims. Nie mehr will ich diese Wände wieder sehen.

1. Juni 2009

Heute wird Jani entlassen. Sie war mehr als vier Monate im UCLA und ist damit die am längsten durchgehend auf der psychiatrischen Station für Kinder und Jugendliche behandelte Patientin seit Jahrzehnten. Dr. Kim und die Krankenhausverwaltung, denen bewusst war, dass wir Zeit brauchten, um die getrennten Wohnungen zu beziehen, wehrten jegliches Ansinnen von Blue Shield ab, bis der Umzug vollzogen war.

»Ich halte das für eine großartige Idee«, meinte Dr. Kim, als wir ihr von unserem Vorhaben erzählten. »Sie denken wirklich außerhalb festgefahrener Strukturen.«

Ich betrachte das Entlassungsformular, das Dr. Kim mir zur Unterzeichnung vorlegt, und lese den Stichpunkt *Entlassungsdiagnose*. Handschriftlich steht dort ein Wort: *Schizophrenie*. Das Wort sticht mir entgegen. Nie zuvor musste ich es auf einem medizinischen Rapport in Bezug auf Jani lesen. Nun trägt meine sechsjährige Tochter offiziell das Stigma der schwersten aller psychischen Krankheiten.

Unterhalb der Entlassungsdiagnose steht *Anzunehmender Heilungsverlauf* und dazu drei Kästchen zum Ankreuzen der Prognose: *gut*, *mittel* oder *schlecht*. Kim hat ihr Kreuzchen noch nicht gemacht. Sie bemerkt meinen Blick.

»Entschuldigung. Das habe ich glatt übersehen«, sagt sie und nimmt den Stift aus der Tasche. Sie macht das Kreuzchen bei *mittel*.

Mittel. Nicht wirklich gut, aber auch nicht wirklich schlecht. Mittel ist genau in der Mitte. Mittel ist eine Drei auf dem College. Ich bin mir nicht sicher, ob sie das ernsthaft glaubt oder uns nur Hoffnung machen will. Es spielt aber auch keine Rolle. Es ändert nichts an dem, was wir tun.

Ich setze meine Unterschrift in die letzte Zeile. Dr. Kim gibt mir meine Durchschläge und sieht mich an. »Ich möchte Ihnen noch sagen, dass es mir eine große Freude war, über die letzten Monate mit ihnen allen zusammenzuarbeiten. Jani ist ein ganz besonderes und überaus intelligentes Mädchen.«

»Was glauben Sie, was aus ihr wird?«, frage ich Dr. Kim.

Kim seufzt. »Ich denke, Sie sollten die Hoffnung nicht aufgeben.«

Ich lächle. »Sie sind Ärztin. Sie müssen das sagen.«

»Ich sage das nicht als Ärztin. Ich sage das als jemand, dem Jani und ihre Familie sehr ans Herz gewachsen ist. Ich habe die Hoffnung, dass sie es schafft.«

Ich reiche ihr die Hand, die sie ergreift. Ihre Dienstzeit auf dieser Station ist beendet und sie wird in Kürze versetzt. Wahrscheinlich werde ich sie nie wiedersehen. Unwillkürlich breite ich die Arme aus und drücke sie an mich.

»Vielen Dank«, sage ich.

Sie erwidert die Umarmung und verstößt damit gegen den Grundsatz, dass das ärztliche Personal Distanz zu wahren hat.

»Wofür? Es geht Jani heute besser, weil sie sehr hart dafür gearbeitet hat.«

»Vielen Dank, dass Sie an sie geglaubt haben«, erwidere ich.

»Ich habe großes Zutrauen in Jani«, sagt sie, als wir die Umarmung lösen. »Und ich habe großes Zutrauen in Sie und Susan.«

Ich nicke und kann ihr dabei nicht in die Augen sehen. So sehr ich mich auch bemühe, ich bringe ein solches Zutrauen nicht auf. Es geht Jani besser, aber »besser« ist relativ. Dr. Kim spricht von Janis »psychotischem Grundniveau«, also dem Zustand der Psychose, der für sie »normal« ist. Wir werden sehen müssen, wie gut sie außerhalb der strukturierten und geschützten Umgebung des Krankenhauses zurechtkommt. Wenn sie denn zurechtkommt.

Es ist Zeit zum Abschied. Ich schleppe die beiden Koffer samt drei prallvoller Plastiktüten, in denen nicht nur all das steckt, was wir mitgebracht haben, sondern auch alles, was Jani in vier Monaten Kunsttherapie geschaffen hat.

»Bereit zu gehen, Jani?«

Jani umarmt alle Krankenschwestern und Dr. Kim. Einigen kommen die Tränen. Sie haben noch nie so lange mit einem Kind gearbeitet wie mit Jani. Janis Art des Abschiednehmens gibt mir das Gefühl, ich gehöre inzwischen weniger zu ihrer Familie als diese Frauen.

Als sie sich verabschiedet hat, sieht sie mich an, Hero im Arm.

»Wollen wir jetzt deine neue Wohnung anschauen?«, frage ich.

Sie reibt sich voll Vorfreude die Hände. »Kann 24 Stunden auch mit?«

Ich halte inne und denke daran, was Dr. Kim mir in der abschließenden Familienrunde mit auf den Weg gab. *Es ist sehr unwahrscheinlich, dass die Halluzinationen jemals ganz verschwinden werden.*

»Aber sicher«, erlaube ich widerstrebend.

Jani dreht sich nach dem menschenleeren Flur um. »Komm schon, 24 Stunden! Wir fahren!«

Das Abendessen ist beendet.

»Wer ist heute mein Personal?«, fragt Jani. »Mama oder Papa?«

Ich spüle das Geschirr. »Wer ist dir denn lieber?«

»Mama«, entscheidet Jani.

»Gut.« Susan lächelt.

Ich habe nichts dagegen. Jani muss sich daran gewöhnen, auch wieder Zeit mit Susan zu verbringen, und ich habe noch nie eine Nacht allein mit Bodhi verbracht.

Jani stellt sich vor Susan hin. »Gehen wir?«

»Gleich«, sagt Susan und sucht ihre Sachen für morgen zusammen. Ihre Anziehsachen sind fast alle hier, während meine überwiegend in Janis Appartement sind. Ich könnte gar nicht genau sagen, warum ich die Möbelpacker angewiesen habe, die Kartons mit meinen Sachen in Janis Wohnung zu bringen. Mag sein, dass ich insgeheim gar nicht möchte, dass wir uns nachts abwechseln.

Ich nehme Jani zum Abschied in den Arm. »Dann bis morgen, ja?«

»Okay«, sagt sie so entspannt, wie ich sie seit Bodhis Geburt nicht mehr erlebt habe. Ihr gefällt diese Lösung. Als ich sie auf der Heimfahrt vom Krankenhaus nach dem Grund fragte, erklärte sie mir: »So kommt Bodhi nicht an meine Sachen ran und ich brauche ihn nicht zu hauen.«

Für Jani ist ein riesiger Stressfaktor weggefallen, seit sie ihr eigenes Zuhause hat, aus dem Bodhi ausgeschlossen ist. Sie muss nicht mehr permanent gegen sich selbst ankämpfen, um Bodhi nicht zu verletzen.

Ich drücke ihr einen Kuss auf den Kopf. Sie macht die Tür auf.

»Komm«, ruft sie Susan zu.

»Ich komme«, ruft Susan zurück.

Wir geben uns einen flüchtigen Kuss, dann ist sie hinter Jani aus der Tür. Ich frage mich, wann wir uns zuletzt küssten. Entsetzt stelle ich fest, dass es am Abend vor Bodhis Geburt war. Wir haben uns annähernd zwei Jahre nicht geküsst.

Bodhi merkt, dass Susan fort ist, und weint. Ich nehme ihn in den Arm. »Es ist alles gut, kleiner Mann, Papa ist ja da. Morgen kommt Mama wieder.«

Tröstend halte ich ihn in der Mitte seiner Wohnung im Arm. Zum ersten Mal überhaupt hat seine Mutter ihn allein gelassen.

Ich trete ans Fenster, schiebe die Vorhänge auf und sehe Susan und Jani den Parkplatz überqueren. Ich sehe ihnen nach, bis sie in Janis Appartement verschwinden.

Sonntag, 7. Juni 2009

Honey muss an die frische Luft. Sie hatte seit Ewigkeiten keinen richtigen Auslauf mehr. Am Telefon schlage ich Susan vor, einen Familienausflug zur Highschool zu machen.

»Kannst du mit Honey nicht einfach kurz um den Block gehen?«, meint Susan. »Für zehn Minuten kann ich auf beide Kinder aufpassen.«

»Honey braucht mehr als zehn Minuten. Sie muss sich austoben und braucht freien Auslauf.«

»Ich weiß«, räumt Susan ein. »Aber lass uns lieber warten, bis Dave und Cameron da sind. Außerdem ist es heiß und mit dem Thorazine bekommt Jani in null Komma nichts einen Sonnenbrand.« Allein die Dosis von 200 Milligramm Thorazine sorgt dafür, dass Jani noch einen gewissen Bezug zu unserer Welt hat. Zu den Nebenwirkungen gehört allerdings eine extrem gesteigerte Lichtempfindlichkeit.

»Ich kann sie dick mit Sunblockern eincremen«, halte ich dagegen.

»Geh doch einfach kurz mit Honey Gassi. Wenn die beiden da sind, können wir ja immer noch fahren.«

Plötzlich werde ich wütend. »Ich will nur einen normalen Tag mit euch als Familie verbringen. Ist das wirklich zu viel verlangt? Ich bitte ja nicht einmal darum, Zeit für mich allein zu haben. Ich will nur einen Tag als Familie.«

»Ich fürchte, dass wir damit ein Risiko eingehen«, mahnt Susan.
»Es wird schön werden. Ich packe Spielzeug, Essen und Wasser ein. Wir machen auf dem Schulgelände Picknick.«

Ich packe das Spielzeug im Schatten bei den Tennisplätzen aus, denn es ist deutlich heißer, als ich gedacht hatte. Ich hoffe, wenn wir miteinander spielen, kann ich Jani ein, zwei Stunden beschäftigen. Wie früher.

»Jani, komm, wir fahren Roller«, rufe ich ihr zu, als sie sich heftig die Kopfhaut kratzt.

»Mein Kopf juckt«, mault sie.

»Das kommt vom Thorazine«, sagt Susan, die mit Bodhi im Schatten sitzt.

In mir staut sich die Wut auf. »Das kommt nicht vom Thorazine«, geifere ich zurück. »Wir sind eben erst angekommen. Sie hat Sunblocker drauf und sitzt im Schatten. Es ist eine taktile Halluzination.« Janis Halluzinationen beschränken sich nicht auf das Sehen und Hören. Jeder ihrer fünf Sinne ist von Halluzinationen betroffen.

»Es ist zu heiß«, klagt Jani.

»So heiß ist es gar nicht«, erwidere ich. »Kaum über 30 Grad.«

»Mir ist heiß«, sagt Susan, »da wundert es mich nicht, wenn es ihr genauso geht.«

»Du bist mir keine Hilfe!« Ich sehe sie bitterböse an.

»Ich will heim«, sagt Jani und reißt wieder an ihrer Kopfhaut.

»Nein. Honey hatte noch gar keine Gelegenheit, anständig zu laufen.«

»Ich glaube, es ist besser, wenn wir fahren«, sagt Susan. »Das war keine gute Idee.«

Ich spüre, wie mir die Kontrolle über meine Gefühle entgleitet. Ich ahne, dass mein »Familienausflug« mir unter den Fingern zerrinnt, und werde aggressiv.

»Ich wollte doch nur, dass wir als Familie gemeinsam ein bisschen Spaß haben. Ist das eine so furchtbare Idee? Immerhin gebe ich mir Mühe, was man von dir nicht gerade behaupten kann.«

»Hast du heute Morgen dein Cipralex genommen?«, fragt mich Susan.

»Das ist in Bodhis Wohnung«, entgegne ich.

»Du musst deine Medizin nehmen«, mahnt Susan streng.

»Die ist in Bodhis Wohnung!«

»Du musst sie nehmen, damit du nicht in einen solchen Zustand kommst«, sagt Susan.

»Nein, du musst mich unterstützen, damit ich nicht in einen solchen Zustand komme«, werfe ich ihr an den Kopf. »Jani, komm sofort zurück.«

Widerstrebend kommt Jani, die schon am Auto war, zurück.

»Also, hast du Lust auf Hundeball?« So nennen wir es, wenn wir Honey einen Tennisball jagen lassen.

Aber Jani reagiert nicht auf mich, sondern setzt sich auf Bodhis Spielzeuglokomotive und stößt sich mit den Füßen ab. Es sieht lachhaft aus. Mir fällt ein, dass ich irgendwo gelesen habe, die Schizophrenie würde die grauen Gehirnzellen auffressen. Sie war ein Genie und nun hockt sie auf einem Babyspielzeug.

Dave und Cameron fahren auf den Parkplatz und Cameron springt aus dem Wagen und läuft auf Honey zu, die ihn böse anbellt.

Verängstigt weicht er zurück.

Ich ermahne sie laut: »Honey!« Dann rufe ich Cameron zu: »Hab keine Angst! Hunde können Angst riechen!«

Honey macht einen Satz und schnappt nach Cameron, der erschreckt zusammenzuckt.

»Cameron, ist alles in Ordnung?!« Susan springt mit Bodhi im Arm auf, während ich mir Honey greife.

»Nichts passiert«, sagt Dave, der schneller geht als sonst und in der Sonne schwitzt. »Der Knabe hat mir schon viel Schlimmeres angetan.«

»Mir ist heiß!«, kreischt Jani und steigt von Bodhis Lokomotive herunter. Sie fängt wieder an, sich heftig am Kopf zu kratzen.

»Soll ich Abhilfe schaffen?«, frage ich.

Sie nickt. Ich hole eine Flasche Wasser und gieße ihr zur Abkühlung langsam etwas über den Kopf.

»Besser?«, frage ich nach.

Jani nickt. Dann schaut sie nach unten und merkt, dass ihr etwas Wasser aufs T-Shirt getropft ist. Sie reißt die Augen weit auf und schreit.

»Ich bin nass!« Sie reißt sich das T-Shirt vom Leib.

»Jani, was soll das?«

»Ich muss was anderes anziehen!«, schreit sie.

»Das ist doch nur Wasser. Es ist heiß. Das kühlt dich ab.«

Aber Jani reißt sich alle Kleider vom Leib.

»Ich muss sie heimbringen«, entscheide ich.

»Wir müssen alle heim«, sagt Susan.

Ich schaue Jani an, die sich vor Cameron völlig entblößt.

»Jani! Lass das!«

»Ich bin nass!«, kreischt sie noch einmal.

»Also gut, wir fahren heim und ziehen dir etwas Frisches an.«

»Wir sollten alle fahren.«

»Nein, ich werde nicht mit Bodhi und Honey fahren. Honey wird ihm zu nahe kommen und dann weint er und dann kriegt Jani einen Tobsuchtsanfall. Ihr wartet hier, bis wir zurück sind.« Wir sind gemeinsam hierhergekommen und wir werden gemeinsam picknicken. Ich lasse mir meinen Traum von einem »normalen« Tag nicht nehmen.

Ich packe Honey ins Auto. »Jani! Los, komm.« Ich habe einen wütenden Ton. Ich bin wütend. *Ich will doch nichts weiter, als dass wir als Familie ein bisschen Spaß haben. Aber wenn es nicht die Schizophrenie ist, die das verhindert, dann ist es das Medikament, das sie doch behandeln soll. Wird so unser Leben für den Rest unserer Tage aussehen?*

»Und nimm bitte dein Cipralex!«, fleht Susan.

Jani weint, ihre Haut würde verbrennen.

»Grade hast du noch gejammert, weil du nass bist!«, fahre ich sie an. »Zieh dich wieder an, dann bekommst du keinen Sonnenbrand.«

Jani tut es und weint, als würde sie von mir misshandelt. So habe ich mir das nicht vorgestellt. Es hätte ein heiterer Tag werden sollen, an den Jani sich mit Freude zurückerinnern kann, da die gemeinsamen fröhlichen Tage von einst ihrem Gedächtnis entschwunden sind.

»Das ist immer noch alles nass«, weint Jani.

»Dann steig halt endlich in die blöde Karre ein!«

»Du machst ihr Angst«, ruft Susan mir nach. »Vielleicht ist es besser, wenn ich fahre. Jani, soll Mama dich heimbringen?«

»Wir kommen schon klar«, brülle ich. Aber ich komme nicht klar. Ich komme schon seit Jahren nicht klar.

Mit Vollgas jage ich den Wagen über den Parkplatz und auf die Straße. Der Tacho zeigt 80, 95, schließlich 110 Stundenkilometer. Bei einem Seitenblick auf Jani merke ich, dass sie nicht angeschnallt ist. Das ist auch so ein permanenter Streitpunkt zwischen uns. Ich sollte langsamer fahren. Ich sollte sie anschnallen. Aber ich lasse es bleiben. Im Gegenteil, ich greife hinab und löse den Verschluss an meinem Sicherheitsgurt. Ich sehe die Straßenlampen vorüberschießen. Nur eine kurze Handbewegung und wir knallen in eine rein. Ich würde durch die Windschutzscheibe fliegen und alles ist vorbei. Es soll endlich vorbei sein.

Seit zwei Jahren stehe ich permanent am Abgrund. Jetzt stürze ich ab. Überleben kann nur, wer Vertrauen hat, und das fehlt mir. Ich weiß nicht, ob Janis Zustand sich bessern oder verschlechtern wird. Ich weiß überhaupt nichts.

Jani weint, aber nicht wegen meines Fahrstils. Sie weint wegen ihres Phantom-Sonnenbrands.

Ich denke an das Cipralex. Täglich soll ich zwei Tabletten nehmen. Ich habe kürzlich erst neue geholt. Im Fläschchen sind 60 Tabletten à 20 Milligramm.

Jani gräbt sich die Fingernägel in die Kopfhaut.

»Jani, lass das! Du kratzt dich ja blutig!«

»Aber es juckt so!«

Wieder geht mir das Cipralex durch den Kopf. Es sind alles in allem 1200 Milligramm. Es ist nur ein Antidepressivum. Kann man sich mit einem Antidepressivum vergiften? Wenn ich wirklich Schluss machen will, sollte ich vielleicht lieber ein Fläschchen von Janis Medikamenten schlucken. Auf sie haben sie keine Wirkung, aber mich würden sie garantiert umbringen.

1200 Milligramm. Ob das für ein Organversagen reicht? Ob es mein Herz zum Stillstand bringt?

Ich überschreite das Tempolimit um 50 km/h und hoffe, hinter mir eine Sirene aufheulen zu hören. Ich will festgenommen werden. Ich bin es leid, der Starke zu sein. Ich war nie der Starke. Ich kann Jani nicht gesund machen. Ich schaffe es nicht einmal, ihr das Leben zu erleichtern.

Das Handy klingelt. Ohne hinzusehen weiß ich, dass es Susan ist. Bestimmt ruft sie an, weil sie sich Sorgen macht, und das zurecht, aber ich gehe nicht ran. Wenn ich rangehe, wird sie mich nur volllabern, aber ich will nicht vollgelabert werden.

Ich stelle den Wagen auf dem Parkplatz der Wohnanlage ab, steige aus und gehe auf die andere Seite. Ich reiße die Tür zur Rückbank auf. »Honey, raus!« Honey rührt sich nicht. Sie zittert vor Angst. »Verdammt, Honey!« Ich packe sie an der Leine und zerre mit voller Kraft daran. Honey stürzt auf den Asphalt und noch während sie sich aufzurappeln versucht, schleife ich sie hinter mir her.

Mit angsterfülltem Gesicht springt Jani aus dem Wagen. »Du darfst Honey nicht wehtun!«, weint sie.

»Was kümmert's dich? Du tust Honey andauernd weh.« Es ist seltsam, den eigenen geistigen und seelischen Zusammenbruch bewusst mitzuverfolgen. Ich weiß genau, dass ich aufhören müsste. Aber ich tue es nicht. Auf mir wurde so lange herumgetrampelt, dass ich nur noch blind um mich schlagen und jemanden verletzen will.

Ich marschiere durch das Treppenhaus zu Bodhis Wohnung. Ich merke, dass Jani nicht mitkommt. Ich schaue nach unten. Sie sitzt auf der untersten Treppe und glotzt zu mir herauf.

»Jani, komm sofort rauf!«, brülle ich.

»Ich bleibe unten.«

»Jani, komm sofort rauf zu mir!«, brülle ich so laut, dass sich meine Stimme überschlägt.

Widerwillig kommt Jani die Treppe herauf.

Wir gehen in Bodhis Wohnung. Ich lasse Honey von der Leine. In der Wohnung ist es kühl und schattig. Ich gehe ins Bad, halte einen Waschlappen unter das kalte Wasser, wringe ihn aus und sage Jani, sie soll sich aufs Bett legen. Ich breite ihr den Waschlappen übers Gesicht.

»Und, wie ist das? Besser?«, erkundige ich mich vollkommen ruhig.

»Ja.«

»Schön.« Jani ist versorgt. Ich gehe in die Küche und lasse eine Tasse voll Wasser laufen. Dann öffne ich das Medizinschränkchen, das randvoll mit Medikamentenpackungen ist. Zum größten Teil sind es Tabletten, die Jani verschrieben bekam und die nach einem kurzen Test abgesetzt wurden.

Da steht mein Cipralex. Ich schraube den Deckel ab, lege den Kopf in den Nacken und nehme so viele Tabletten in den Mund, dass ich Brechreiz bekomme. Ich setze die Tasse mit Wasser an die Lippen und trinke. Mein Mund ist so voll, dass mir das Wasser zu den Mundwinkeln heraus und übers Gesicht läuft.

Die Vernunft versucht wieder die Oberhand zu gewinnen. *Was treibst du da?!* Ich weiß es selbst nicht. Es ist mir auch egal. Ich will nicht nachdenken. *Spuck den Mist doch aus,* rät die Stimme in meinen Kopf. Ich höre nicht auf sie und schlucke. Ich muss etliche Male schlucken, bis alle Pillen heruntergewürgt sind. Der Hals tut mir weh, als ich den massiven Tablettenklumpen herunterzupressen versuche. *Ich könnte den Rest immer noch ausspucken.* Ich nehme einen zweiten Schluck Wasser, dann noch einen und würge das Zeug hinab.

Irgendwann ist mein Mund endlich leer. Das Fläschchen ist immer noch halb voll. Verdammt. Ich muss da noch einmal durch. Ich lege das Fläschchen an die Lippen und werfe den Kopf zurück.

»Papa?«, tönt es leise hinter mir.

Ich drehe mich zu Jani um, die halb leere Flasche Cipralex in der Hand.

»Ich hab eine frische Unterhose gefunden.« Sie streckt sie mir mit beiden Händen entgegen. »Hilfst du mir beim Anziehen?«

Ich lasse das Pillenfläschchen fallen und die Tabletten kullern in alle Himmelsrichtungen davon. Ein Schluchzen kommt aus meinem Mund wie ein Schwall Erbrochenes.

Unter der Last von sechs Jahren unterdrückter Gefühle knicke ich ein. Die Beine rutschen am Küchenschrank hinab und das T-Shirt bleibt an einem Schubladengriff hängen und geht in Fetzen.

Der Damm ist gebrochen. Ich heule rückhaltlos und die Tränen laufen mir übers Gesicht.

»Papa?« Verängstigt steht Jani vor mir. Sie kommt einen Schritt näher, streckt die Hand aus und tätschelt mir den Kopf. »Das wird schon wieder gut, Papa.«

Nein, eben nicht, Jani. Es wird nie wieder gut. Du hast eine Krankheit, vor der ich dich nicht retten kann.

»Mir geht es jetzt besser«, sagt sie.

Ich kann nicht sprechen. Ich kann sie nur anschauen. Sie wirkt jetzt ganz normal. Aber das ist sie nicht. Und wird es nie sein.

»Papa, wieso weinst du?«

Ich weine um dich ... um mich ... um Susan und Bodhi. Ich weine um alles, was wir verloren haben, und um alles, was wir nie haben werden.

Die Uhr tickt. Ich weiß nicht, wie viele Tabletten ich genommen habe. Ob ich sterbe? Ich habe keine Ahnung, was mit mir wird, aber ich weiß genau, dass ich nicht will, dass Jani es mit ansieht. Sie muss zurück zu Susan.

Ich stemme mich auf die Beine. »Komm.«

»Wo gehen wir hin?«

»Du musst wieder zu Mama.«

Auf dem Valencia Boulevard kommt uns Daves Van entgegen. Ich wende und folge ihm zu unserer Wohnanlage. Dave parkt den Van auf unserem Stellplatz.

Mit Bodhi im Arm läuft Susan auf mein Auto zu. Ich halte mitten auf dem Parkplatz an, genau in der Mitte zwischen Janis und Bodhis Wohnung.

»Steig aus und geh zu Mama«, befehle ich Jani.

»Wo willst du hin?«, fragt sie und sieht mich besorgt an.

Ich weiß nicht sofort, was ich sagen soll. »Ich brauche etwas Zeit.«

Jani steigt aus und läuft zu Susan, ohne die Autotür zu schließen. Ich beuge mich hinüber und ziehe sie zu. Durch das Fenster sehe ich, wie Susan auf Jani einredet.

Susan kommt auf mich zu, Bodhi im Arm. Ich lasse die Scheibe herunter.

»Ich habe Jani gefragt, ob du Honey etwas angetan hast«, sagt sie mit beunruhigtem Gesicht. »Sie sagte, du hättest geschrien, ihr aber nichts getan.«

Aber das stimmt nicht. Jani war dabei. Sie kann sich nicht daran erinnern. Es ist völlig egal, was ich tue. Jani wird sich nicht daran erinnern.

»Ich habe sie ziemlich grob aus dem Wagen gezerrt«, gestehe ich. Ich hätte lügen können. Aber das will ich nicht. Ich weiß, es wird Susan wütend machen, dass ich Honey wehgetan habe, und ich will, dass Susan wütend wird. Das macht es mir leichter zu gehen.

Susans Gesicht ist vor Angst verzerrt.

»Jani oder Honey?«

»Honey.«

»Wieso?« Ihre Stimme bricht. »Wieso hast du das getan? Sie ist ein wehrloses Tier.« Sie sieht mich an wie ein Ungeheuer.

»Ich habe die ganze Flasche Cipralex geschluckt«, sage ich leise.

Susan glotzt mich an.

»Warum hast du das denn getan?«, bringt sie schließlich heraus.

Ich muss eingestehen, dass ich darauf keine Antwort habe. »Ich weiß es nicht. Es war eben so.«

Traurig schüttelt sie den Kopf. »Du hast uns das Leben damit nur noch schwerer gemacht.«

»Ich wollte mir das Leben nehmen, und das ist alles, was dir dazu einfällt?«

»Was soll ich denn deiner Meinung nach sagen?«, hält sie mir entgegen. »Macht mich das fertig? Allerdings. Aber ich muss mich um Jani und Bodhi kümmern.«

Und genau darauf läuft es hinaus, sehe ich ein. Es ist ja nicht so, als liebten wir einander nicht. Uns fehlt die Kraft. Mit Jani bleibt uns nicht die Energie, um noch zu lieben. Was habe ich denn erwartet? Dass sie mich in die Arme nimmt und anfleht zu leben? Das kann sie nicht. Sie muss sich um Bodhi kümmern. Und um Jani.

»Du musst ins Krankenhaus.«

»Nein. Ich fahre in die Wüste und lasse die Tabletten wirken.«

Susan wendet den Blick ab. Zum ersten Mal in meinem Leben sehe ich Liebe und Hass in ein und demselben Gesicht vereint. Das ist es. Das ist es, was wir seit Janis Geburt ohne Unterlass empfinden: Liebe und Hass zugleich.

Bodhi fängt an zu weinen.

»Ich kann mich da jetzt nicht drum kümmern«, sagt Susan und geht zu Jani.

Ich fahre los.

Vom Valencia Boulevard biege ich rechts in den Westridge Parkway ein. Ich überlege, ob Susan die Polizei rufen wird. Ich weiß es nicht. Ich werde diese Straße bis zur Abbruchkante eines Canyons entlangfahren und das Auto dort stehen lassen. Ich muss das Auto stehen lassen, damit man mich nicht findet. Ich werde in den Canyon hinuntersteigen, so tief ich kann. Einmal war ich hier wandern, mit Jani. Wir sind weiter gekommen, als ich gedacht hätte, bis Jani dann stehen blieb und zurückwollte. Einen kurzen Moment stand ich einfach nur da, aber ich wusste, sie würde auch ohne mich zurückklettern, also lief ich ihr nach. Ihr ganzes Leben bin ich ihr immer nur nachgelaufen.

Ich nehme den Fuß vom Gas und lasse den Wagen ausrollen.

Was sie wohl anstellen, wenn ich nicht mehr da bin? Was wird aus Susan werden? Was wird aus Jani werden? Was wird aus Bodhi werden?

Der Wagen rollt gemächlich die Straße entlang.

Ich kann es nicht ertragen, nicht zu wissen, was ich tun soll, und das allein ist der Grund, weshalb ich sie verlasse und zwinge, ihren Weg ohne mich zu finden.

Ich seufze.

So geht das nicht. Ich muss zurück.

Ich trete aufs Gas, fasse das Lenkrad und wende den Wagen.

Als ich zurückkomme, sitzt Susan mit dem Handy auf der Treppe.

»Er kommt eben zurück«, sagt sie in den Apparat.

Ich setze mich zu ihr.

»Wo sind Jani und Bo ... Bodhi?« Die Pillen zeigen jetzt Wirkung und ich fange zu lallen an.

»Dave ist mit ihnen am Pool. Alles in Ordnung.«

»Können wir ... können wir reden?«

»Ich rufe zurück«, sagt sie ins Handy. »Ja, er ist bei mir. Ich kann noch nicht sagen, ob er ins Krankenhaus muss.«

Sie sieht mich an. »Musst du ins Krankenhaus?«

»Es geht nicht.« Ich bin todmüde. »Wenn ich jetzt ... wenn ich jetzt ... ennich etz ...« Oh Gott. Ich bringe keinen Satz heraus.

»Er kann nur undeutlich sprechen«, sagt Susan in den Apparat. »Tracy sagt, du musst ins Krankenhaus, dir den Magen auspumpen lassen.«

Ich muss mich auf jedes Wort konzentrieren. »Wenn ich ins Krankenhaus fahre, werden sie mich ... wegen versuchten Suizids ... für drei Tage ... zwangseinweisen. Dann bin ich ... drei Tage weg, mindestens. Was ... willst du dann tun? Dann bist du ... mit den Kindern ... allein.«

»Wenn du stirbst, bin ich erst recht mit den Kindern allein.« Sie hat keine Angst. Sie ist wütend. Wütend auf mich. Verständlicherweise.

»Ich muss ... es mir aus dem Leib laufen.«

»Geht das denn?«

Ich grinse. Zumindest meine ich zu grinsen. Ich habe kein Gefühl im Gesicht. »Ich hoffe es.«

»Aber du musst heute Abend auf Bodhi aufpassen!«

»Ich glaube ... ich glaube nicht ... Es ist besser, wenn ich heute bei Jani bin. Bodhi schläft nicht durch und es kann sein, dass ich nicht aufwache. Ich will nicht, dass er aufwacht und nach seinem Fläschchen schreit und ich nichts für ihn tun kann. Jani schläft momentan ... die ganze Nacht durch.« Ich halte inne, als mir bewusst wird, dass das immer meine größte Sorge war. »Ich muss so lange wie möglich wach bleiben ... damit mein Stoffwechsel das Cipralex ausscheiden kann.«

Am liebsten würde ich einfach zusammenklappen, aber ich kämpfe dagegen an.

Andererseits, was, wenn ich morgen früh, wenn Jani aufwacht, kalt und leblos neben ihr liege? Was ist besser? Welches Kind soll mich lieber tot auffinden?

Susan legt das Handy weg. »Du musst ins Krankenhaus.«

»Ich ... komme schon klar.«

»Warum hast du das gemacht?«, fragt sie. »Warum jetzt? Jetzt, wo es endlich besser wird, nach allem, was wir durchgestanden haben?«

Ich sehe sie an. »Weil es eben nicht besser wird.«

Sie macht ein verdutztes Gesicht. »Was soll das heißen: ›Es wird nicht besser‹? Natürlich ist es besser geworden. Jani geht es besser als früher. Sie ist viel weniger gewalttätig.«

»Aber nur, weil sie solche Mengen Thorazine schluckt, dass man ein Pferd damit ins Koma versetzen könnte. In Wahrheit geht es ihr überhaupt nicht besser. Ganz gleich, welche Mittel sie genommen hat: Die hatten alle entweder überhaupt keine Wirkung oder sie haben ihre Wirkung schon nach kürzester Zeit verloren. Was sollen wir tun, wenn das Thorazine irgendwann nicht mehr wirkt?«

Susan wendet den Blick ab. »Darum kümmern wir uns, wenn es irgendwann so weit ist.«

»Du kapierst es einfach nicht«, gebe ich zornig zurück. »Überleg doch nur, was wir alles auf uns nehmen mussten, um sie so weit zu bringen, wie sie jetzt ist.«

»Tue ich. Und es funktioniert.«

»Aber wir werden nicht ewig leben.«

Sie sieht mich an. »Und warum willst du das auch noch beschleunigen?«

Ich setze zu einer Erwiderung an, doch dann macht es endlich klick.

Warum willst du das beschleunigen?

Warum will ich sterben?

Weil ich Angst davor habe, ohnmächtig mit ansehen zu müssen, wie Jani vor meinen Augen langsam verendet. Dunkel wird mir bewusst, dass das meine Absicht war, seit ich Dr. Kim fragte, wie Janis Aussichten stünden. *Fifty-fifty.* Die statistische Lebenserwartung eines Schizophrenen ist geringer als die der Restbevölkerung. An jenem Tag, als die Diagnose unverrückbar feststand, kam mir zum allerersten Mal seit Janis Geburt der Gedanke, dass Jani vor mir sterben könnte.

Das ertrüge ich nicht.

»Weil ich meine Tochter nicht überleben will«, erwidere ich. »Ich will nicht, dass sie stirbt.«

Susan sieht mich an. »Aber die Gefahr besteht immer. Niemand ist davor gefeit, morgen vom Bus überfahren zu werden. Uns ist es nur deutlicher bewusst.«

»Ich will nicht, dass es mir bewusst ist.«

Susan legt den Arm um mich. »Ich kann dir nicht versprechen, dass es ihr immer gut gehen wird.«

»Leider.«

»Du musst auf Gott vertrauen. Darum geht es im Leben. Wir müssen unser Bestes geben, um sie, so lange es uns vergönnt ist, so glücklich wie möglich zu machen.«

»Ich kann sie nicht glücklich machen.«

»Doch, das kannst du. Du tust es ununterbrochen.«

»Jetzt nicht mehr. Ich habe den Kontakt zu ihr verloren.«

»Das kommt wieder. Ich kann dir nicht sagen, woher ich das weiß, aber ich weiß es. Es ist ein Bauchgefühl. Wir dürfen nur nicht aufgeben.«

Ich glotze sie an. Ich glaube ihr nicht.

»Ich hatte nie ein unbedingtes Vertrauen in irgendetwas.«

»Aber genau das bedeutet es letztlich, zu glauben. Ich glaube an Gott und ich bin überzeugt, Jani wurde uns aus gutem Grund geschenkt. Du weißt so gut wie ich, dass sie immer etwas Besonderes war. Das ist eben unsere Aufgabe. Andere haben auch ihre Aufgaben. Sie haben ein Kind, das blind ist oder taub oder im Rollstuhl sitzt. Jani kann immer noch frei herumtollen. Sie hat Glück.«

»Es tut mir leid … Es tut mir leid, Jani … Ich kann … Ich kann heute nicht vorlesen.«

Ich liege neben Jani im Bett und kämpfe gegen den Wunsch an, die Augen zu schließen. Ich muss wach bleiben. Je länger ich wach bleibe, desto höher die Wahrscheinlichkeit, dass ich morgen wieder aufwache.

»Dann liest mir Mama morgen was vor.«

»Es ... es tut mir leid. Wir könnten ... wir könnten fernsehen. *SpongeBob*?«

Jani zieht die Decke hoch.

»Ich bin müde.« Ich sehe sie an und ahne, dass sie weiß, was ich getan habe.

Ich lege ihr Hero, den Teddy, in die Armbeuge und sie kuschelt sich an ihn.

»Jani?«

»Ja?«

»Versprichst du mir was?«

Sie sieht mich an.

»Wenn dir 400 oder Mittwoch oder sonst einer je weismachen will, Mama und Papa hätten dich nicht lieb, dann darfst du ihnen kein Wort glauben. Du weißt doch, dass wir dich lieb haben und dich immer lieb haben werden?«

»Ja.«

»Haben sie je versucht, dir so etwas einzureden?«

»Nein.«

»Aber wenn sie es versuchen, dann wirst du ihnen nicht glauben, oder?«

»Nein.«

»Gut.« Ich nicke. »Ich hab dich lieb, Jani.«

»Hab dich auch lieb«, brummelt sie schläfrig.

8. Juni 2009

»Wie viele Tabletten haben Sie geschluckt?«, fragt Ruth, die Psychiaterin, die mir das Cipralex verschreibt, am Telefon. Ich sitze im Auto am Grund ebenjenes Canyons, in dem ich mir gestern das Leben nehmen wollte.

»Genau kann ich es nicht sagen. Um die 20 müssen es gewesen sein.«

»Sie hatten großes Glück, Michael. In aller Regel ist eine Überdosis Antidepressiva zwar nicht tödlich, aber dennoch hatten Sie Glück.«

»Ich weiß.«

»Warum haben Sie das getan?«

Vor der Scheibe schnüffelt Honey am Boden, während Jani ziellos umherstreift und Selbstgespräche führt.

»Ich weiß es nicht.«

»Sie sind ein intelligenter Mensch, Michael. Sie müssen es wissen.«

»Ich hatte einfach keine Kraft mehr zu kämpfen.« Durch die Scheibe beobachte ich Jani. Sie klatscht in die Hände und lächelt jemandem zu, der für mich unsichtbar ist. »Ich habe keine Hoffnung in die Zukunft.«

»Was bringt Sie dazu, an die Zukunft zu denken?«

Die Frage scheint mir absurd. »Dass meine Tochter eine Krankheit hat, die sie ihr Leben lang begleiten wird.«

»Das ist richtig, und trotzdem müssen Sie weitermachen.«

»Aber ich weiß nicht, wie ich das anstellen soll.«

»Michael, niemand weiß, wie man das Leben bewältigt. Man kann nur sein Bestes geben.«

»Ich habe mein Bestes gegeben und es war nicht gut genug.«

»Was wollen Sie wirklich, Michael?«

Ich sehe Jani an. »Ich will ihr helfen. Ich will sie von dieser Krankheit befreien.«

Meine Psychiaterin lacht. »Verzeihen Sie, Michael. Sie wollen die Schizophrenie heilen?«, fragt sie mit ihrem breiten südamerikanischen Akzent.

»Ich will ihr das Leben erleichtern«, entgegne ich, eine Spur verärgert.

»Aber das tun Sie.«

Darauf war ich nicht gefasst. »Wie?«

»Indem Sie sie nicht aufgeben.«

»Ich habe gerade versucht, mir das Leben zu nehmen, um Himmels willen.«

»Sie haben sich aufgegeben.«

»Sag ich doch. Ich bin nicht stark genug.«

»Und wer ist stärker? Sagen Sie's mir. Wer ist stärker als Sie? Wer hätte es besser machen können als Sie?«

»Ich habe Fehler gemacht.«

»Es würde mir Angst machen, wenn es nicht so wäre. Und noch mehr Angst würde es mir machen, wenn Sie gesagt hätten, Sie seien vollkommen. Aber Sie haben immer noch nicht auf meine Frage geantwortet: Wer, glauben Sie, hätte es besser machen können als Sie?«

»Ich weiß es nicht. Vielleicht Susan.«

»Letztes Jahr erzählten Sie mir, sie könne seelisch nicht verarbeiten, was mit Jani geschieht.«

»Aber jetzt kann sie es besser als ich.«

»Das heißt also, sie bilden ein hervorragendes Gespann, ja?«

Dazu fällt mir nichts ein. Sie hat recht. Als Susan ihren Moment der Schwäche hatte, war ich da, um uns in der Spur zu halten. Und als dann ich zusammenklappte, war sie zur Stelle.

»Jeder von ihnen hat seine Schwächen«, fährt die Psychiaterin fort, »aber gemeinsam sind sie eine starke Person.«

Ich schweige weiter.

»Also, ich sage Ihnen jetzt, was Sie machen. Drei Tage kein Cipralex. Das müsste genügen, damit Sie es aus dem Stoffwechsel kriegen. Dann nehmen Sie wieder die gewohnte Dosis.«

»Gut.«

»Und Michael?«

»Ja?«

»Hören Sie auf damit, perfekt sein zu wollen.«

Ich grinse. Meine Psychiaterin legt auf.

Jani kommt an die offene Fahrertür und hält mir die leere Hand hin.

»Eine verletzte Neun«, sagt sie ernstlich bestürzt. »Eine Sieben hat sie überfallen. Ihr Bein ist gebrochen.«

Ich schnaufe durch. Wieso musste ich ihr nur diesen Witz erzählen: *Warum hat Zehn Angst vor Sieben? Weil Sieben Neun durchsiebt.* Seitdem hört Jani nicht auf, von Gangsterzahlen zu reden. Siebener erschießen Neuner. Einsen erschießen Achter. Achter bringen Zweier um.

Jani blickt zwischen ihrer Hand und mir hin und her. »Wir müssen der Neun helfen!«

Sie erwartet, dass ich einer unsichtbaren Ziffer helfe. Sie hofft darauf, ich könne eine ihrer Halluzinationen retten. Was soll ich tun? Ihr sagen, dass sie nicht wirklich eine Neun auf der Hand hat? Dass Ziffern nicht lebendig sind und nicht von anderen Ziffern angegriffen werden können?

Mit angsterfülltem Gesicht blickt sie zu mir auf. Auch wenn die Ziffer nicht real ist, Janis Gefühle sind es sehr wohl.

Ich steige aus. »Okay, bring die Neun hier rüber.«

Ich setze mich neben der Straße in die Wiese. Ich halte Jani die Hände hin.

Jani sieht mich unschlüssig an. »Was hast du vor?«

»Du willst doch, dass ich der Neun helfe, oder? Dann musst du sie mir auch geben, damit ich sie behandeln kann.«

Jani legt mir die Halluzination in die Handflächen. »Es ist eine Mädchen-Neun.«

Ich senke die Hände ins Gras.

»Tu ihr nicht weh!«, ruft Jani ängstlich.

»Ich tu ihr nicht weh. Als Erstes müssen wir ihre Vitalfunktionen überprüfen. Atmet sie?«

Jani kniet sich zu mir in die Wiese. »Sie heißt Neunsly.«

»Du musst dich auf die Patientin konzentrieren, Jani. Zuallererst kontrolliert man die Atmung des Verletzten.«

»Gut«, erwidert sie.

»Atmet sie? Denn wenn nicht, muss sie manuell beatmet werden.«

Als ich vor Jahren versuchte, als Drehbuchautor Fuß zu fassen, legte ich mir ein klinisches Wörterbuch zu und schrieb auf gut Glück eine Folge einer Krankenhausserie. Dabei lernte ich beinahe ebenso viel wie in den realen Krankenhäusern, in denen ich in letzter Zeit so viel verkehrte.

Jani beugt sich über das Gras zwischen uns und legt die Hand auf Neunslys unsichtbare Brust.

»Sie atmet.«

»Geht der Atem schnell, langsam oder normal?«

Jani kontrolliert den Atem. Sie ist hoch konzentriert.

»Etwas schneller als normal.«

»Das ist wahrscheinlich nur ein geringfügiges Stresshyperventilieren infolge des Überfalls. Als Nächstes musst du den Puls fühlen. Geht er schnell, langsam oder normal?«

Jani prüft.

»Auch ein bisschen zu schnell.«

»Okay. Jetzt musst du Neunslys Blutdruck messen. Ist er zu niedrig, könnte das auf innere Blutungen hindeuten.«

Jani pumpt eine unsichtbare Blutdruckmanschette auf. »Normal.«

»Gut. Damit können wir innere Blutungen nahezu ausschließen. Jetzt musst du die Sauerstoffsättigung messen.«

Jani schaut mich an.

»Wie hoch soll die sein?«

»Bei den meisten Tierarten gilt ein Wert von 95 Prozent oder darüber als normal.«

Jani misst. »98.«

»Das ist gut. Jetzt musst du noch Fieber messen. Eine erhöhte Temperatur kann auf eine Infektion hindeuten.« Ich warte, bis Jani die Temperatur gemessen hat.

»Völlig normal.«

»Gut, wir haben also ihre Vitalfunktionen überprüft. Das macht man immer zuerst, ehe man anfängt, eine Verletzung zu behandeln. Du musst dich darauf verlassen können, dass dein Patient in einem stabilen Zustand ist.«

»Was ist ein stabiler Zustand?«

»Das heißt, dass er nicht sterben wird. Und da wir jetzt sicher sein können, dass Neunsly in einem stabilen Zustand ist, können wir uns um das Bein kümmern. Dafür muss sie auf die Radiologie.«

Jani steht auf und geht zu einem Baum. »Die Radiologie ist hier«, erklärt sie.

»Du musst ihr Bein röntgen. Ist es ein glatter oder ein komplizierter Bruch?«

»Kompliziert.«

Ich seufze. »Okay, dann werden wir operieren müssen. Bereite schon mal eine Infusion vor, außerdem brauche ich drei Beutel Blut für Neunsly.«

Jani reicht mir die unsichtbaren Beutel Neuner-Blut.

Wir machen uns an die Arbeit, legen Neunslys Bein frei und bringen Metallstifte in die gebrochenen Knochen ein.

Ein Auto fährt vorbei. Ich frage mich, was der Fahrer sich wohl denken mag. Ein Mann und ein Mädchen, die hektisch ein Rasenstück bearbeiten.

Ich lächle. Es ist mir egal. Jani ist völlig darauf fixiert, die Operation zur Rettung des Beins ihrer Halluzination zu einem guten Ende zu bringen.

Ihre Welt und meine Welt sind vereint.

EPILOG

Juli 2011

Zwei Jahre vor Janis Geburt brachte die Band U2 den Song »Beautiful Day« heraus. Seitdem wird er auf allen Sendern rauf- und runtergespielt. Trotz zweier Folgealben, die seither erschienen, ist er, wie Janis Halluzinationen, nie verschwunden.

In mehrerlei Hinsicht spiegelt »Beautiful Day« die Dualität meiner Empfindungen gegenüber Jani wider. Man kann sagen, dass ich diesen Song gleichzeitig liebe und hasse. Selbstverständlich liebe ich die erhabenen Harmonien, genauso, wie ich Jani immer lieben werde. Aber ich hasse den Chor und den abschließenden Refrain.

What you don't have you don't need it now.
Was du nicht hast, das brauchst du jetzt nicht.

Immer wenn ich den Song hörte, sagte ich verbittert zu Susan: »Da hat Bono leicht reden. Der hat zig Millionen auf dem Konto. Wenn es einem selber an nichts mangelt, tut man sich natürlich leicht damit, den Leuten zu sagen, dass sie das, was sie nicht haben, nicht brauchen.« Ich habe Bono diesen Song verübelt, den ich als Ausdruck der Selbstzufriedenheit mit seinem Promi-Dasein verstand.

Zu dem Zeitpunkt, als Jani ins UCLA aufgenommen wurde, empfand ich den Song nur noch als Schlag ins Gesicht. *It's a beautiful day* führte uns unmissverständlich vor Augen, wie hässlich unser Leben geworden war.

Seitdem hat sich viel verändert. Inzwischen nimmt Jani drei Medikamente: Leponex, Lithium und Thorazine. Diese Kombination erwies sich als die bisher erfolgreichste.

Ob ihre Halluzinationen gänzlich verschwunden sind?

Nein, aber wie sie uns bereitwillig versichert, bereiten sie ihr keine Probleme mehr. Es ist, als lasse man nebenbei und bei leise gestelltem Ton den Fernseher laufen, während man etwas ganz anderes macht. Hin und wieder wirft man einen Blick auf den Bildschirm, um zu sehen, was 400, die Katze, und andere Halluzinationen gerade so treiben. Sie sind am Rande von Janis Blickfeld stets präsent, aber sie kommt in unserer gemeinsamen Realität ohne große Probleme damit zurecht.

Ob die Gewaltausbrüche verschwunden sind?

Weitgehend. Indem wir Bodhi und Jani auf zwei separate Wohnungen verteilten, wollten wir einerseits die Stressfaktoren für Jani reduzieren und andererseits gewährleisten, dass Bodhi nicht in permanenter Angst vor seiner Schwester aufwachsen muss. Beides ist uns gelungen. Er fürchtet sich nicht vor seiner Schwester. Nichts höre ich lieber als Bodhis schallendes Lachen, wenn er mit Jani gemeinsam durchs Zimmer tollt.

Er nennt sie seine »Si-Si«.

Wir leben nicht länger in der unablässigen Furcht, sie könne ihm etwas antun.

Die Tobsuchtsanfälle gehören zum größten Teil der Vergangenheit an. Im vergangenen Jahr hat sie mich, wenn meine Erinnerung nicht trügt, nur zweimal geschlagen.

Verträgt sie sich immer noch so schlecht mit anderen Kindern?

Ja und nein. Sie spielt zwar nur selten mit Gleichaltrigen, aber ich habe in den letzten zwölf Monaten mehrfach beobachtet, dass sie auf andere Mädchen zuging und fragte: »Wie heißt du? Wie alt bist du?« Wenn ich das sehe, steigen mir jedes Mal die Tränen in die Augen, gab es doch Zeiten, in denen ich überzeugt war, Jani werde niemals wieder mit realen Menschen Kontakt aufnehmen. Das fällt Jani nicht leicht, denn sie nimmt nach wie vor eine vollständige Welt wahr, von der andere nichts wissen, aber wenigstens treibt sie das mittlerweile nicht mehr zur Weißglut. Sie gibt sich Mühe.

Ob sie zur Schule geht?

Ja. Trotz meiner anfänglichen Verbitterung über unsere Schulbehörde geht man dort inzwischen in einer Weise auf Janis Bedürfnisse ein, die ich nie für möglich gehalten hätte. Sie geht zur Schule, wenn die übrigen Kinder bereits auf dem Heimweg sind, erhält täglich zwei Stunden Unterricht, in die nach Bedarf Pausen eingeschoben werden. Dem schließt sich ein Block Beschäftigungstherapie an, bei der sie oft intensiv mit anderen Kindern zusammenarbeitet, die ebenfalls besondere Aufmerksamkeit verlangen. Sie lernt mit zehn Fingern zu tippen und sich die Schuhe zu binden. Sie würde gerne mehr Unterricht bekommen, sagt aber selbst, sie sei noch nicht bereit für ein normales Klassenzimmer.

Bekommen wir Unterstützung?

Ja, wenn auch nicht vom Amt für psychische Gesundheit, dem Department of Mental Health, das sie bis heute in eine Pflegeeinrichtung außerhalb Kaliforniens abschieben will. Die staatliche Behörde, die unsere Familie am tatkräftigsten unterstützt, hat tatsächlich nicht das Geringste mit psychischen Erkrankungen zu tun. Es handelt sich um die Tierschutzbehörde von Los Angeles, das Los Angeles County Department of Animal Care and Control, und hier insbesondere die Belegschaft des Tierheims von Castaic. 2009 war ich zum ersten Mal mit Jani dort und wir fahren bis heute mehrmals in der Woche dorthin. Jani ist bei Tierheimleitung und Pflegern bestens bekannt und darf gerne helfen. Ich stehe ihr zur Seite, wenn sie die Katzen füttert, die Kistchen säubert, sich um Kaninchen, Schlangen und Echsen ebenso kümmert wie um die Pferde, die man gelegentlich dort antrifft. Ihr frühester Berufswunsch war Tierärztin, und daran hat sich nichts geändert. Nur in der Gegenwart von Tieren ist Jani von jeglichen Halluzinationen frei. Unter unserem Dach leben neben der mittlerweile 13-jährigen Honey einige Wasserschildkröten (die allesamt vom Tierheim Castaic kommen) und zwei Kampffische. Hier hat Jani ihr eigenes Reservat, hier kann sie sich mit etwas Konkretem auseinandersetzen und eine gemeinsame Sprache finden, durch die sie mit dem Rest der Welt in Verbindung treten kann.

Neben dem Tierheim hat uns die Carousel Ranch in Agua Dulce besonders unterstützt. Die Ranch bietet Reittherapie für körperlich und geistig behinderte sowie autistische Kinder an. Einmal in der Woche versorgt Jani die »Büromieze«, die Glückskatze in der Verwaltung der Carousel Ranch. Danach ist Reitstunde. Die großartigen Mitarbeiter bringen Jani das »Trickreiten« bei. Es verschlägt mir jedes Mal den Atem, wenn ich sehe, wie Jani mit Hilfestellung eines Betreuers auf einem Bein auf dem Pferderücken balanciert oder rückwärts reitet.

Solange sie so beschäftigt ist, miste ich Ställe aus und tränke die Pferde. Ich tue das, weil Jani, dank einer Stiftung, unentgeltlich auf der Carousel Ranch reiten darf. Ich müsste meine Arbeitskraft nicht als Gegenleistung für Janis Stunden einbringen, aber ich mag das Gefühl, meinen Teil beizutragen. Und es macht mir Spaß. Ich finde meinen Frieden darin, mich um die Pferde zu kümmern.

Womit wir wieder bei »Beautiful Day« wären.

Die 27-jährige Lucy kommt immer zur gleichen Zeit wie Jani zum Reiten auf die Carousel Ranch. Lucy leidet an der ebenfalls unheilbaren Zerebralparese. Sie kann nicht wie Jani einfach auf ein Pferd aufsteigen. Den größten Teil ihres Lebens verbringt sie im Rollstuhl und beim Reiten braucht sie jemanden, der sie stützt. Sobald sie aber auf dem Pferd sitzt, lächelt sie strahlend und glücklich.

It's a beautiful day, don't let it get away.

Ich sehe Jani und Lucy reiten und endlich fällt der Groschen. Der Song heißt nicht »Beautiful Life«, er heißt »Beautiful Day« und will sagen, wenigstens dieser Tag, dieser heutige Tag, kann schön sein.

Dabei erwarte ich mir gar keine schönen Tage. Lässt Janis Krankheit uns doch keinen Tag gänzlich vergessen, dass es sie gibt.

Aber jeder Tag bringt diese Momente, in denen ich Jani lächeln sehe, Momente, in denen ich Hoffnung spüre, Momente, in denen ich nicht mit der Zukunft hadere, ganz gleich, was sie bringen mag.

Und für diese Momente lebe ich.

DANKSAGUNG

Die Veröffentlichung dieses Buches ist bittersüß. Verständlicherweise wäre es mir lieber gewesen, ich hätte es nie schreiben müssen. Janis Geschichte ist größer als ich, größer als jeder Einzelne, und zum Glück gab es zahllose Menschen, die mir halfen.

Stacey Cohen hat unsere Geschichte an Shari Roan von der *Los Angeles Times* vermittelt. Vielen Dank dafür. Ich werde Shari ewig dankbar sein, dass sie das Gute in Jani sah und sich weigerte, sie auf eine bloße Ziffer zu reduzieren. Weiterhin gilt mein innigster Dank Erica Wohlreich, Elissa Stohler und Claire Weintraub, die alle Teil unserer Familie wurden, solange ich Janis Geschichte erzählte. Ein Dank an Oprah, die Eltern mit einem psychisch kranken Kind überall auf der Welt die Gewissheit gab, dass sie nicht allein sind.

Danke an Steve Truitt, der viele Titel hat, von denen es »geiler Typ« aber wohl am besten trifft. Mein Anwalt Joshua Binder und mein Agent Byrd Leavell haben sich über das Erwartbare hinaus für mich eingesetzt und tun es bis heute. Ich hoffe, ihr wisst, wie glücklich ich mich schätze, meine Interessen von euch vertreten zu lassen. Wenn du nicht gewesen wärst, Byrd, dieses Buch wäre nie erschienen.

Auch wenn sie inzwischen nicht mehr dabei sind, muss ich mich bei Christine Pride und Diane Salvatore bedanken, die die Vision hatten, was aus dieser Geschichte werden kann, und mich zu Crown brachten. Ich bin meiner wundervollen Lektorin Jenna Ciongoli zutiefst dankbar für ihre Geduld, Weisheit und den Glauben, dass ich diese Geschichte erzählen kann, der selbst in den schwärzesten Stunden, als ich nicht mehr daran glaubte, unerschütterlich blieb. Vielen, vielen Dank, Jenna, dass du das mit mir durchgestanden hast.

Aus tiefstem Herzen bedanke ich mich bei meinem Freund John Gides. John erschien in der Nacht, als Jani im UCLA aufgenommen wurde, und ohne ihn hätte ich es nicht geschafft.

Dank auch an meine Mentorin, Jacqueline Mitchard, die eine weit bessere Autorin ist, als ich es je sein werde, und mich dazu anspornte, diese Geschichte niederzuschreiben.

Vielen Dank an Bethanne, Carl Goss, John Fetto, Dawn, Nancy, Angela, Kelly, Karen, Karlee, Cat, Falcon, Sharone und unsere ganze »Facebook-Familie«. Ihr alle habt unserer Familie über zwei schwierige Jahre hinweggeholfen und das werde ich euch nie vergessen. Ebenso danke ich den unzähligen Fremden, die aus reiner Herzensgüte ihre Spenden an uns richteten.

Danke an Tony und Anthony. Ihr wisst, warum. Meine Schuld werde ich nie begleichen können. Ein herzlichstes Dankeschön an Jeanne und Lauren, die Bodhi während der schwärzesten Stunden unserer Familie ein sicheres und glückliches Asyl gewährten.

Danke an Greg, Ivy, Barry, Jennifer und Tracy, die sich unablässig für Jani und ihre Schicksalsgefährten einsetzen.

Danke an Jeanine Francolini und die Flawless Foundation, die psychisch kranke Kinder mit Wort und Tat unterstützen.

Danke an Dr. Todd Fine vom Newhall School District mit seinem wundervollen Lehrkörper und allen Beratern. Sie haben geholfen, Jani das Leben zu retten. Dasselbe gilt für Dr. W. und den unablässigen Einsatz, Jani ein besseres Leben zu ermöglichen. Nicht minder gilt mein Dank Dr. DeAntonio mitsamt den Ärzten und dem Pflegepersonal im Resnick Neuropsychiatric Hospital. Hier fand Jani ihre zweite Heimat und ihre erweiterte Familie.

Ein riesiges Dankeschön an Denise, Becky, Katie, Taylor und alle auf der Carousel Ranch. Ihr gebt Jani Zuversicht und Hoffnung für die Zukunft. Wenn ihr mich fragt, stehen unsere Aussichten mittlerweile deutlich besser als »fifty-fifty«.

Ein riesiges Dankeschön auch an Dena, die inzwischen zur Familie gehört, und ebenso an Marla Rosenthal für alles, was sie getan hat.

Ein Dank meinem Vater für sein Verständnis und die immerwährende Unterstützung. Du hast in schweren Zeiten zu mir gehalten und mich gelehrt, was es heißt, Vater zu sein.

Susan. Meine Frau. Du hast so viel zu diesem Buch beigetragen, dass dein Name mit auf dem Cover stehen sollte. Aber mehr noch danke ich dir, dass du bei mir geblieben bist. Ich weiß nicht, was ich in einem vorigen Leben geleistet habe, um dich zu verdienen, und es gibt niemand anderen, den ich mir an meiner Seite gewünscht hätte.

Ich danke dir, Bodhi, für die Freude, die du in mein Leben bringst. Wahrscheinlich ist dir heute noch nicht bewusst, was du für deine Schwester getan hast, aber eines Tages wird es so weit sein.

Bleibt noch Jani. Es gibt in unserer Sprache keine Worte, um auszudrücken, was ich für dich empfinde. Du hast mich an seelische Extreme geführt, von denen ich dachte, ich könnte sie niemals überleben. Und doch es ist die größte Freude meines Lebens, zu sehen, wie du trotz deiner Krankheit wächst. Jeden Tag aufs Neue nötigst du mich, ein besserer Vater und besserer Mensch zu werden.

Ich liebe dich auf immer.

Um die ganze Welt des
GOLDMANN-*Sachbuch*-Programms
kennenzulernen, besuchen Sie uns doch
im **Internet** unter:

www.goldmann-verlag.de

Dort können Sie
nach weiteren interessanten Büchern *stöbern*,
Näheres über unsere *Autoren* erfahren,
in *Leseproben* blättern, alle *Termine* zu Lesungen und
Events finden und den *Newsletter* mit interessanten
Neuigkeiten, Gewinnspielen etc. abonnieren.

Ein *Gesamtverzeichnis* aller Goldmann Bücher finden
Sie dort ebenfalls.

Sehen Sie sich auch unsere *Videos* auf YouTube an und
werden Sie ein *Facebook*-Fan des Goldmann Verlags!

www.goldmann-verlag.de
www.facebook.com/goldmannverlag

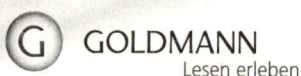